JN115248

田中正造

その生と信仰

石田　健

ISHIDA Tsuyoshi

一麦出版社

――二十年前に九十三歳で逝った亡き母に捧ぐ――

目次

田中正造

はじめに

不朽の名作『モモ』の作者エンデは、こう遺言している。――「今日のシステムの犠牲者は、第三世界の人々と自然にほかなりません。このシステムが自ら機能するために、今後もそれらの人々と自然は容赦なく搾取され続けるでしょう」（『エンデの遺言』二〇一一年）。「私が考えるのは、もう一度、貨幣を実際になされた仕事やものと対応する価値として位置づけるべきだということです。そのためには現在の貨幣システムの何が問題で、何を変えなくてはならないかを皆が真剣に考えなければならないでしょう。人類がこの惑星の上で今後も生存できるかどうかを決める決定的な問いだ、と私は思っています。非良心的な行動が褒美を受け、良心的に仕事をすると経済的に破滅するのが今の経済システムです」（同前）。

エンデの遺言したように、今日、資本主義的な経済システムは、南北間の経済格差、地球の自然環境の破壊をいっそう深刻にしているだけでなく、世界的な金融危機の頻発、ごく一部の人々への富の偏在などによって、第三世界の人々をはじめ世界の人々の命と生活に大きな痛手と不安を与えている。

人間の営利欲は人類の歴史とともに古くからあるものである。しかし、近代の資本主義的な経済システムの営利は、人類の歴史とともに古い人間生来の営利欲から出た営利とは本質的に異なっていることである。それが、それ以前の営利と決定的にその歴史的性格を異にするのは、生産力の拡充と結びつき、それを自己の拠って立つ足場として働く営利であるからである。

この生産力と結びついた営利への欲求は、飽くなき利潤の追求と資本蓄積の極大化を枢要とする資本主義的な経済システム・社会関係を、西欧中世の封建制の胎内から生み出すための資本の先行的蓄積＝資本の原始的蓄積、すなわち生産者（農業生産者）と生産手段（土地）との歴史的分離過程を、暴力と血に彩られた凄まじいものにした（マルクス『資本論』第一巻二十四章資本の原始的蓄積）。

この生産諸関係の革命がいかに凄まじいものであったか、十五世紀と十六世紀との懸隔がいかに明瞭であるかは、当時エラスムスと並ぶ人文主義者トマス・モアが、その『ユートピア』（一五一六年）の中で、「非常におとなしく、また少食な羊が、今や大食で乱暴になり始め、人間さえも食い尽す」奇妙な国について語っていることに見て取ることができる。それは、イギリスにおける毛織物工業の勃興による農地の囲い込みと牧羊地への転用を描写したものであるが、この画歴史的な経験は、人間の自分自身との出会いにおける今までで最大の人間的な実験的事実であった。

しかし、それは同時に、非ヨーロッパの、新世界の人類にとって残酷無比に行われ、大惨事をもたらしたのであった。

十九世紀に得られた偉大な成果の一つは、産業革命の挑戦に対する人間の最初の対応としての自由主義的資本主義であった。それは、人間の経済を価格メカニズムによる市場経済システムに変形し、その思想や価値をもこの新しい特異なシステムに適合するように鋳直したのである。また、それは他方で、自然環境に対して仮借ない搾取と破壊の魔手を振ったのである。産業革命以前には、まだ市場は社会の従属物にすぎなかったのが、それ以降は、市場が社会を支配するようになり、人間の利己主義と貪欲は、この市場経済システムによって際限なく解き放たれたのである。

市場経済とは、市場のみによって統制され、規制され、方向づけられる経済システムであり、財の生産と分配の秩序は、この自己調整的なメカニズム（経済学の祖アダム・スミスは、これを「神の見えざる手」と言った）に委ねられている。この種の経済は、人間は貨幣利得の最大化を達成しようとして行動するという期待から導き出され、したがってその目的は利益と繁栄を作り出すことである（スミス『国富論』一七七六年）。

経済人類学者ポランニーは、「資本主義とは個人を孤立させ、社会を分断させる悪魔のひき臼である」と言った。彼によれば、十八世紀後半に始まった産業革命に伴う大きな悲劇は、資本家の利潤追求の無情さ・貪欲さによってもたらされたのではなく、統制されないシステム、すなわち市場経済の生み出す社会的惨害によってもたらされたのである。産業資本主義の確立過程における市場経済の衝撃のもとで、本来商品としてはいけないもの、すなわち人間が「労働」商品へ、自然が「土地」商品へ、そして貨幣そのものが「貨幣」商品へと還元せしめられることによって、近代史は、社会――鎖に繋がれた主人公――がついにその軛を断つという激しいドラマに転化したのである。

これら三つのもの、特に労働が商品に還元され、取引の対象とされたことが、市場経済が「悪魔のひき臼」となって社会の仕組みを歪ませ、人間性（人間的自然）をも破壊してしまう決定的な要因となった。労働はあらゆる社会を作り上げている人間そのものであり、土地はそのうちに社会が存在する自然環境そのものである。したがって、それらが市場メカニズムに包摂されるということは、社会の実体そのものが市場の諸法則に従属させられることを意味する。もし社会の人間的・自然的実体がこの「悪魔のひき臼」から保護されることがなかったら、どのような社会も、そのような剥き出しの擬制システムの影響には、時たりとも耐えることができないであろう。すなわち、市場メカニズムに人間の運命と自然環境の唯一の支配者となることを許せば、社会はいずれ破壊されてしまうということである。

事実、イギリスにおける産業革命の衝撃に伴う市場システムの発展が、国民の生活へ与えた影響の恐ろしさは筆舌に尽くし難いものであった。この「悪魔のひき臼」の自己破壊的メカニズムの動きを和らげる社会の自己防衛（工場法・救貧法等の社会立法及び政治運動・工業労働者階級の運動）がなかったならば、人間社会は滅亡していたことであろう。人々は、社会の結合が何を意味するのかをまだ理解できないでいたのであり、それゆえに人々は社会の優位性、すなわち相互依存し合う人間の包括的な結合統一体を発見しなければならなかったのである（ポランニー『大転換――市場社会の形成と崩壊』一九四四年）。

筆者も、学生時代にマルクスの『資本論』第一巻（一八六七年）の、特に「労働日」「機械装置と大工業」「資本主義的蓄積の一般的法則」の章を読んだ時のことを思い出す。イギリスのビクトリア王朝期、成熟した資本主義の下で、市場経済が「悪魔のひき臼」となって、自らの労働しか売るほかない人々、児童にまで容赦なく襲いかかり粉々に打ち砕いた、そのあまりの悲惨さに涙なしには読めなかった。

また、同じ頃、資本主義的な市場経済システムは、自然環境に対しても仮借ない搾取と破壊の魔手を振るった。今から一六〇年も前のその当時、すでにゲオルク・マルヒは次のように警告している。――「大地は、そこに住むのに最もふさわしいはずの住人らにとって、急速に住むに耐えない故郷となるであろう。そして、現下の犯罪や浪費がかなり後になってからその付けを払わされたように、同じような人間の犯罪と浪費とはしばらくの間行われるが、その結果として、大地の生産力は枯渇し、地表は破壊され、異常気象が生じ、そのあげく、混乱と残虐化と、それに加えて、種の消滅とに脅かされるような状態となるであろう」(ツインク『美しい大地――破壊される自然と創造の秩序』一九八一年から)。

すでに一六〇年も前にマルヒが警告したように、今や人類は、全地球的規模で自然環境の破壊による危機に直面している。これまで地球上のどこか一部で自然環境が破壊されても、他のところに移動して生き延びるということができた。しかし、現代の自然環境の破壊によってもたらされた危機は、もはや出口のない危機なのである。

産業革命とそれへの対応としての市場経済システムとしての自由主義的資本主義の下での科学技術の発達は、よりいっそう自然支配の拡大と大量生産・大量消費をもたらした。そして今や、人類はこれまでにない「富」と「幸福」を享受している(もっとも、これを享受しているのは、ほんの一部の人類にしかすぎないが)。だが、この「富」と「幸福」も、資源の濫費と自然環境の破壊がなければ達成できなかったであろう。しかも、それも今や、すでに飽和点に達しているのである。人類は、それと知らずに、地球上の未来のすべての世代に対してだけでなく、すべての有機的生命の存続に対する責任を、すでに引き受けてしまっているのである。

過去の文明の盛衰の歴史が教えているように、人間の生存にとって真に必要な資源とは土地（土壌）とその生産力である。自然が森林によって代表される所以もそこにある。森林は土地（土壌）の生産力の結果であり、同時にその土壌の形成者でもある。その森林によって水は確保され、土壌の浸食も免れるのである。江戸時代の儒学者で林業家の熊沢蕃山が「治水は治山にあり」と言った所以も、そこにある。どんな生態系も土地（土壌）・水・大気という三脚台の上にしっかりと宿っているゆえに、それを支える第一の脚である土壌の保全にこそ、人類の生存と将来がかかっているのである。

ある歴史家が「文明人は地球の表面を渡って進み、その足跡に荒野を遺していった」と言ったように、多くの地帯における文明没落の根本原因は、文明が依存していた天然資源の枯渇、土地の収奪にあったのである。それゆえ、二十一世紀の今日、残り少ない天然資源、人口の増加、環境汚染、食料・水供給の不足が差し迫った現実的問題になってきている中で、人間と文明の基礎である土地（自然）との関係が深刻に問われているのである。現代の〈自然―人間搾取系の文明〉＝工業機械技術文明は、人間の搾取が自然の可容力を上まわった時、もはや行き詰まることは必至だからである。今や、人類はそののっぴきならない事態に直面しているのである。

人間は、自分自身と自然環境との間の制度化された相互作用のお蔭で生き永らえる。この制度化された相互作用の過程が経済である。今日、人間の経済は、市場経済システムとしての資本主義という制度を取っている。しかも、それは全地球を覆うグローバルな制度となっている。だが、今日、この資本主義世界体制は、疲弊の原因となる行動、すなわち、これまで言及してきた世界的規模での資本蓄積の展開に比例しての所得や富の格差の不断の拡大、金融危機の頻発、自然環境の破壊等々を抑えて幾らか延命することはできても、すでに死の影が絶えず地平線の辺りに漂ってもいるのである（ウォーラースティン『史的システムとしての資本主義』一九九五年）。

今、とりわけ地球の自然環境の破壊によるその「時のしるし」が顕著となっている。世界的規模の工業化による温室効果ガスの膨大な排出は、世界各地で気候変動や異常気象（熱波、台風などによる記録的豪雨や集中豪雨、巨大ハリケーン、森林火災や旱魃、洪水の頻発など）をもたらし、地球の自然生態系が回復不能なまでに疲弊していることのしるしとなっている。このような「時のしるし」は、裁きが到来していることを知らせている。もはや、〈自然－人間搾取系の文明〉は、資本主義世界体制の下で、その限界を露わにし、人類の生存に計りしれない脅威となっている。

今や人類は、現代の文明の行き詰まりを打開し、人間の生存の絶対的条件である自然と人間が共存できる新たな文明を創造しなければならない岐路に立っている。そのためには、自然を支配し、一方的に搾取する〈自然ー人間搾取系の文明〉から〈自然ー人間循環系の文明〉へと転換し、自然環境に配慮した生産様式、すなわち生態学的な経済制度（持続可能な社会）を創り出さなければならない。人類の未来は、ひとえにそれにかかっている。

かつて、東洋の小国日本は、幕末の一八五〇年代以降、イギリス、フランス、アメリカなどの資本主義列強の軍事的な威圧下で、それら列強との従属的な外交関係を強いられ（治外法権、関税自主権の喪失）、突然、近代的大工業が支配する世界市場の底辺に組み込まれた。それは、〈自然ー人間搾取系の文明〉（啓蒙された文明）を基盤とした市場経済システムとしての資本主義の道を歩むことであり、そのような近代国民国家として自立することであった。

薩長藩閥政府の主導する明治国家は、早急に欧米資本主義列強と肩を並べるべく、極めて強権的且つ急激に近代化＝資本主義化を推し進めた。その要は富国強兵・殖産興業政策であった。ドイツ人医師ベルツが「このような大跳躍の場合――これはむしろ『死の跳躍』というべきで、その際、日本国民が頸を折らなければ何よりなのですが」（『ベルツの日記』）と危惧したほど、その強権さと急激さにおいて他に類を見ないものであった。

日本のこれまでの歴史になかった、まさに、画歴史的な激変の時代において、専制的な明治国家によって強権的且つ急激に推し進められる〈自然ー人間搾取系の文明〉化＝市場経済システムとしての資本主義化に「亡国」を見て、それに〈自然―人間循環系の文明〉を対置して、憲法と人権と人道を武器に明治国家に雄牛のように立ち向かったのが田中正造であった。

田中正造の壮絶な戦いの生涯を顧みると、明治という歴史的な時代の光と闇が、そして現在と未来を照らす光を見て取れる。それは、伝統に深く根ざした〈自然―人間循環系の文明〉観であり、そして何よりも人間生活の基本的な諸価値（人権、人道、生存の権利、自由、平和など）を現代自身の条件と欲求として再確認することである。また、今日の地球の自然環境の危機＝人間の生存の危機の問題は、根本的には人間に価値観の転換を、その生きる意味を問い直す「人間の変革」を要求しているがゆえに、それに果たす「宗教」の役割と力を再認識することの重要性である。

田中正造は言う。――「真の文明は山を荒さず、川を荒さず、村を破らず、人を殺さざるべし。古来の文明を野蛮に回らす。今文明は虚偽虚飾なり、私欲なり、露骨的強盗なり」。「人権また法律より重し。人権に合するは法律にあらずして天則にあり。国の憲法は天則より出づ」。

田中正造は、谷中の戦いの中で、己れの生をキリスト教の信仰に委ね、現実にしっかり足を据えて神の道＝人の道を歩むのであるが、それは宗教的人間になることではなく、「人間になる」ことであった。彼のまなざしは、この世が進歩と力と未来を夢みる中で、しっかと終末と裁きを見据えていた。彼は、死の直前、〈大雨にうたれた、かれ重荷挽く　牛の車の跡かたもなし〉と、自分の戦いの生涯を歌に表しているが、しかし今日、彼の戦いの跡は鮮やかに甦り、比類なく現代的意義をもって我々に迫まってくる。死に瀕した田中正造の最後の祈りは、「現在を救い給へ、現在を救い給へ、ありのままを救い給へ」であった。

プロローグ

それは、梅雨が終わってまだ間もない暑い夏の日のことだった。長く伸びた白髪まじりの髪を頭の後ろに無雑作に束ね、汗と埃にまみれた縕袍(どてら)を着た一人の老翁が、栃木県足利郡吾妻村下羽田の庭田清四郎宅に、人力車から転げ落ちるように降りて、縁側に身を横たえた。家の者はみな野良仕事に出ていて留守居の子どもたちがいるだけだった。庭で遊んでいた子どもたちは、驚いて、親を呼びに一目散に駆け出して行った。間もなく親たちが駆けつけたとき、その老翁は顔面蒼白でほとんど人事不省に陥っていた。庭田家の人たちには、すぐ、それが田中正造翁であることがわかった。彼らは急ぎ奥の部屋に翁を運び、布団に横たえた。その後一か月余り、田中正造は庭田清四郎宅に臥した。桐生の姉妹宅に身を寄せていた妻のカツをはじめ、木下尚江や島田宗三、そしてかつての同志であった野口春蔵、岩崎佐十ら渡良瀬川沿岸農民も駆けつけた。病は胃癌であった。彼らの手厚い看護を受けながらも病勢は進み、ついに、大正二（一九一三）年九月四日正午すぎ、木下尚江に背後から抱きかかえられながら息を引き取った。静かに団扇で風を送りながら、じっと夫の顔を見凝めていたカツの口から、呟くように「おしまいになりました」と一言が洩れた。享年七十三であった。間もなくして、翁の死を告げ知らせる雲竜寺の鐘が物悲しく鳴り響いた。

枕頭には菅の小笠と一本の杖、それに糯子の信玄袋が遺されていた。それが、田中正造がこの世に遺した物のすべてだった。信玄袋には、新約聖書、帝国憲法とマタイ伝を白糸で綴じ合わせた小冊子、「苗代欠乏、農民寝食せずして苦心せるの時、安蘇郡及び西方近隣の川々細流巡視の実況及びその途次に面会せし同情者の人名略記内報その一号書」と題された草稿、日記帳三冊、それに石ころ数個とちり紙が少々あった。

ほんとうに僅かな遺品であるが、しかし、田中正造の七十三年の生涯を顧みたとき、これらのものが彼の生涯の戦いと思想を象徴していることがわかる。言い換えれば、これらのもの一つひとつが、彼の生涯の戦いと思想を無言で語りかけているのである。

では、田中正造の生涯の戦いと思想とはどのようなものであったのか。それを知るために、彼の生い立ちから、幕末、明治、大正と時代の大転換期を生きたその生涯を辿ってみよう。

第一章　名主時代

一　小中村に生を受ける

田中正造は、天保十二（一八四一）年十一月三日、下野国安蘇郡小中村（現栃木県佐野市小中町）に父富蔵、母サキの長男として生まれた。幼名を兼三郎と称し、四歳下に妹リンがいた。正造の生家は、祖父の代から小中村旗本六角家知行所の名主を務めていた。家庭は、名主ではあったが村の中程度で決して富裕ではなかった。それでも作男を、一人、二人おいていた。

父富蔵は教育に熱心で、元備後福山藩の儒学者赤尾小四郎に一人扶持を与えて、村の阿弥陀堂で村の子弟への教育にあたらせるほどだった。正造も七歳になると、赤尾小四郎の漢学塾に通い四書五経を学び始めた。後ちに、正造は早世した妹リンの娘への手紙の中で、この頃の自分の学習について、こう語っている。

「リン勉強毎朝必ず六時に起きて書を読めり。兄兼三郎は時に至らざれば起きず。夜はリン十二時に至らざれば臥せず。正造は夕飯の膳を去らば直に寝る。書を読む、正造魯鈍言語に絶ゆ。門弟即ち七十人中正造第一の無記憶といい、リンはほとんど第一の記憶生たり。始め兼三郎、四書五経を素読す。リンは今川庭訓位なりしに、惣ちリンの方兼三郎の上に出ず」。

この手紙の性格上、相手を褒め、自分を卑下するということがあるにしても、この時分の正造が、自ら憂憤して独り富士浅間信仰に依り頼み、厳冬堅氷を砕き水中に身を投じて、記憶力を強くすることを祈願したりしていることから、だいたい本当であろう。ともあれ、正造の幼少年期の学問は、ごく普通だったようである。

だが、正造はその性格においては、剛情、強意地で、いったん自分がこうと思ったら梃子でも動かない子であった。これは生来のものであろう。そのため、しばしば母にたしなめられ、訓戒された。しかしながら、この剛情、強意地は、責任を重んずることについての強い自覚と相俟って、正造の幼少期の性格を特徴づけていると言えよう。それは、名主になり領主六角家との戦いを、後ちに回顧して述べている次の言葉にも表れている。

「苟も公共の職に在る者の一分が相済まぬと思い込んだが最後、風吹かば吹け雨降らばふれ、職務も財産も将た身命をも之れが為には犠牲に供して毛頭の未練残らず、斬って斬って斬りまくって最初の一念茲に貫き」（『田中正造昔話』）。

さらに、剛情で強意地で、そして責任感の強い幼少年期の正造の性格を特徴づけているもう一つは、働き者であったことである。彼は、松苗を実生のものから栽植して、早く材木として売ろうとしたり、桑苗を畑に植えて家の収入を増やそうとしたりした。また農閑期には馬を引いて荷駄賃を得て勤倹貯蓄に励むとともに、有益な書物などを買い求めて、自分も読み、人にも与えることを楽しみとした。

このように正造は、学問においてはごく普通の少年であり、また悪友に唆されて妓楼に一度行ったこともあったが、その精農的勤勉さにおいて世間の並の者より秀でていた。その点においては、十分名主の倅として村を導くにたる資質を有していた。これは、百姓の子として正造が、早くから封建制下で民衆（その多くは農民）の内に形成された禁欲的自己規律の生活態度（勤勉・倹約・正直・誠実・孝行など）、いわゆる通俗道徳を身につけていたことを示している。正造は幼い頃から、父親や母親、祖父などの生活態度を見て育ち、また漢学塾での学び、特に『論語』の学びなどをとおして、これを身につけていったのだろう。

一方、幼少年期の正造は、名主の父富蔵の苦労を端で見ていたせいもあってか、政治や政治的争いを嫌い、そのため一時、出家して僧侶になろうと思ったこともあった。また、自分の村を厭い、江戸留学を志したこともあった。正造は、責任感が強く、公正・正義についても強い自覚とそれを実行する勇気をもっていたが、同時に「学問なしの勇気は位置によりて動く事あり、無学の精神家はクツワ〔轡〕なき馬の如し。位置によりて善悪一つならず。浮雲々々」（『昔話』）という思いも強くもっていた。これは、村の小さな政治における政治に携わる者や政治的争いを身近かで見てきたためであろう。だが、正造の江戸留学の願いは、父富蔵をはじめ親族の反対で実現しなかった。

さて、ここでまず、田中正造の村、小中村がどのような村であったかを知っておく必要があるだろう。

小中村は、旗本六角家の知行所（領地）で、その全収穫高は一四三八石余、家数約一六〇戸ほどの村であった。そして関東の農村の多くがそうであったように、相給（入組支配）の村であった。一村を複数の大名や旗本が支配することを相給あるいは入組支配という。小中村は、六角家が一〇一二石余、約一二〇戸、旗本佐野家が四〇九石余、約四〇戸、他に御朱印寺の浄蓮寺が十六石余の割合で分有支配していた。六角領には正造の父富蔵と篠崎茂左衛門の二名が、佐野領には石井郡造が、それぞれ名主として村の行政を取り仕切っていた。なお、六角家は安蘇郡の隣りの足利郡稲岡村他五か村（今福村、助戸村、山川村、大久保村、田島村）の中にも、他に武蔵国埼玉郡北袋村にも知行所があった。

六角家の総禄高は表高二〇〇〇石に対して、実地収入で二六五五石余あり、年間一九二九両余の年貢収入であったという。この実地収入＝六角家知行所内の総生産額二六五五石余を主家と百姓とが四公六民の割合で分け合うと、六角家の取り分は、精米にするための搗き減りなどを考慮すると、高く見積っても実質九〇〇石、金高で九〇〇両（一石一両として）ほどであった。このつつましい収入の中で、年間の家計費を賄い、家臣に扶持を与えなければならなかった。

それに、六角家は高家であった。高家は万石以下の旗本であるが、幕府から大名同様の格式と権限を与えられて、幕府の儀式典礼を司っていた。旗本の場合は、三〇〇〇石以下の小身に限って年貢取り立てなどの知行所支配を幕府代官に委任する便法が許されていた。だが、六角家は高家のゆえに、たとえ微禄であっても、知行所支配を自前で行わなければならなかったのである。しかし、六角家には、関東の二か国八カ村にわたって点在している知行所を自力で支配することは到底無理であった。いきおい、六角家は知行所各村ごとに選ばれている名主、そして彼らを統轄する割元に支配の実務を任せざるをえなかったのである。高家六角領の百姓は、主家に代わって年貢取り立てまでも代行したのである。正造は、小中村をはじめ六角領の村々について次のように述べている。

「六角領の領分は下野の国安蘇足利二郡の内七カ村と武蔵の国の内一カ村（この村は騒動に関係せず）とにして領内に於ける名主登用の法おのづから自治の態をなして因襲の久しき終に

動かすべからざる好慣例を形造れり、（徳川時代に於いては全国亦如斯なりしならむ）即ち名主は村内百姓の公選によりて挙げられ、これに村内一切の公務を委ね且非常の権力を授けて、村費臨時費の徴収及び支払等悉くその意に一任し以て之が決算報告をなさしむるに過ぎず、然れども一方に於いて総代組頭等は年暮れの決算報告会にその出納を検査監督して一点の私曲を狭ましめざるの制なれば、この自治的好慣例を遵奉するに於いては、永く領内の平和を維持し得て或いは格別の事もなくして止みたらむ」（『昔話』）。

村は徳川幕府以前からの存在であった。人々は、長い年月をかけて水利を配慮し、地形や地勢を選んで農作に適するようにと育てあげたものだった。そうした人々の血と汗が染み込んだ生産、生活の場、命の営みの場としての自然村には、自然につくり出されてきた慣習というものがあった。そして、それが村を取り仕切っていた。徳川幕藩体制下においても、それは幕府が定めた立法や制度とは無関係に存在した。小中村においても、たとえ村が相給あるいは入組支配といった行政的に分割されていても、同じ領主六角家の支配の下にある足利郡の六カ村との強い連繋団結の下に、古来から維持されてきた慣習が「自治的好慣例」をつくり出していた。また、この「自治的好慣例」を遵奉することによって、永く領内の平和を維持し得ていた。それだけに、それは村の人々の生産、生活を維持するうえで犯すべからざる一つの権威をもっていた。特に、正造は、そうした慣習、「自治的好慣例」は単に村の人々の行為を拘束するだけでなくて、領主権力に対しても犯すべからざる権威であると考えていた。ただ、このような「自治的好慣例」が、正造の言うように「徳川時代に於いては全国的に行われていた」かどうかは定かでない。

二　若き名主

安政四（一八五七）年、正造の父富蔵は名主の総元締めである割元に昇進した。元来、六角領の割元は、足利郡六カ村の中から年番で選ぶという慣行になっていたのが、安蘇郡で唯一六角領の小中村の名主である富蔵に割元役が命ぜられたのである。それは、富蔵が六角家の筆頭用人坂田伴右衛門と共に、主家の負債を償却しただけでなく、財政建直しに尽力した結果、五〇〇〇両余りもの金を蓄財し、その功労が認められたためであった。

だが、富蔵の割元昇進は、息子の正造をはじめ村人たちには不満であった。それは、足利郡六カ村の中から年番で割元役を選ぶという慣行が、富蔵が抜擢されたことにより破られることになったからである。また、これと同時に、平百姓で本来は村役人になれない小前身分の大久保村医師平塚承貞が重用されたことも問題であった。このような慣行破壊に村人たちは騒ぎ立って、足利郡の今福村、田島村、助戸村、山川村の四カ村は、独自に割元役を従来どおり年番で選ぶとして主家に歎願した。

このような中で、正造は父の後任として小中村の名主に公選された。この時正造は十七歳であった。また、父富蔵の割元昇進によって苗字帯刀を許される身となった。名主になった正造は、すぐ寺子屋を開設した。そして、農作や名主としての公務の傍ら、寺子屋で村の子どもたちに手習読書を授けるのを日課とした。彼には学問を重んじる思いが常にあり、向学心も人一倍強かった。封建社会においては、武士以外の農工商三民には日常の用に必要な以上の学問は不要とされ排されていたが、正造はそうした世の気風に対して批判的だった。特に、正造は、学問は終焉しつつある封建世において胎動し始めた新しい世に向けて、農民が如何に定見をもって自らを開放していくかの方途を有するために必要不可欠だと考えていた。事実、この考えどおり、正造は生涯学問を貴重し、自らも倦むことなく学び続けた。

若くして名主になった正造であるが、ひとつ困ったことがあった。それは算盤が大嫌いだったことだ。そのため、年貢取り入れの時などは非常に困り、その役を常に下役らに委していた。しかし、こと農業には大いに努め、その精農的勤勉さは目を見張るものがあった。後ちに、当時をこう回想している。

「実に当時の勉強は非常にして、他人に比すれば毎反二斗の余収を見たり、右手には鍬瘤満ち、左手には鎌創満ちて、その痕跡は今なおかくの如し。顕に五指の密接する能わざるもの、実に当時に賜わりたる勲章なり」（同前）。

また、正造は農業に精出す傍ら、農家経営の多角化によって、乏しい農業収益の増収を図ったりもした。その一環として取り組んだ藍玉商が図に当たり、僅か三年の間に三〇〇両という大金を得た。しかし、彼はそれを自家の農家経営に用いることなく、他日自分が社会の大学に入るための束修（入学時に納める金銭）にしたのである。社会の大学とは何か。それは目前に迫りつつある領主六角家の払奸事件であった。正造は生涯向学心旺盛であったが、彼が本当に学び、そしてそれを自分の思想と行動の泉水にしたのは、社会という大学であった。

この当時の正造の日課は次のようであった。

「朝飯前必ず草一荷を刈ること。
朝飯後には藍ねせ小屋に入り凡そ二時間
商用に従ふ事。
右終りて寺入りせる数十の小児に手習読書を
授くる事。
夕飯後また藍ねせ小屋を見廻り夜に入り
某寺院に至り朋友と燈火に会して漢籍の温習を為す事。

又耕耘は常の事にて公務は自宅にて取扱うを例とせり」（同前）。

この日課を見ると、正造は幼少期から働き者であったが、名主になってからは村落名望家としての強い自覚のもと、村民の先頭に立って範たることこそ名主の務めだと考え、その精農的勤勉さにいっそう研きがかかっていることがわかる。言い換えれば、封建制下で農民の内に形成された禁欲的自己規律の生活態度（勤勉、倹約、正直、誠実、孝行など）、いわゆる通俗道徳が、いっそう強く正造の実存に内面化・主体化されていることの現れである。父の止めるのも聞かず、農家経営の多角化を図った藍玉の製造と販売なども、そうした生活態度の現れだと言えよう。

三　領主六角家との戦い

六角領では、これまで村人の意向で決められてきた割元・名主の選出や罷免に領主が一方的に介入してきたことによる慣例破壊に対する不満、怒りが領内に広がっていた。そうした状況の中、六角家筆頭用人坂田伴右衛門が病死し、その跡を林三郎兵衛が継いだ。新しく筆頭用人に就いた林三郎兵衛は、正造によれば、頗る奸才に長けた人物で、気質は父富蔵とは互いに相容れなかった。この林三郎兵衛の筆頭用人就任を機に、富蔵の割元昇進、小前身分の医師平塚承貞の役席就任、そして助戸村名主藤吉と小中村名主正造に対する休役命令などにより燃え上がり始めていた六角家の騒動は、ますます火勢を強くしていった。

林がまず行ったことは、六角家の若君主税が近々結婚することになったので、江戸屋敷の普請をする旨を公表したことだった。林は、その普請の相談を割元の富蔵にしたが、富蔵は苦心して貯えた五〇〇〇両余の金を、天下恟々幕末の形勢ますます危殆に迫ろうとする時にあたって、徒らに費すべきでないと、領主に申し立てて受け入れられ、普請は頓挫した。正造もこの普請には反対だった。因みに、この頃、正造は赤見村の大沢清三郎の次女カツと結婚した。

折しも、六角家領主頼母は、幕府から高家の故をもって大和の神武天皇陵へ、将軍代理として参拝を命ぜられた。割元の富蔵も随行を命ぜられ、その留守の間、正造は割元を代行することとなった。

ところが、富蔵が領主に随行して大和、京都に一年余り滞在中、筆頭用人林三郎兵衛は、この時とばかり、再び江戸屋敷の普請計画をもち出したのである。さらに、巨額の先納金の命令、年貢徴収方式の変更、賄賂の要求などをしてきた。いうまでもなく、これらは年貢負担の増大につながるものである。その他、林は様々な奸策をめぐらして、割元富蔵と村人たちとの離間を図ったり、また自治的慣例（公選）を破って、自分の息のかかった助戸村の永島藤吉を名主に登用したりした。

正造は、こうした状態を見て憤慨し、すべて六角家の主君の責任であるとして、領主に上書を提出して糺そうとした。父富蔵は、「汝その位に在らずしてその政を議する癖あり、はなはだ善からず、仮令林等如何なる悪計をめぐらすも、上に明君の在るあり、汝謹んで復た議するなかれ」（同前）と忠告した。

だが、正造は、それを聞かずに上書を六角家江戸屋敷に差し出した。父富蔵は、身分が厳しく峻別されていた封建社会で支配的な「君、君たらざれども、臣、臣たり」という道徳律にもとづいて、息子の正造を戒めたのであるが、当の正造は、名主として村民に責任を負う立場から、徹底的に主君の責任を追求して止まなかった。案の定、正造は即時に名主の職を剥奪された。

名主として正造が、直接領主に奏上した上書の趣旨は、領内行政上の先例を擁護するの当然の職分なる所以を説き、林三郎兵衛の如きは先例を知らないだけでなく、往々破壊を企てんとするのためあれば、明君速やかに大英断を下されんことを請うとの意だった。つまり、筆頭用人林三郎兵衛の即刻の罷免を要求したのである。これは、当時としては「破格突飛の狂態」であった。

いわば執権職にある林三郎兵衛は「主家に対する不敬」の廉で、ただちに正造の名主職を剥奪した。しかし村民たちは、これを奸党不法の処置と憤慨し、各所に集まって正造の冤罪を解くべく強訴も辞さない旨を議決して、六角家江戸屋敷に状送した。それに驚いた林らは、ほどなく正造を名主職に復職させた。しかしながら、林らの奸策は改められるどころか、ますます狂暴になって割元・名主の職権を殺がんとした。そして、次のような訓示を各名主にした。「御用金及前納金の儀は他領若くは他の知行所の金主より借入れ間敷此儀は御上の御面目に御関係被為在候條以来は領内限貸借融通可致候事」。

これは、僅々二〇〇〇石ばかりの領地においては、どだい無理な法だった。六角家領主越前守頼母が将軍代理として大和の神武天皇陵代拝の折にも、割元の富蔵は他知行所の者から金を融通して領主に貸し上げて事なきを得たのであり、また正造が名主復職後も他知行所の者から借用して、ようやく前納金を済ましていたからである。それを知りながら、林らはこのような処置をなしたのである。

それどころか、ほどなく今度は、「領分取入米の儀は残らず江戸表へ廻送すべし」と達してきたのである。元来、領分取入米は、年貢上納前に地方において売払い、その代価を上納するに当り、割元が立替えて一年分前もって仕送りしておいた金額を差し引き皆済目録を作って江戸へ廻し、なお余分ある場合には重ねて廻送する仕組みだった。この達しは、その仕組み、その慣例を破壊するものだった。

正造は、前納金仕送り役の辞任を心に決めて、早速、江戸屋敷へ赴いて掛合い、とりあえず一か月の前納金を江戸の高利貸から借りて上納し、その後すぐ帰国して米を売払って、その代金六〇〇両を他知行所の貸金主に皆済した。そして、すぐ仕送り役を辞めた。正造の果断な行動によって、領米引き上げの悪計は破れたが、正義派の用人土屋亮左衛門を追い出したり、名字帯刀を餌に一味の者数名を各村の用達役に加えたりと、林三郎兵衛らの奸策、暴勢は止むことがなかった。

領主に随行して大和、京都へ旅していた父富蔵は、正造の運動の過激なのを聞いて、滞在先の京都から書を寄せて、次のように懇々説諭した。「仮令自分は如何様に相成候共殿様に御心配奉相掛儀は甚だ恐入候間善きも悪しきも只々御上の仰せに従ひ可被申候云々」。

しかし、正造は父の説諭に納得せず、以来父子意見を異にして対立したまま、独り孤立してその後も一年にわたって過激な運動を続けた。徳川幕藩体制下における主従の道徳とは、主君が誤りを犯すときは、それを正すことこそ臣下たるの義務であり、ときには死んで主君を諫める道（諫死）もあったが、それでも主君が聞き届けなかった場合は、主君の意のままに従うのが臣下たるの道であるとされていた。すなわち、諫死の場合も絶対服従の場合も、ともに「君、君たらずとも、臣、臣たり」という無限の義務（道徳律）が臣下に課せられていた。父富蔵は、この場合にも以前と同様に、主従の道徳律にもとづいて正造に説諭した。だが、正造には、武士でもない百姓の身分の自分が、まして名主として村民に責任を負う自分が、なぜそのような主従の道徳律を守らなければならないのか、全く腑に落ちなかった。

一年余りにわたる大和、京都滞在を終えて帰国した富蔵は、程なく領主六角越前守より給人に取り立てられた。すなわち、武士の資格をあたえられたのである。ところが、その後間もなくして越前守が病死し、その跡をまだ十六歳の主税が継ぐことになった。時至れりと喜んだのは、しばらく鳴りをひそめていた林三郎兵衛ら一派だった。林らがまず行ったことは、先に中止になった江戸屋敷普請の計画の実行だった。これには父富蔵も以前から反対だったので、父子意見また同じくして林ら一派を以前に増して激しく攻撃した。林三郎兵衛は、ただちに正造父子に一〇〇日の蟄居を命じて、その間に江戸屋敷の表門長屋の建築を完成させた。

このような度重なる林三郎兵衛らの奸策、暴挙、とりわけ公選による村役人の任用を官選による任用に変えるなど、これまでの慣例を破る暴挙に、ついに正造父子は割元・名主の辞表を江戸屋敷に差し出すことを決意した。これに村々の名主は大いに驚き、小前の百姓たちも以前にまして激昂して、直訴も辞さない構えだった。

正造父子は、直訴も辞さない構えの小前百姓たちを宥めて、政弊改革の一書を示してその連判に入ることを勧めた。百姓たちは喜んでこれに応じ、すぐに稲岡・山川・助戸・今福・田島・小中の六村における中以上の百姓七〇〇名余りが同盟に入った。また、富蔵・正造父子が割元と名主を辞職するのであれば、他の下野国五か村の名主たちも揃って辞職することに決した。ただ、林三郎兵衛の息のかかった平塚承貞の大久保村だけは、これと行動を共にすることはなかった。

こうして、領主によって任命された名主藤吉と藤吾の両人は、六か村の名主の辞表を携えて六角家江戸屋敷を訪れた。しかし、六か村名主の辞任を賭した政弊改革の要求は一蹴され、その後も政弊は改められることはなかった。

そこで、正造は各名主をはじめ村人たちに向かって、こう述べた。

「方今天下の形勢危うきこと薄氷を踏むが如し、然るに奸臣上に跋扈して良民下に苦しみ政弊改むる所なくして人心帰一を失ひ無用の土木を興して有要の財を竭し旧来の慣例悉く破却せられて奸臣等の意に出る新法雨の如く降る、嗚呼妖雲四塞風物惨憺たるの状領内未だ會てあらざる所惟みるに其此の如き悲境に立至りたる所以のもの固より奸臣の罪悪に帰せざるべからずと雖抑も亦上に赫々の光明ありて奸臣等の膽為めに寒きを致すの主君なきに因らずむばあらず、伏して願ふ各位の力に依て恐れながら幼君へ御退隠を勧め奉り賢明なる第二の君を推載して御家督あらしめ奉らむことを而して彼れ奸党の輩はもちろん之に附随せる佞人們をば悉く門前払いとなし君側を清めて以て御家を泰山の安きに置かむこと是れ予が宿望にして又先君に対するの微衷なり、我々の志は鉄石の如し父子辞表を呈して今や却下せらる恰是れ砂上に文字を書くが如し是より後は只精神を頼むのみ此辞表の如きは片時も予等の左右に置く可きものにあらず」（同前）。

このように述べた後すぐ、正造は再び辞表を江戸へ送った。正造父子の決心の固いのを知った村人もさらに決心を固くし、彼ら正義派の団結はますます強固になった。しかしながら、徳川幕藩体制下において、百姓が主君を訴えて勝った例はなかったし、ましてや主君を替えてほしいなどという願いは前代未聞であった。そこで、正造は一計を案じて、まず六角家の親族に訴える方略に出た。その方略に従い、江戸の六角家分家に訴願書が提出された。

そもそも六角家は、京都の公卿烏丸家の出だった。烏丸家は六角家の本家に当たるが、その烏丸家は日野大納言家から別れている。そんな関係で、共に高家を勤める日野大学家も長沢内記家もみな六角家の親戚だった。正造の一計は、知行所に対して主家がどのように政治を執っているかを、これらの親戚に知ってもらい、親戚筋から主家の政治を正してもらおうとするものだった。六角家の知行所農民から訴願された六角家の親族も、それを棄てておくわけにいかず、ついに日野大学・長沢内記両家による六角家の家政調査が行われ始めた。

こうした六角家の政弊改革をめぐる戦いがくり広げられるなか、慶応三（一八六七）年七月の夏の盛りに、小中村と稲岡村との間に用水と村境をめぐる争いが起こった。稲作には水が不可決である。そのため、この水をめぐる争いが、常に村と村の間の紛糾の種であった。特に夏場はそうであった。安蘇郡小中村は高家の旗本六角家と旗本佐野家との入組支配（相給）だった。同様に足利郡稲岡村の支配も、六角家と中根、喜多村、小笠原の旗本三家との入組だった。小中村の佐野家知行所の百姓にとって、稲岡村は全く無関係な村だった。領主も違うし、郡も村も違ったからだ。氏神も別だった。

両村の用水をめぐる争いの発端は、夏場を迎え用水に乏しくなった稲岡村が、小中村役人に無断で、村の西端にある小峯山の麓にある小さな沼に掘割を作って、自分たちの田圃に水を引いたことだった。そして、この水争いから境界争いに発展した。この二つの村の用水と村境をめぐる問題をいっそう複雑にしたのが、この二つの村が入組支配の村であったことだった。さらに、その他にも厄介な問題があった。それは、稲岡村六角領の名主が小中村の富蔵であったことだ。富蔵が割元に任命されてからは、日常の名主の仕事は稲岡村の忠兵衛が名主代として当たっていた。

今や、二つの村の用水と村境をめぐる争いは、勢い父子相争うことになった。正造は、今度の稲岡村の衆の振舞いの背後に、林三郎兵衛らの策謀を見た。確証はなかったが、これまで小峯山麓の小沼に対して、稲岡村の一時的な入会を、先方から申し出があれば小中村が認めてきたのに、今年は申し出がなく、一方的に掘割を強行してきただけでなく、小沼の地区が稲岡村の中だと言い出したからだ。因みに、入会とは、その当時全国各地に広く存在していた慣習で、元々他人の土地や山林の水利権や薪の伐採権、肥草などの採取権を認めてもらうことである。

六角家との戦いの渦中にあった正造は、この水争いの事件の解決を、割元で稲岡村六角領の名主父富蔵と小中村佐野領の名主石井郡造に相談したうえで、幕府の勘定奉行に訴えて裁決を願うことにした。当時、支配違いの争いごとは、すべて幕府の勘定奉行が裁定をする決まりだった。その結果、この水争いの事件は、双方示談のうえ、翌年一月解決した。

四　今日は今日主義

正造が稲岡村との用水及び境界争いに関する要務で江戸に滞在しているとき、衝撃的な事件が起こった。それは、慶応三（一八六七）年十一月二十九日、下野国安蘇郡の出流山山腹の千手院満願寺の境内において尊王倒幕の浪士隊約三〇〇人が挙兵したのである。いわゆる出流山事件である。徳川幕府は、すでに大政奉還して恭順の姿勢を示していたが、しかし、その裏では自己の生き残りをかけて、朝廷に直接結びついた政治上の要職を得ようと様々画策していた。一方、薩摩藩や長州藩は、この際、徳川家の息の根を完全に止めようと、あらゆる手段を駆使していた。この出流山の挙兵も、江戸薩摩藩邸が武力倒幕の端緒をつくるために仕組んだ謀略戦の一つだった。

この挙兵の中には、正造と共に赤尾小四郎塾に学んだ赤尾清三郎、安達幸太郎、織田竜三郎、それに赤尾小四郎の孫で十七歳の赤尾豊三もいた。他に小中村の百姓たちの姿もあった。幕府は、館林藩や関八州取締出役に命じて、挙兵組の壊滅に乗り出した。雪煙る下野の山野を鮮血で染めた戦いは、幕府軍の圧倒的な火力の前に、僅か十日ほどで出流山挙兵組の惨憺たる敗北に終わった。織田竜三郎を除いて、他の二人は、その他の捕虜四十名余と共に佐野河原で処刑された。

この頃、正造は江戸にいた。赤尾小四郎塾に共に学んだ友が出流山挙兵に参加していたとき、正造は時を同じくして江戸へ立ち、翌年の二月頃まで江戸に滞在していた。目的は名主職の辞職を六角家に認めさせることにあった。正造は二か月余りの長い期間、江戸に留まっていた。そうした正造のもとに、母サキから次のような手紙が届いた。「汝の朋友出流山の事に興りて多く捕はれたれ共幸ひ汝は江戸出役中の事とて漸く危を免れたれば此際深く謹身して妄りに外出することなく、又今暫くの間は帰国すべからず、然かせざれば奸党必ず口を此挙に借りて汝を捕えむ、思ふに奸党払攘の事用水村境の事共に天下の大に比すべくものあらずと雖も是亦決して惣諸（こつしょ）に付すべき儀にあらず、汝能く此旨を体して敢て或いは忘るゝことなかれ」（同前）。

母の手紙を読んだ正造は、「深く母の教訓を銘記して専心此範囲内に力めることを期し」た。また、帰国を延しているうちに、六角家は正造の名主辞任を認めた。母サキの手紙が物語っているように、正造が出流山挙兵と時を同じくして江戸へ立ったのは、この挙兵と距離をおくためであった。この挙兵組の中には、赤尾小四郎塾で正造と共に学んだ朋友たち、それに小中村をはじめ下野の百姓たちも少なからず参加していたが、彼らは、薩摩藩の企図とは違って、一途に王政復古を願い、それが「新しい明日」に連なることを信じていた。正造も、この挙兵への参加を誘われたであろう。しかし彼は参加しなかった。しかも、挙兵と時を同じくして江戸へ立ち、二か月余りも江戸に長逗留したのである。後ちに、正造はこの頃の自分をこんなふうに回想している。

「ただ兼三郎は幸か不幸か無学で鈍つくで仕合せであった。イカなればもう少しにても学文があれば筑波の天狗出流山の仲間入りすべきも無学のために先方で相手にせられず憤慨しても用ゐられざればこの道に入る能はず。また十万石でも足軽でも大名の下ならとくに死んだかどうなったものか。また無学の有難さ徳川末路の内部の腐敗をも知らぬはもと制度礼節作法を知らざればなり。法を知らざれば法の紊乱を知らず、生まれたまゝの自由主義何人の忠告も聞かずして自ら道理なりと思う事を堅く信じてはまた誰の云う事も聞き入れずしてこの危険極まる末路に当たって天賦の自由主義を実行せんとしてつまらぬ小ぜり合いを領主六角家争へたり」(『回想断片』)。

後からの回想であり、また自分を必要以上に無学な者と卑しめている点があるが、なぜ正造が出流山挙兵に参加しなかったか、その理由がよく示されている。それは、正造が徳川幕藩体制下の権力の末端に位置するとともに、生産と生活を共にする村を代表する名主という責任的職分にあったこと、それに従来からの自治的好慣例として百姓相互の選挙(公選)によって選ばれた者であったこと、である。正造は、武力蜂起(挙兵)による「世直し」、すなわち幕藩体制打倒よりも、名主として六角領の百姓たちが直面している今現在の問題(貨幣価値の暴落下における六角家江戸屋敷の普請、自治的好慣例の破壊、年貢徴収方式の変更など)を解決する道を選んだのである。否、選んだというより、その方が重要であり、責任ある行動だと考えたのである。それが、正造の言う「自らの道理」であり、「天賦の自由主義」を実行することであった。

正造にとっては、明日の考えをもって世の中を根本的に変革することではなく、何よりも今自分に与えられた場所で、現実に目を注ぎつつ、必要なことを行うということが、最優先の課題であった。だから、彼は出流山挙兵に参加することなく、しかも一時身を遠く離れた江戸においてまでして、公選された名主としての職分上の責任に促されて、領主六角家と身命を賭して戦ったのである。

ところで、このような自分の生き方の特質について、正造はその死の半年前に、キリスト教社会主義者で盟友の木下尚江にこう書き送っている。

「正造は政治上、憲法のためには一身を犠牲にすとも、苟くも国に政治の存在せる限り国の大法をして成就せしむるのみ。但し他の新主義〔社会主義〕のありて革正の至るは別段として、今日は今日、未来は未来、先ず今日は今日の考えにて候。明日の考えを以て今日を等閑にすべからず。今日は今日にて足らしめんとす。之れキリストの教えなればなり。また予の自らの信仰にて候。この儀に付ては追て諸君の教を乞はんとはするもの也しも、予が今日は今日主義、明日は明日の学びとして、先この義有体に申上候次第也」（大正二年三月十八日）。

ここで、正造は「今日は今日主義」という信仰こそが、自らの行動の原則であると言っているが、しかし、それは「キリストの教え」によって深い思想的・信仰的意味をもつものになってからのことで、実は、それ以前から、すなわち、この出流山挙兵への彼の対処にすでに芽生えていたのである。言い換えれば、この挙兵に参加しなかったところに、正造の生き方の特質、すなわち「今日は今日主義」がすでによく現れているのである。

正造は、名主としての職分上の責任を領主六角家との戦いにおいて貫く中で、彼の生き方の特質である「今日は今日主義」が胚胎し、そして自らの行動の原則として実存に内面化・主体化されていったのである。まさに、正造が十二年間にわたって名主として責任を負っていた小中村の「小さい政治」、藩レベルの政治とは全く異質なその政治こそが、そこで彼がはじめて政治的経験をし、且つ自己の根底を形成した場であったのである。

五　時代の混迷の中で

正造の江戸滞在は二か月余りの長きにわたったが、その間に時代はめまぐるしく移り、徳川幕府からの大政奉還に呼応して、朝廷は慶応三（一八六七）年十二月九日、王政復古の大号令を発した。まさに、出流山事件はその間隙に起こったのである。

しかし、現実には膨大な土地と人民を領有している徳川家が存在していた。翌年一月、徳川幕府軍と薩摩・長州両軍との間で鳥羽伏見戦争が戦われ、幕府軍が敗退し、江戸へも戦火が刻々と迫っていた。京都には、日本全国を代表する新政府が誕生して、すでに諸外国への通告も完了していた。もはや、徳川家は対内的にも対外的にも政府の資格を完全に失っていた。だが、領地と領民に関しては、依然として旧来のままであった。相変わらず、六角家は小中村などの領民の主人であった。

時代は激しく揺れ動き、京都の新政府は徳川家の追討令を出して、慶応四（一八六八）年二月九日、有栖川宮熾仁親王を総督として、東海道、東山道、北陸道の三方から江戸へ向かって進撃を開始した。徳川幕府の権威はすでに地に落ちていたが、さらに、それに輪をかけたのは、前年秋に旗本知行取に課した軍役を金納に改め、十年間貢租の半額上納、商人に対する御用金献上の強制などをしたことだった。特に深刻だったのは、天井知らずの物価の騰貴が末端の百姓の生活を酷く脅していたことだった。小中村のある関東のあちこちの村々にも、しきりに一揆や打ち壊わしが起こっていた。今や、天下はほとんど無政府同然の有様だった。

こうした混迷する時代状況のなか、新政府の東征軍の先鋒を務める一隊が、道々村々、百姓に対して年貢半減という布告を出しながら進撃していた。その先鋒隊は赤報隊と称し、明治維新のとき結成された草奔隊の一つで、隊長は志士相楽総三で、脱藩浪士や豪農商中心の数百人の一隊だった。隊長の相楽総三は、薩摩藩が武力倒幕の端緒をつくるために工作した出流山挙兵にも深くかかわっていた。新政府は、人心の安定を図り、人々の支持を得るために、相楽ら草莽の志士たちを官軍の先鋒に仕立て、年貢半減を布告させながら進撃させたのである。

だが、薩摩・長州中心の新政府は、多くの人心が徳川方を離れたのを見るや、直接、年貢半減を沿道の百姓たちに約束した相楽総三ら赤報隊を、贋官軍に仕立てることによって、年貢半滅の公約を反古にしたのである。そして、相楽総三以下八名の幹部を、贋官軍という罪名のもとに処刑した。新政府の中核をなす薩摩藩などの大藩は、謀略的意図をもって仕組んだ出流山挙兵に草莽の志士らを利用したように、この場合も草莽の志士たちを利用できるだけ利用しておいて、不必要となれば虫けらのように棄て去ったのである。

さて、ようやく名主職の辞職を主家に許された正造は、すぐさま小中村へ帰った。小中村も、敗走する幕府軍と追撃する官軍との間に、今にも戦いが始まりかねない状況であった。名主を辞職したとはいえ、正造は村内を戦場にすることを何んとしても避けるために奔走した。幸い村は戦場になることは避けられたが、正造をはじめ下野の百姓たちは、官軍の追撃の前にみすぼらしい姿で敗走する幕府軍を目の当りにして、新しい時代が到来しつつあるのをひしひしと感じていた。

しかし、京都に全国を代表する新しい政府が誕生し、徳川幕府は政府の資格を完全に失っていたにも拘らず、六角家はまだ存在し、領民の上に君臨していた。しかも、小中村をはじめ六角領の百姓たちは、いまだに支配が続いているその主家と戦っている最中だった。時代が激しく変化する中で、主家と戦っている六角領の百姓の不安と心配は、その戦いの先ゆきが不透明であっただけに一入であった。

そうしたなか、徳川家追討令により江戸へ向けて進撃する東山道総督府は、慶応四（一八六八）年三月十一日、「もし領主に不服や不満がある者は遠慮なく総督府に訴え出よ」と記した高札を村々に立てた。そこで、幕府奉行所への訴えがはかばかしく進行しないでいた六角家知行所の百姓たちは、東征軍総督府へ領主六角家を不満とする訴状を提出することを決めた。

慶応四（一八六八）年三月十四日、江戸城は無血開城された。もはや、徳川家の支配が終焉したことは誰の目にも明らかだった。そして、これに呼応するかのように、京都において天皇自ら五ヶ条の聖文を発布した。時代は大きく変わろうとしていた。しかし、新政府による新しい体制はまだ整わず、旧幕府の体制が依然として存続していた。六角家も従来どおり本領安堵となった。大名支配は明治二（一八六九）年六月の版籍奉還まで続き、藩体制は明治四（一八七一）年七月の廃藩置県まで続いた。

この頃、名主総代助戸村の藤吉と山川村の名主藤七郎の二人は、すでに駿河まで進撃してきていた東征軍に訴状を提出した。総督府は、二人の訴えを聞き入れ、早速、江戸の六角家の筆頭用人林三郎兵衛とお抱え医師の平塚承貞らを捕らえて、足利の戸田藩お預けに処した。御家存亡の危機に瀕した六角家は、林三郎兵衛らの赦免のために八方手を尽くした。その結果、間もなく林三郎兵衛らは釈放された。在獄わずかに一か月であった。

釈放された林三郎兵衛らは、自分たちを総督府に訴えた藤吉と藤七郎を捕えて投獄した。正造には、名主職辞任が許された身であったとはいえ、やはり六角領の百姓を守る責任があった。正造は、二人の釈放に力を借りるべく、最初、かつての友人を頼って水戸藩へ行ったが適わなかった。そこで、正造は江戸の六角家の親族の手をとおして、六角家の本家である京都の烏丸家に訴願書を送ってもらうことを計画した。本家烏丸家の力を借りて、六角家の悪政を正そうとしたのである。

正造の訴願書は、藤七郎・藤吉両人の捕縛入牢が邪悪復讐のためであることを訴えた最初の一項以外は、藤七郎・藤吉の願書とほぼ同じで、十二項目にわたって六角家の悪政と処分を訴えるものだった。この訴願書を受け取った六角家の親族は、そのあまりに過激な文面に驚き怖れ、京都の本家烏丸家に送ることを躊躇い、結局、六角家内で善処するのが適当であると判断して、江戸の六角家に回送した。筆頭用人に復帰した林三郎兵衛らは、自分たちを「奸賊」呼ばわりし、主君主税を「暗君」と決めつけて、その厳重処分と退隠を要求する弾劾的訴願書に激怒し、即刻召捕らえて江戸屋敷内の牢に閉じ込めた。

後ちに、正造はこの当時の自分をこんなふうに回想している。

「予は実に盲蛇の如し、圧制殺伐を極むる当時、而かも幕末の時、仰ぐ可きの制法なく、守る可きの規律なく、世はかり菰と乱れて、弱肉は実に強食の為に供えられ、生殺与奪の権は身分ある者の手に握られて、身分なき者の運命は朝夕だに測られざる闇黒の世に於いて、君主を呼で暗君といひ、執権を目して奸賊といひ、以て僅かに肚裡の虫を押へむとしたるが如き、之をしも盲蛇の所為にあらずといひ得べき乎、思うに予をして今日迄生命あるを得せしめたるは是れ萬々僥倖なり」（『昔話』）。

三十年ほど後ちのこの回想で、正造は、この当時の自分の行動が、如何に厳格な封建的身分制社会においては盲蛇のように無謀極わまりないものであったか、と述懐している。しかし、重要なのは、何が正造をして、このような行動に駆り立てたのか、ということである。それは、名主としての村にたいする責任であった。そして、それを支持したのが、正造の性分の剛情、強意地であり、また生来の一徹心であった。だから、正造は「いやしくも公共の職に在る者の一分が相済まぬと思い込んだが最後、風吹かば吹け、雨降らばふれ、職務も財産も将た身命をも之れがためには犠牲に供して毛頭の未練残らず、斬って斬って斬りまくって最初の一念茲に貫く」こと以外には何も考えないで、いわば「盲蛇」的な抵抗をしたである。とにもかくにも名主として六角領の百姓たちが直面している今現在の問題の解決に身命を賭して抵抗したのである。

しかし、その「盲蛇」的な抵抗の精神は、権力とは無縁な被治者のそれであり、その深い根底には「土百姓」正造がいるのである。後ちに、正造は、こう述べている。「よの人自ら高ぶり人を見る、恰も屋上に登りて庭中の犬馬を見るが如きものあり。かの乞食が橋下に草枕して明月を見る如きこゝろにて国家を見るものは、甚だ稀れなり」（明治二十八年六月、日記）。すなわち、正造は徹底的に権力と無縁な被治者の立場から生きたがゆえに、その後も彼だけが唯一、自由民権家のなかで人民を裏切らなかったのである。実に、そのような抵抗の精神は、名主としての職分的責任を負っていたこの頃から「土百姓」正造の内に、自らの行動の原則である「今日は今日主義」とともに胚胎し、自己の根底を形成しつつあったのである。

田中正造の思想形成とその後の生き方を決定したのは、彼がまず何よりも百姓、すなわち「天地と共に生きるもの」であったこと、そしてまた幕藩体制下の権力の末端に位置するとともに、村（小中村）を代表する名主という責任的職分にあったこと、この二つであった。それゆえ、彼は封建制下で民衆（そのほとんどは農民）の内に育まれてきた禁欲的自己規律の生活態度（勤勉・倹約・正直・誠実・孝行など）、いわゆる通俗道徳を幼少期から自分の生きる基としてきたのであり、また名主として幕藩体制の支配的イデオロギーである儒教的仁政（徳義）観念を、被治者の立場から徹底し、「百姓成り立ち」の観念へ再生して、権力に対する抵抗の原理・原則としたのである。

一般に近世民衆の異議申し立ては、あくまでも治者―被治者の身分制支配を前提とし、「仁政は武家のつとめ」とする公定イデオロギーを根拠に、具体的な不正・苛政を訴えるという形をとる。いうまでもなく、そこには政権への傾倒、権力の座を奪取する意志はない。正造が、江戸の六角家の親族の手をとおして、六角家の本家である京都の烏丸家に訴願書を送ってもらい、本家烏丸家の力を借りて六角家の悪政を正そうとしたのも、この論理、特に越訴（おっそ）の論理にもとづいている。安蘇・足利二郡の六角領七か村の名主の結束は固く、挙げて領主六角家の政治改革を求めて、より上位の権力者である本家烏丸公に越訴したのも、古来から維持されてきた慣習がつくり出していた「自治的好慣例」の賜物であった。正造をはじめ七か村の名主たちは、まさに、全努力を傾けて自分たち百姓の一身にかかわる事、すなわち「自治的好慣例」の破壊の解決に政治を役立たせようとしたのである。正造のこの計画は、間もなく実を結び、また自分の身をも救うことになるである。

正造らの弾劾的訴願書に激怒した筆頭用人林三郎兵衛らは、ただちに、藤吉と藤七郎の二人を釈放し、代わりに正造を入牢させた。正造の入れられた牢は、牢の中の牢だった。正造は次のように言っている。

「予が奸党等のため封鎖されたる牢獄というは、その広さ僅かに三尺立方にして、床に穴を穿って大小の便所を兼ねしするが如き、その窮屈さは能く言語のつくしうべきところにあらず。もし体の伸びを取らんとするときは、先ず両手を床に突き、尻をたてゝ虎の怒るが如き状をなさざるべからず。また足の伸びを取らんとするときは、まず仰向けに倒れ、足を天井に反らして恰も獅の狂うが如き状をなさざるべからず」（同前）。

まさに、牢そのものが拷問であった。他に、十手でしこたま殴られるなどの拷問も何度も受けた。特に正造は毒殺を恐れていた。それで、全く獄食を断って、同志の庄左エ門が秘かに差し入れてくれた鰹節二本と、飯入れの老人が持ってきてくれた水で三十日間命をつないだ。この想像を絶する艱苦に耐えさせたものが何であったかについて、正造はこう語っている。

「予は素より学問なく、また頗る記憶力に乏しきを以て苟くも事の法律的に渉り若くは算盤的に組み立てられたる方面に向ては、その魯鈍や終に及ぶべからざるものあらむ、然れども亦一方に於いて、大義名分の如何を識別し、大体の上より利害得失を比量し得て、自ら善と信じ利と認める点を遂行し収拾する時に当ては聊か奪ふべからざる精神を有す、その当時に於いて予はまさに血気盛りの壮者なりき、加ふるに満腔この精神の磅礴(ほうはく)たるあり、是式の苦艱、終に予をして屈せしむるを得ざりき」(同前)。

慶応四(一八六八)年四月に六角家江戸屋敷の牢に入れられた正造であったが、ついに、訟廷が開かれることになり、そこで、正造は六角家筆頭用人林三郎兵衛と対決した。そして、三度目の訟廷が開かれるに及んで、やっと、林三郎兵衛一派の吟味役に代わって、かねて正造が熱望していた六角家本家の烏丸公よりの吟味役が任に就いたのである。正造の計画は実を結び、そして自分の身をも救うこととなったのである。すでに、正造の在獄は十か月と二十日に及んでいた。

六　戦いの後に

明治二年二月初め、ついに、正造に判決が下った。それは、「領分を騒がし身分柄に有まじき、容易ならざる企てを起こし、僭越の建白をなせしは、不届の到なるにより、厳重の仕置申付べき處格別の御慈悲を以て、一家残らず、領分永の追放申付くるものなり」というものだった。十か月と二十日ぶりで、正造は釈放された。

六角領内からの追放に処せられた正造は、母サキの実家のある安蘇郡並木村に身を寄せた。だが、どういうわけか、正造の家族は小中村を立ち退かずにすんだ。藤吉と藤七郎の二人は六角領内からの追放、その他の名主はみな自分の村からの追放となった。一方、六角家領主主税は隠居となり、次男雄次郎が家督を継いだ。そして、林三郎兵衛をはじめこれに与した者たちはみな「永の暇」（免職処分）となり、お抱え医師平塚承貞は「永の領分払い」となった。五年にもわたった六角家騒動は、こうして落着した。

しかし、領主六角家との戦いには勝利したが、事件落着後、彼らを待ち受けていたのは巨額の借金だった。五年にもわたる戦いによって、村々の名主をはじめこの事件に関係ある者は、その間の運動費に巨額の金銭を投じていた。その多くは借金によっていたため、その借金の返済のために田畑や家屋敷を売り、なかには家族離散という惨状にいたる者もあった。戦いによって負った傷はあまりに深く大きかった。

正造の借金も、元金七〇〇両に利息の三〇〇両が加わって、合計一〇〇〇両にもなっていた。正造も、自家の所有する田畑山林を処分して借金を整理しようとした。しかし貸主たちは、田中家の所有地のうち約三分の一を七〇〇両に評価して、それを元金に充当し、残りの利息分三〇〇両は正造の借金にして、借用証文を貸主たちは受納することにした。貸主たちは、正造が外でもない主家六角家払奸のために、このような事態に立ち至ったことを推し量って、非常に穏当の処置に出たのであった。とにかく、一応、正造は借金の整理をつけた。

それにしても、正造をはじめ六角領の各村の名主たちが、主家と五年にもわたって、しかも巨額の借金までして、さらに場合によっては死罪に処せられるかもしれない覚悟までして戦った、その戦いをなさしめたものは何だったのか。何が、彼らをしてそこまで戦わせたか。それは、六角領七カ村が行政的に区分された相給（入組支配）の村であったとはいえ、それよりはるか以前から地域の自然風土に深く根を下ろした村落共同体（村）の人々の生産、生活を維持するうえで、犯すべからざる一つの権威をもっていた「自治的好慣例」が破壊されることは、「己れ等一身にかかわりたる」事であったからである。だから、彼らは「職務も財産も将た身命を之れがためには犠牲に供して」まで戦ったのである。

とりわけ、この戦いを主導した正造は、たとえ非常の権力をもっていても、それは村民に授けられたもので、名主だけでなく、領主の権力をさえ拘束する、と考えていた。したがって、もし権力が、この自治的好慣例を蹂躙するならば、それに対する抵抗は、名主という公共の職責の命ずる義務であった。古来から維持されてきた慣習がつくり出していた自治的好慣例に現れている自然的な生活の権利から、義務が生じるのである。すなわち、元々、義務は権利のうちに含まれているのである。正造が一般の民権家＝士族的民権家とは異なって権利の主張をむしろ義務と見なしたのは、ここに淵源する。

ここには、すでに、権力と対等な人民の権利否実質上の人民主権の考え、そして抵抗権の考えが芽生えている。まさに、田中正造が若き名主として十二年にわたって責任を負っていた村の「小さな政治」こそが、彼がその中で自己の根底を形成した場であったのであり、その後の歩みの原点となったのである。

第二章　江刺県花輪時代

一　東京への旅立ち

明治二（一八六九）年二月、正造は安蘇郡並木村の母サキの実家に身を寄せていた。ほどなく、その正造のもとに隣村の堀米町から、当町の新堀米大字新家の地蔵堂を塾舎兼宿舎として提供するから手習いの師匠になってほしいという声がかかってきた。堀米町のこの辺一帯は彦根藩井伊家の領地だったので、正造がこの地に住むことは領分追放の処分を犯すことにはならなかった。地蔵堂は、小中村からも、今正造が住んでいる並木村からも、目と鼻の距離にあった。入組支配の村々だからこそ、こういうことも起こりえたのである。

持ち物も何一つなく、着たきり雀の正造であったが、新堀米の村人たちは、鍋釜や蒲団まで持ち寄って来てくれ、後ちには食事の世話などまでして助けた。この地蔵堂での生活は、十か月余りにわたって牢に閉じ込められていた正造にとって、何よりも自由で、とても楽しかったようだ。

時代は目まぐるしく動き、社会も大きく変化していた。正造が六角家江戸屋敷の牢に入れられていた慶応四（一八六八）年七月には江戸は東京と改称され、九月には明治と改元された。そして、翌明治二年五月には、一年半に及ぶ戊辰戦争もようやく終わった。小中村も、明治新政府の布告した府藩県三治制のもと設置された日光県に編入された。しかし、「御一新」と呼ばれながらも、百姓たちの暮らしは旧幕時代よりも酷くなったところが少なくなく、全国で世直し一揆や新政反対一揆が頻発していた。

正造が手習塾の師匠として三か月余り経った頃、赤尾小四郎塾で正造の先輩にあたる織田竜三郎が訪ねてきた。織田は、赤尾塾で共に学んだ赤尾清三郎や安達孝太郎らと共に出流山挙兵に参加して捕らえられたが、幸い死刑を免れたのであった。そして、今は新政府の府県学校取調掛に用いられていた。隣村の赤見村に皇朝学校を設立する準備のためにきた織田は、その途次正造を訪ねたのだった。

織田は、正造に東京留学を勧めた。正造は即答はしなかったが、織田の勧めに深く心を動かされていた。正造がこの地蔵堂に住むようになってから、その苦境を見て、群馬県の属吏になったらどうかなど、いくつかの勧誘があったが、その気になれず、みな断っていた。だが、今度は違った。まだ二十九歳の正造にとって、新しい時代をどう生きるかは大問題だった。織田の東京留学の勧めに、かつて正造が抱いた江戸留学の望みが眠りから目を覚ましたのである。かつて、正造は村を厭い、江戸留学を志したことがあったが、父親をはじめ親戚朋友に反対されて、その志は適わなかった。しかし、その頃から、学問は、封建世において胎動しつつある新しい世に向けて、百姓が如何に定見をもって自らを解放していくかの方途を有するために必要不可欠だと考えていた正造は、今まさに、その時がきたと心躍らせたのである。正造は、その時の心境をこう語っている。

「余は債主直蔵外数名より父母の養老手当を受け且つは一身の自由をも得たれば、これより更に赤手を以て自家の運命を拓かんとの志を起こしたり、顧みれば予や廿一才という頃より、世事に奔走してかつて修得したる書籍も殆ど忘却したる程なれば、ここに改めて学ぶ所ありかつはこの後こそ身を以て自活研窮の衡に当らむと欲し胸裡潜かに勇み立ちて、織田の宅にと急ぎけり」（『昔話』）。

明治二年八月三日、正造は、赤尾小四郎の孫で、出流山挙兵に参加したが幸い生き残った赤尾豊三に塾を譲って、心勇んで東京の織田竜三郎のもとへ旅立った。しかし、正造は東京浅草の織田の家を訪ねて驚いた。ついこの間まで新政府の府県学校取調掛だった織田が、浪人をしていたからである。この六月に、府県学校取調局が廃止されて免職となったのである。正造は、今は全く収入のない身となった織田に、持参した書画を売って得た三十六両を、到着後早々に六か月分の食糧月謝として前納したが、たちまち費消してしまうという始末で、勉学などおぼつかない有様だった。正造は、その日その日の暮らしすらおぼつかない織田の生活を助けて、慣れない家事はもとより、人の雇となって溝浚らいや引越しの手伝いなどをして、寸暇ない多忙な日々を過ごした。なお、この時分、正造は、祖父の名を継ぎ兼三郎を正造と改名した。

この頃のことを、正造はこう歎息している。「嗚呼昨日の仙人出て俗時縦横の巷に入れり、これを境遇の激変といはむ乎、地蔵堂に閑暇を貪りし身の今や突如として齷齪（あくさく）〔こせこせする〕の奴僕と変ず、希望の移る所、言動亦これに伴うもの乎」（同前）。東京留学に胸をふくらませ、心勇んできただけに、正造の失望と嘆息は一入であった。

明治二年の暮れも押し迫った十二月、陸中江刺県大属早川信斎が織田家を訪れた。早川信斎は伊勢の出身だが、正造にとって赤尾小四郎塾の先輩であった。江刺県は、賊軍となった南部藩（現岩手県）の南東部に、明治二年八月に府藩県三治制のもと設置された県で、その県の大属になった早川は公務で上京してきたのであった。また同県には、かつて赤尾塾に学んだことのある下野国都賀郡横堀村出身の国府義胤が大参事として、小笠原弥右ヱ門が権知事（副知事）としていた。

早川信斎は、正造に江刺へ同行することを勧めた。織田竜三郎も、学問の道はひとり読書のみに止まらず、実地の研究もまた大切なりと説いて、江刺行きに賛成した。正造もただちに江刺行きを決意した。そして翌年二月、正造は早川信斎に従い江刺県へ出立した。後ちに、正造はこの江刺行きを決意したことについて、後悔の念をもってこう述べている。「窮乏と辛苦とを極むる悲境裡の一狂児、たちまちよき口のあるに動かされて、とにも角にも行きて見むとの考えを起こしたるは、必しも無理ならぬ事なるべしと雖も、この誘惑に随従したる一事は疑もなく、予が畢生(ひっせい)の失策なりき」(『同前』)。

二　江刺県の小官吏として

正造が早川信斎に従って陸路十五日、遠野町の江刺県庁に着いたのは三月三日だった。ところが、頼りにしていた国府大参事、小笠原権知事はすでに辞職していた。早川も明日はどうなるか判らない身の上だった。途方に暮れる正造だったが、そうこうするうちに、早川が吉報をもってきた。それは、正造が江刺県庁附属に任命されたとのことであった。正造は、羽後国鹿角郡(現秋田県)に新設されたばかりの花輪支庁に勤務することになった。月給は八円だった。

正造は、早速、花輪へと出立した。遠野から花輪までは約三十六里（一四四キロ）で、大よそ四日間の道程であった。途中、残雪のまだ深い山間の村々で正造が目にしたのは、山間農民の厳しい現実だった。その時の印象をこう日記に記している。「この辺は山間に狭り田畑肥えたる土を見ず。民もまた食する物なく蕨の根を製しこれを食い。ゆえに農事に尽力するの暇きを見る。嗚呼歎息の至りにあらずや」。

正造の赴任先の花輪支庁は、彼の到着の僅か二十日ばかり前に新しく設置されたもので、政務はまだ緒につかず、混乱の最中にあった。着任早々の正造にただちに命じられたのは、「救助窮民取調」だった。早速、正造は鹿角、二戸両郡の山間の各僻村を実地見分して歩いた。そして、昨年秋の冷害による凶作によって、極度の窮乏と飢餓のうちにある農民たちの姿を見て、大きな衝撃を受けた。正造は、『御用雑記公私日誌』に鹿角郡下の小深田村、鏡田村、神田村など十か村の窮状を累々と記録している。今、その中から高屋村と草木村の二つの村を抜き出してみよう。

表1　1870（明治3）年3月「日記」

	名前	家内	馬	手業	
高屋村 百姓	小平	家内三人	馬一疋	手業三人	この者何もなし。これ迄借受食す。
	寅	〃四人	〃一疋	〃二人	から蕎麦二、三升、外に何もなし。これ迄稗を食し、草鞋を作り売て食とすと去。
	四郎兵衛	〃四人	〃一疋	〃二人	粟一斗計り、外に何もなし。
	佐助	〃五人	〃一疋	〃三人	籾八斗、稗二石四斗、粟四斗。
	子の	〃二人	〃一疋	〃一人	から稗五、六升、外に何もなし。
	清兵衛	〃八人	〃一疋	〃三人	稗から粉五、六升、外に何もなし。
	清吉	〃五人	〃一疋	〃二人	稗粉八升計り、外何もなし。
	吉	〃五人	〃一疋	〃二人	稗粉四斗、米粉三合、粟二斗計り。外に何もなし。
草木村 百姓	専三郎	家内三人		記ナシ	稗二斗、稗計り食すと云。
	九二郎	〃三人		手業二人	稗四斗、粟二斗。
	喜八	〃五人		〃三人	稗一斗。
	藤兵衛	〃五人		〃二人	粟一斗五升。
	平蔵	〃四人		〃三人	何もなし。粟稗計喰す。
	西	〃五人		〃三人	粟一斗、稗五升。
	与平	〃六人		〃四人	粟一斗五升、稗四斗。
	岩之助	〃六人		〃三人	稗ぬか計り喰す。
	市太郎	〃六人		〃三人	粟二斗、稗二斗。
	駒吉	〃三人		〃二人	稗ぬか計り喰す。
	長右衛門	〃六人		〃三人	稗のぬか計り食すと云。
	十吉	〃四人		記ナシ	稗のぬか計り食すと云。
		〔中略〕			
	三吉	〃五人		〃二人	から稗一石六斗、粟はなし。この義正造如何敷後釜改めいたし候処稗のからのまま煮て塩を入粥にしてあるを見、是ヲ以前を見嘆息に不堪泣涕いたし候。
	甚太郎	〃七人		〃三人	何もなし。
	三之丞	〃五人		〃二人	稗四斗、粟二斗、右同断。歟カ敷非歟、、
	喜平	〃三人		〃二人	何もなし。
	萬九	〃五人		〃三人	何もなし。
	丑之助	〃四人		〃二人	何もなし。
		〔後略〕			

この日の夜、花輪に帰った正造は、〈この民のあわれを見れば東路の　我古郷のおもひ出にける〉と、心のうちを歌に表している。関東平野の広く豊かな土壌の村で百姓として生産に励み、また名主として村人の生活を見つづけてきた正造にとって、山間の狭く貧しい土壌のもとで生産に励む百姓たち、しかも昨秋の冷害による凶作によって極度の窮乏と飢餓に喘ぐ百姓たちの姿は、大きな衝撃であった。さらに、戊辰戦争による混乱もその窮状をより深刻にしていた。そのあまりの悲惨さに、後ちに、正造は次のように回顧している。

「二の戸郡は食盡きて既に牛馬数千頭を屠り、鹿角郡なる山間の各僻村は雪中蕨の根を掘て之を喰ひ、また稗糠に塩を混じたる粥を啜りて僅かに露命を継ぐが如き、見るものをして実に惨憺の情に堪へざらしむるものあり、予は試みに携へ持ちたる弁当を出し稗糠の粥と交換して之を食はむとすれども何分咽喉を下らず、かつて織田の家に在て芋の皮を喰ひし窮迫の時を忘れたるには非ざれども、今や米食の境遇に立てたちまち食事にまで奢侈心を増長したるもの乎」（同前）。

この山間僻村の百姓たちの窮状に対する正造の対処は迅速であった。彼は調査を終えると、ただちに救済策を講ずべき旨を報告した。正造の救済策はすべて採用され、大属等の尽力によって、「三月青葉の生育せん迄の間を凌がむ為め、漸く秋田米五百俵を取寄せて、ここに辛くも救済の道を立て」ることができた。着任早々であるにも拘らず、正造にそうした迅速な行動を取らせたのは、故郷小中村で名主としての職分上の責任を果すなかで自らの内に培われた行動の原則、すなわち「今日は今日主義」であった。

正造は、今は員外附属という最末端の下級官吏にすぎなかったが、名主時代に培われた自らの行動の原則に促されて、自分に与えられた場所で、現実に目を注ぎつつ、今最も必要なことを迅速に行ったのである。正造にとって何よりも大切だったのは、百姓たちの命と生活であり、それをまず、極度の窮乏と飢餓のうちにある日常具体の生活の場で守ることであった。事態が深刻であればあるほど、それは迅速さを要求するのである。

そうした態度は、彼が改めて聴訟掛兼山林掛に命ぜられてからも変わらなかった。聴訟掛とは極めて軽微な事件を裁く掛で、山林掛とは山林の監視や開墾の監督にあたる掛であった。正造は、特に極貧層の農民のために荒蕪地の開墾を進めた。「僅か明治三年の五月頃から同年の十二月頃までに願人は二百六十口、田畑二千三百六十町起返り〔江戸時代に耕地の荒廃したものを復旧して再び耕地とすること〕と新開地の許可を与えた」。百姓たちが、二〇〇町歩ほどもの開墾可能な土地があるにも拘らず、反別割高などの御用金の負担を恐れて、許可申請をその一割の二十町歩ほどに止めていたのを、正造は明治新政府の下では開墾しても御用金などないことを説明して、開墾にあたらせたのである。正造は、何よりも極貧層の農民の命と暮らしの成り立ちを願っていた。

正造が主に山林掛として、官林盗伐、窃盗、村境争い、開墾の指導などに忙しく働いていた、ちょうどその頃、鹿角郡に徳川幕府始期の頃からあった尾去沢銅山や小坂銅山も採掘を本格化し始めていた。正造は、これら銅山の活動を日常しばしば目にしていたが、この時、よもや自分が銅鉱毒問題と後半生のすべてを賭けて戦うことになるとは、思ってもみなかったであろう。だが、時代の大きな変わり目で、人生の巡り合わせによって偶然きた僻遠の地で見た銅山の高く立ち上る煙は、恰も正造の後ちの人生を予示しているかのようである。

三　冤罪で入牢

正造が聴訟掛兼山林掛として忙しく勤めて一年ほど経った頃、彼は思いがけない事件に巻き込まれた。正造の上司の権大属木村新八郎が何者かによって暗殺されたのである。三か月にわたって犯人の捜索が行われたが、結局、手掛りを得ることができなかった。ところが、しばらくして突然、木村新八郎暗殺の犯人として正造が逮捕されたのである。正造には全く身に覚えのない逮捕だった。

正造は、花輪分局の牢に入れられ、弾正台の官吏によって審問を受けた。弾正台とは、明治二年五月に新設された新政府の役所で、政府直属の役人が全国の藩や県を巡回して歩いて、下々からの訴えを直接聞き取り、或は訪問先の県や藩の裁判に立ち会い、或はまた各地の役人の不正を糺弾する職務だった。しかしながら、その審問は旧態依然で、白洲に引き出して拷問を加えることなど茶飯事だった。木村新八郎殺害の証拠として挙げられたのは、正造の脇差の身に曇りがあるという、ただその一点だけだったが、他の些細なことをあげつらって厳しく糺問された。

花輪分局での審問から十日ほど経ったとき、弾正台が急遽秋田へ出発したため、正造は附属補を免職になり、木製の足枷をはめられ、後ろ手に縛り上げられ、籠に押し込められて、五十里（二〇〇キロ）の行程を四日かけて、横田村の江刺県本庁の牢に移された。正造は、その護送の途中の七時雨峠で、己の身の哀れさと孤独をこう歌にしている。

　　うしろ手を負はせられつゝ七時雨
　　　しぐれの涙掩ふそでもなし

江刺県本庁の牢に入った正造を待っていた聴訟は、花輪支庁で取り調べた旧幕府の元火付盗賊改役のあの役人であった。この役人の取り調べは苛酷だった。仰向けに木歯を並べた三角形の上に座らせ、その腿に重さ五貫目（約十九キロ）の角石三個を積み乗せて、しかも獄吏がその石を揺り動かすという算盤責めの拷問に何度もかけて、正造を自白させようとした。しかし、ついに正造を自白させることができなかった。数年前、正造は、広さ僅かに三尺立方の牢そのものが拷問であるような六角家江戸屋敷の牢に閉じ込められたが、毒殺を恐れて、三十日間鰹節二本と水だけでその艱苦に耐えたように、ここでも苛酷な責苦に耐えた。しかしながら、ここで正造をしてその責苦に耐えさせた力は、かつてとは違って、ただ己の潔白を信じる信念だけであったろう。

江刺の獄の冬は厳しかった。獄中同室の四人が凍死したほどの寒さだった。正造は、たまま赤痢で死んだ同室の囚人の衣服を牢番からもらって、辛うじて凍死を免れた。さらに、正造にとって不幸だったのは、明治四年七月に廃藩置県が布告され、そして十月に府県官制が施行された結果、江刺県が廃止されたことだった。そのため、正造の審問は中断したまま放置されたのである。正造の履歴を知る者は庁内誰一人なく、身元不明の男として牢に繋がれたままだった。

そうした獄中の正造のもとに、明治五年二月、故郷から父庄造（富蔵を庄造と改名していた）と妹聟原田璡三郎が訪ねてきた。正造の入獄が、風の便りで故郷小中村へも伝わっていたのだ。父親と義弟の来訪は、遠い僻地の獄舎に身元不明の男として入れられていた正造にとって、どんなに嬉しく、心慰められたことであろうか。その時のことを、正造はこう語っている。

「予が実父と妹聟の二人は遥々と江刺県下に尋ね来りて種々予がために苦辛したりとの事にて是迄は何国の浪人にして何處の馬の骨やら一切分からずとて多くの人より浅ましく蔑如せられしに、予が身元も知れかの破落戸の徒にあらざることも知れしにや獄丁の扱も亦聊か緩やかになりしと覚ふ」（同前）。

正造は、自分を江刺県まで連れてきた大属の早川信斎もすでに病死し、今や、この地で自分の履歴を知る者の誰一人いない、身元不明の男になっていたのが、やっと、父庄造と妹聟璡三郎によって身元が証明されたのである。

父庄造らが訪ねてきた一か月後、正造の身柄は江刺の獄から岩手県盛岡の獄に移された。江刺県と盛岡県が廃され岩手県となったためである。盛岡の獄では、正造は丁寧な取り扱いを受けるようになった。さらに、同年十一月の監獄則の制定によって、待遇は一段と良くなり、書物その他の差入れも自由になった。正造は、同室の人から翻訳書を借りて読んだ。政事経済の二科を学んだり、特に、幼年の頃からの吃りを矯正する目的もあって読んだ中村敬宇訳のスマイルズ『西国立志編』は、正造に深い感銘を与えた。正造は花輪分局に勤務していた頃も、江刺県学校の寸陰館にしばしば出入りし、「孟子四冊」を借りて繰り返し読んでおり、小中村以来のその向学心の火は、獄中にあっても消えることがなかった。

このような獄中生活をしている正造に、明治七年四月、突然、呼び出しがかかった。県令島惟精は、正造にこう申し渡した。「その方儀明治四年四月以来、江刺県大属木村新八郎暗殺の嫌疑を以て入獄申付吟味中の處、この度証人等の申立てに因りてその方の嫌疑は氷解せり、爾来取調に及ばず、今日限り無罪放免を沙汰す」。

四　帰郷

静岡県に在居する故木村新八郎の次男桑吉らの証言によって、正造の嫌疑は晴れたのである。正造は三年二十日ぶりにようやく出獄した。岩手県庁は、釈放するに際して、正造を磐前県に復職できるように手配もしてくれた。磐前県の県令は、旧江刺県で大参事をしていた村上一学であったからだ。しかし、三年余りの獄中生活は正造の肉体を相当痛めつけていた。そんな正造の身柄を引き受けてくれたのは、岩手県中属の西山高久だった。西山は獄中の正造のもとに、毎日鶏卵二個づつ差し入れてくれた人物で、あの織田竜三郎の友人で、正造も東京浅草の織田宅で二度ほど会ったことがあった。

ところで、正造はどうして三年余もの長期にわたって在獄したのだろうか。その原因は、戊辰戦争時の諸藩の間の確執が、明治四年七月に布告された廃藩置県の際に再び顕在化し、その行き掛りから岩手県の参事や大中属等が入獄させられるという混乱を惹き起こしたためなどにあった。江刺県には大きく別けて三つの派閥があった。戊辰戦争の時に官軍についた黒羽藩出身の黒羽組、旧旗本出身の旗本組、そして浪人や郷士出身の草莽組の三派閥である。正造と関係のあった小笠原権知事、国府大参事、早川信斎大属は草莽組であった。この三つの派閥の間で、旧幕時代の因縁や戊辰戦争の確執が尾を引くなかで、ドロドロとした争いが繰り広げられていた。特に、徳川家直参の旗本家臣の旗本組と大名黒羽藩陪臣の黒羽組との間で派閥争いが激しかった。旗本出身の木村新八郎は、このドロドロした派閥争いの犠牲となったのであろう。身元不明の男であった正造は、その犯人に仕立てるのに恰好の存在であったのである。

さて、正造が西山高久宅で、三年余の獄中生活で痛めつけられた身心を養生して一か月ほど経った頃、故郷から叔父の茂木箱次郎が正造を迎えに盛岡にやってきた。明治四年一月、東京と大阪の間で始まった郵便は急速に全国に拡大し、それで故郷の親族も正造の出獄を知り、急ぎやってきたのであった。叔父の箱次郎は正造の母サキの弟で、まず正造にもたらしたのは、正造の出獄の一か月ほど前に母サキが亡くなったことだった。

数日後、正造は叔父と共に西山宅を辞して、岩前県令村上一学宛の「冤罪証明書」を携え、岩前県吏復職の期待を胸に、岩前県へ向かった。岩前県とは磐城国（福島）の平藩のあとにできた県である。正造は、以前世話になった人たちの墓参りや謝意を伝えるため、盛岡、花巻、遠野、石巻などを経て岩前県へ向かった。二人が石巻を出て、まさに岩前県に到ろうとしたその時、それまで黙って従っていた叔父の箱次郎が、俄に慟哭して絶え入りそうになった。驚いて、正造がその訳を聞くと、叔父は「汝の母死して早や六十日に及ぶ、汝たるもの一日も早く帰るべきに或は花巻に或は江刺に徒歩三十余里を迂回して今また岩前に至らむとする」と言って、地団駄を踏みながら正造を止めたのである。

この時、故郷の小中村へ帰っても糊口の資を得る当てのない正造には、ともかく岩前県吏復職の道は身を立てるのに相応しいと思われたのかもしれない。しかし、正造は叔父の必死の制止に、故郷へ帰ることを決心した。故郷には、十年ほど前に結婚した妻カツもいた。明治七(一八七四)年五月、正造は故郷小中村に帰った。明治二年八月出京以来、ほぼ五年ぶりの帰郷であった。正造は三十四歳になっていた。

第三章　栃木県会議員時代

一　待望の時

五年ぶりに故郷小中村に帰った正造であったが、しかし、故郷では、正造の消息が不明であったため、死刑に処せられたものとして、すでに三年前に除籍されていた。妻カツもどんなに喜んだことか。

この五年の間に、明治新政府によって、廃藩置県、戸籍法公布（壬申戸籍）、太陽暦採用、徴兵令公布、土地永代売買の解禁、地租改正条例公布、学制頒布、新橋・横浜間鉄道開通、キリスト教解禁などが矢継ぎ早になされ、西欧化＝近代化の波は関東の僻村小中村にもひたひたと押し寄せていた。遠い奥羽の地に五年間、しかも、そのうち三年余り獄中にあった正造には、それは「百事面目を一新し、予をして殆ど当年の小児たらしめたり」と思わせるほどの世の中の急激な変化であった。

帰郷後の正造がまず努めたのは、領主六角家との五年にもわたる戦いで背負った借金の残額三〇〇両の返済であった。なにせ、江刺県の官吏時代、鶏卵一個代四十八文を失念したのを思い出し、急いで人に持たせて返しに行かせたほどのまっ正直な人間である。たとえ「殺人嫌疑の獄」を出ても、その身はなお借金返済の「義務の獄中」にあることを重々承知していた。正造は、名主としての職務上の責任から領主六角家との身命を賭した戦いをしたのであるが、その戦いで背負った借金の返済もまた、正造にとって避けることのできない責任、義務であったのである。前にも言及したように、正造の戦いが自然的な生活の権利（自治的好慣例など）を守るためのものであったがゆえに、その権利から義務が生じるのである。すなわち、元々、義務は権利のうちに含まれているのである。それゆえ、この義務を果たさない限り、正造の戦いは終わらないのである。正造にとって責任とは、まさに、そういうものであった。正造は、貧の間に立って百方旧債の返済に努めたが、しかし、はかばかしくなかった。そうした正造のまっ正直な姿を見兼ねたのか、債主たちは三〇〇両の借用証文を返してくれた。ここに、正造は「義務の獄中」からも放免され、そして、やっと、領主六角家との戦いも文字どおり終わったのである。

明治四年の廃藩置県によって、同年十一月に栃木県が設置され、翌五年には従来の町村を合して大区小区制が布かれ、小中村は栃木県第九大区三小区となった。そうしたなか、隣りの赤見村にある蛭子屋という酒屋から、番頭の誘いが正造にあった。彼は、「これ天幸なり、凡そ民間の俗情に通ぜざるもの博士大儒と雖もまた三文の価値なし、俗情研究の機会この時より善きはなし」と思い、また田中家の経済が窮乏していたこともあり、すぐ承知した。そして、蛭子屋に住み込む前に、「家政の憲法」四か条を定めて、家族一同に実行を求めた。

一、借債は食事所に貼附して家内一同の記憶に存する事

一、向三ヶ年間在来の雑品を利用し、容易に新規の物品を購入せざる事

一、日曜日には家内一同休息する事

一、新なる事に付金銭の支出を要する事あらば家族一同の協議を経べき事

ここには、田中家の経済が窮乏している事情が反映しているが、やや独善的であることは否めない。ただ注目すべきことは、正造が岩手盛岡の獄で読んだスマイルズの『西国立志編』の中のウェリントンの伝記の項の「借金をしてはならぬ。借金をすれば、人はそれを返済するまで獄中にあるも同じだ」という訓戒の影響を受けたためか、一見、その教えを実践しようとしているかのように思えることである。だが、実際はそうではなく、自己の実存の内に培われた禁欲的自己規律の生活態度（勤勉・倹約・正直・誠実・孝行など）、いわゆる通俗道徳が、西洋的な色合いを帯びて現れ出たものにほかならないのである。

下野の百姓の正造には、徳川幕藩権力のはるか前から下野の自然風土に深く根を下ろし、人々の共同労働に支えられて存続してきた生活共同体（村）は、自らの手で治め、自らの手に生きる権利を保持し続けてきたという、言葉によって表現されなかったかもしれないが、断固たる基本意識があったということは疑えない事実であった。それは、後ちの自叙伝（明治二十八年）を「予は下野の百姓なり」という言葉をもって始めていることに明白に現れている。だから、盛岡の獄で中村敬宇訳のスマイルズ『西国立志編』によって、初めて西洋の人権・自治思想にふれたときも、それほど驚きを覚えた様子もなく、むしろ根本的なところにおいては、今まで自分が考えていたところとそんなに違わないものを見たのである。借金のことに関しても、通俗道徳によって日頃から考えていたのとほぼ同じ考えをスマイルズの本に見て、いたく感激したのである。

因みに、正造は領主六角家との戦いの後も、西南戦争後のインフレーションによる物価騰貴を見込んで土地購入した際、衆議院議員になってからの歳費辞退後、そしてとりわけ鉱毒問題と身命を賭して戦った晩年において、借金とその返済の「義務の獄中」から自由になることはなかった。もっとも、正造の場合は、借金は私利私欲のためではなく、ただ公共＝人民に対して責任を果たすためであった。

正造は、家を出るにあたって、年老いた父庄造に後妻クマを娶らせ、また父の健康管理のため医師を同居させた。こうして正造は、蛭子屋に住み込んで番頭として忙しく立ち働いた。だが、盛岡の獄で読んだ福沢諭吉訳『帳合之法』を帳簿付けに採り入れて混乱させたりなどして、結局、二年も経たずして商売不向きの故をもって蛭子屋を辞した。

時代は、すでに維新以来、十年近く経とうとしていた。全国で、熊本の神風連の乱、小倉・秋月の乱、萩の乱と、不平士族の乱が起こっていた。また茨城、三重、愛知、岐阜などの各県で、大勢の農民による重税に抗議する百姓一揆が起こっていた。一方、明治七年初頭の板垣退助、江藤新平らによる「民選議院設立建白書」を契機として、自由民権運動も日増しに激しさを加えていた。こうした時代状況のなか、明治新政府は、明治八年九月、この四月に設置されたばかりの元老院に対して憲法発布を命ずる勅語を渙発した。めざすは専制政体ではなく、あくまで立憲政体であることを世に示そうとしたのである。また、それに先立って六月には、讒謗律、新聞紙条例が制定された。

明治九年、蛭子屋を辞めた正造は、夜学校を開いて村の青年の教育にあたった。また夜学校の傍ら、明治六年七月の地租改正条例公布後、栃木県においても明治八年末から進行しつつあった地租改正の問題にもかかわっていく。政府・県と農民との間に、田畑等級、地価決定をめぐって大きな隔りがあり、そのため小中村でも田畑等級をめぐって農民たちの間に紛擾が起きていたからである。新政府の地租改正政策は、旧幕時代の貢租を上まわる地租を農民に課す厳しいものだった。

彼は地租改正という未曽有の土地制度変革に伴う農民間の紛擾を、人民自主の力、自助努力によって解決しようとした。かつて自分が名主をしていた頃、自治を大切にしていたように、今この場合においても自治を大切に考え、官の介入を避けようとしたのである。すなわち、「明治九年、村中、地租改正のときに田畑等級を争ふて地価定まらず。正造自己の田畑六反歩の等級を上げて村民争論地の等級を下げ租税を安くして村中の紛擾を鎮めた」（『回想断片』）のである。四年後に彼が起草した「国会開設建白書草稿」の中で、地租改正の難事業を成功させた原動力が人民の努力、自助努力にあることを挙げて、「人民自治の気象に富める」例証とした。そこには、自己犠牲というより、むしろ新しい時代へ向けての日本人民の一人としての正造の気概を見て取ることができよう。

二　政治への発心

明治十（一八七七）年一月、西南戦争が起こった。三年前に中央政府から下野していた西郷隆盛が、鹿児島で中央政府打倒をめざして兵を挙げたのである。しかし、明治維新後、最大にして最後の不平士族の反乱、西南戦争はその年の九月に鎮圧された。正造は西郷に同情的だった。そのため、区長をはじめ村役人たちは正造を危険視し、夜学へ青年たちが通うのを妨害したため、ついに夜学校を止めざるをえなかった。

西南戦争は、明治七年一月の板垣退助、江藤新平らによる「民選議院設立建白書」を契機として始まった自由民権運動に確固とした目標を与えた。西南戦争の渦中の明治十年六月、土佐立志社は、京都の行在所に国会開設の建白書を提出し、国会開設、地租軽減、条約改正の三大要求をした。これら三つは、以後の自由民権運動の基本綱領ともいうべきものになった。正造は、一時期、土佐へ行くことを切望したが、結局、それは適わなかった。西南戦争は、正造の関心を国の大きな政治へと、さらに世界の動きへと向けさせる転換点になった。正造は、今は栃木県横堀村に住む赤尾塾の先輩で旧江刺県大参事の国府義胤に、次のように書き送っている。

「内には西南の乱あり、外には魯土戦争の影響あり、加ふるに財政のいかんあり。ア丶国家の有志また之れを如何となす」（明治十年七月十九日）。「今や国家の形勢、上等社会にあらざれば民権を起こすことを得ず。上等にあらざれば自由を得せしむることを得ず。上等にあらざれば事を果すことを得ず。嗚呼、農者に上等の人は稀なり。タマタマ田間ある処の上等社会の君子は我輩の希望する処と云ふべし」（同年八月一日）。

今や、正造の国政への思い、そして自由民権運動への思いはますます募るばかりであった。だが、それを行動に移すためには、まず家政を整理し、経済的基礎を固めなければならなかった。といっても、何か方策があったわけではなかった。

ところが、その機会が以外に早くやってきた。それは、西南戦争の終った明治十年暮れ、新政府は戦費を支払うために、二七〇〇万円の紙幣を新しく発行したことだった。一年間の国家予算五一二六万円の半額を超える不換紙幣を増発すれば、物価騰貴を招くことは必定だった。それを、正造はかつて盛岡の獄中で読んだ西洋の経済書で知っていた。そこで、正造は、昨今、苛酷な地租税に耐え切れず土地を手放す百姓が多く、そのため地価が下落しつづけているのを見て、かつて六角家との争いで田畑を失った仲間たちに、今土地を買っておけば、そのうち必ず値上がりするから、失った田畑を買い戻すことができると勧めたが、誰も取り合うものはいなかった。結局、正造だけが、家財道具などを売ったり、或は親戚から借金して五〇〇〇円を得て、それで田畑を買った。正造の予想は見事に適中し、数か月後に土地の価格は十倍を超えるまでになった。新政府による戦費支払いのための不換紙幣の大乱発によって、物価は急上昇していたのである。

正造は、購入していた土地を売却して、三〇〇〇円という大金を得た。三〇〇〇円は、当時最下級の巡査の月俸が六円だったので、いかに大金かがわかる。三〇〇〇円という大金を手にした正造は、内に炎となって燃える国政と自由民権運動への思いに促されて、躊躇することなく政治家として立つことを決心した。その決心を、正造はこう語っている。

「ここに於いて父祖の財産は旧に復し予乃ち以謂く普通の脳力を有するものならんには一方には営利的事業をなし一方には政治に奔走するを得べきも如何せん予の脳力は偏僻にして一方に心を専にせば他の一方に心を用る事能はず、如かず一刀両断の決心を以て一身一家の利益を擲て政治改良の事業に専らならんにはと是に於て一毛の私心萬益を破るの道理に基き、先づ姉妹の負債を返却して不羈独立の身となり、謹で一書を認め、老父の膝下に捧げて再び財産を犠牲に供し、一身以て公共に盡すの自由を得んことを請へり」（『昔話』）。

正造は、父庄造への書において、「一身以て公共に尽くすの自由を得んことを請う」て、次の三つを挙げた。

一、今より自己営利的新事業のため精神を労せざる事
一、公共上のため毎年百二十円（即ち一ヶ月僅々十円）づヽ向三十五ヶ年間の運動に消費する事
一、養男女二人は相当の教育を与えて他へ遣わす事

正造からの書を読んだ父庄造は、喜んでこれを許し、自ら禅僧一休の次のような訓誡を揮毫して正造に示して励ました。

死んでから仏になるはいらぬこと
　生きているうちよき人となれ

父の許しを得た正造は、この一休の訓誡に心服して、斎戒三日、その実行を神祇に誓って、政治改良の事業に一身を投じたのである。それも、父への書の中で、「正造には四千万の同胞あり、その中二千万は父兄にして二千万は子弟なり、天は即ち我が屋根、地は即ち我が牀なり」と述べて、公共＝人民に一身をもって尽くすために、「野垂れ死に」をも本望としたのである。この時、正造は三十八歳であった。今や、正造は、残る人生を公共＝人民のためにすべてを――財産も家も自分も自分の時間も捧げて生きることを選択したのである。しかも、その選択した生を最後まで生き切ったのである。このような人間は、実に稀である。

三　政治改革の事業へ

明治十一（一八七八）年七月、正造は栃木県第四大区三小区（小中村と並木村が属していた）の区会議員に小中村から選ばれた。その時のことを、彼はこう書いている。「赤飯を以て祝意を隣人に表わし、また沐浴して之を受く。衆人また大に笑ふ」。

正造は、自分を選んでくれた人たちに対して赤飯をもって感謝の意を表し、また沐浴までして、人々が笑うのもかまわず、区会議員という職分・職責を厳粛に受け止めたのである。それは、正造自身にとっては、政治改革の事業へ歩み出した門出を祝うものであったろう。これより少し前に、正造は横堀村の国府義胤に、「民権漸く心有る者の脳裏に感覚を芽生し、今回我三小区内小中の一進歩……皆石井郡三郎の旧弊悪習を一除し、該区を明瞭ならしめんと欲するのみ。人民の卑屈を伸べんと欲するのみ」(明治十一年五月二十三日)と書き送っているように、国政への、そして自由民権運動の第一歩を、栃木県第四大区三小区の区政改革に印すのである。

正造が区会議員に選ばれた同じ七月、明治政府は統一した地方行政制度の施行のために、三新法を公布した。それは郡区町村編制法、府県会規則、地方税規則の三つから成っていた。新政府は、欧米の先進諸国に肩を並べる近代国家になるために、一日も早く統一国家としての体裁を整えなければならなかったのだ。翌十二年に三新法は施行され、府県会規則によって全国統一の府会や県会が設置され、それまでの地方民会時代の県会や区会は廃止された。したがって、正造の区会議員在任期間も僅か半年間で終わった。だが、それで「野垂れ死に」をも本望とした正造の公共=人民に尽くさんとする意志が萎えたわけではなかった。むしろ、区会議員廃止が間近かに迫った国府義胤への手紙で、「小生の如き数ならぬ身、拙劣言語に絶し、さらに取るべきものなしと雖も、方今牧民の念は胸中焦るが如し」と述べているように、ますます募るばかりであった。「牧民の念」とは、何にか牧羊を思わせるような言葉であるが、正造は、この言葉で自身の地方自治への熱い念いを言い表したかったのであろう。

明治十二年四月、第一回の栃木県県会議員選挙が行われた。しかし、県会議員の被選挙権は地租十円以上を納める満二十五歳以上の男子、選挙権は地租五円以上を納める満二十歳以上の男子という極めて制限された選挙であった。それゆえ、安蘇郡における被選挙権資格者は全住民の僅か二、三パーセントにすぎなかった。正造も立候補したが僅差で落選した。しかし、今度もそれで、政治改良の事業への志、牧民の念は棄て去られることはなかった。

正造の政治改良の事業及び自由民権運動への熱い思いは、栃木新聞の再刊へと向かった。栃木新聞は明治十一年六月、第一号を創刊、発行部数は四〇〇ほどで、僅か半年後に三十七号で廃刊になっていた。その栃木新聞を、翌十二年八月、社主斉藤清澄、幹事中田良夫、主筆山田勇、編集長田中正造という布陣で再刊したのである。正造は、無給で、編集長として新聞記事に対して全責任を負う立場にあった。それゆえ、讒謗律と新聞紙条例による言論取り締りの矢面に立ったのである。民権運動に深く共鳴する創業者の四人は、鋭意自由民権思想の普及に努めた。しかし、自由民権思想を普及し、人民の権利を伸暢させようとする正造らの努力にも拘らず、新聞の発行部数は毎号平均一五〇部弱と、その数は微々たるものであった。

そうしたなか、正造に思わぬ好機が訪れた。安蘇郡選出の県会議員の一人が辞任したため、補欠選挙が行われることになったのだ。明治十三年二月、補欠選挙が行われ、今度は、正造は最高点で当選した。この後、明治二十三年七月に衆議院議員に選ばれるまでの十年間、正造は常に最高点で県会議員に選出された。当選の翌月、正造は、かつて岩手の獄から釈放され、故郷へ帰る途中で世話になった元郡長の米内林平へこう書き送っている。

「十三年二月我安蘇郡の県会議員欠員に付き正造その選に当り県会議員となる。尤も郡内第一の高票に出づ。……正造固より文学に乏しく、県会場に於いても碌々演説も出来不申、この書状も友人により相認申候。ただ一片思国の丹誠に至りては聊か尽し候積りに有之候」（三月二十七日）。

相変わらず自己卑下が辛辣であるが、ここで「ただ一片思国の丹誠」と言って、政治改良の事業及び人民自主の力による地方自治への熱意を吐露していることに、正造の強い意志を看取することができる。とりわけ、国会が開設されるまでは、県会は、国民によって選ばれた県会議員が、薩摩・長州中心の専制政府と対峙して自由民権運動を推進していく戦いの場であっただけに、正造の喜びも一入であったのだろう。

一方、明治政府は、統一的な地方行政制度を作るために、三新法を施行して府県会を開設したが、この府県会が自由民権運動の牙城になることを極度に恐れていた。そのため、明治十三年四月、集会条例を制定して、政治結社の結成や政治集会の開催を政府＝警察権力の統制下に置こうとした。だが、それにも拘らず、国会開設を望む声は全国的に強まり、同じ四月には国会開設期成同盟会が結成された。明治十二年十二月から翌年十二月までの一年余りで、全国各地からの国会開設建白と請願は、建白四十六件、請願十二件にものぼり、その署名者の数は二四万六〇〇〇を超えていた。安蘇郡でも、明治十三年八月、佐野町春日岡山惣宗寺に郡下二十八か町村七八名が集まり、国会開設を推進する安蘇郡結合会が結成され、その会長に正造が選ばれた。そして、安蘇結合会は次のように宣言した。

「我安蘇郡団結会は即ち我下毛連合結晶の一部なり。而して本会の精神となすものは即ち、民人共同公愛の真理を守り、自任反省国本の実力を養成し、国権を弘張し、帝家を補翼するの義務を担当し、公議以て兄弟の興論を伸暢し、内は経済国力を堅固にし、外は交際の権利を対等し、国体以て聖詔を奉載し、国憲以て自由の権理を維持し、皇統を永く無窮に垂しめんと欲するにあり。これ我同胞がここに団結を要する所以なり」。

今日から見れば、「帝家を補翼するの義務」＝皇室主義という時代的限界はあるものの、立憲政体の確立をめざし、憲法をもって人民の自由権を維持すること、また不平等条約（治外法権、関税非自主権）の改正によって国権（主権）の確立、すなわち国家の真の独立を果たすこと、国の経済力を堅固にすることなどといった、極めて明快、漸新な主張に溢れている。そしてほどなく、安蘇結合会は発展的解消をして、同年十月、他の栃木県数郡（足利、梁田、下都賀）と群馬県の巴楽郡までを含む広範な民権運動の結社である中節社と変わった。それは、広範な地域を自治の精神を培養する一大苗田にするためだった。中節社の国会開設建白書は、その地盤とする多くの戸長、県町村会議員、農民などの賛同を得た。また同じ頃、全国各地の民権結社が集まって国会開設期成同盟会も結成され、国会開設の要求は全国的に大きなうねりとなっていた。

正造も栃木新聞に「国会を設立するは目下の急務」と題する論説を掲載して、日本がおかれている内外の政治的・経済的に難しい現状を指摘して、この難局を乗り越えるためには、官民一致して事に当たることの必要性、そのためには「人民に参政の権を与えるに勝れるの善きはなし」とまで言って、至急国会を開設するように主張した。そして、人民に参政権を与えることについて、こう主張する。

「自分が頻りに国会設立を熱望すれば、それに対して政府は既に已に開明の点に達し人民は尚且つ旧の如く、この無知無気力人民にして如何んぞ参政の権を附与するを得んやと反論する論者がいるだろうが、しかし自分は、これに豪富商の番頭が我主人は幼稚なりの口実をもって永く祖業に与らしめざると一般だ、と答えるというものである。その例証として、地租改正事業を挙げれば、抑この挙げたる開国未曾有と云うべき変制にして官府と雖もまたその着手に煩むの難事なるに、これを官吏に托せずして土地人民に委ね以て今日の結果を見るに至れるに非ずや」。

ここで、正造は政府を商家の番頭に、人民を商家の主人になぞらえて、何によりも国の主人は人民であり、その人民は自主の力、自治の気象において決して劣るものでないことを主張している。これは、かつて新政府下での地租改正による土地制度変革の際、小中村で田畑等級をめぐって農民の間に紛擾が起きたとき、正造は自分の田畑の等級を上げて租税を高くし、村民争論地の等級を下げて租税を安くすることによって、村中の紛擾を鎮めた経験にもとづいている。すなわち、かつて自村で官民互に相親睦して権利を併行して地租改正の難事業を成し遂げることができたように、今度も国内外の難局を、官民互に相親睦、一致して当たれば乗り越えることができると主張するのである。正造は、官と対等な人民の権利否実質上の人民主権の考えのもと、人民に参政権を与えること、国会開設を主張する。

四　自由民権運動の高揚の中で

さて、国会開設の要求の高揚と共に提起されたのは、政党結成の問題である。正造も、「国会を開設せんとせば宜く政党を組織せざるべからず」と題する一文を書いているように、熱心な政党結成の主張者の一人だった。その一文で、こう主張する。

「この時に方って我党は共に期するに政党を組織し、国家の憲法を確定し、国会を開き、法律を改正し、君民共致各々その処に安んじ、民日に以て自由の空気を呼吸し、国日に以て外国の凌踏を避け、我日本帝国は即ち我が日本人民の安居するの邦土たるを得ば、初めて民人の人民たるその義務を尽したる一端と云ふべき実に貴重の責任なり、実に広大の事業なり、広大貴重の事業は事自ら多岐無量ならざるを得ず。この無量なる万機の精神はなんぞ、曰く徳是なり。古人曰く行ふて宜ふする之を義と云ふ、之に依て之に行く之を道と云ふ、道と徳とは霊位なり、……道徳は即ち自由の根基なり、法律や克く人民の権理を支配す、人民の権理は即ち自由なり、自由の出る処即ち道徳なり。故に徳行に憲法あり、之を組織改良するもの之を政党と云ふ。……今や我輩が国会開設を希望し、憲法を立つるに及んで最もその急なるもの何ぞ、即ち政党是れなり。政党は結合の精神也、国会を希望する挙動は即ち政党の挙動也」。

正造は、自分が国会開設を希望し、立憲のために最も急ぐべきものは政党で、したがって政党を組織することが国会開設の建白・請願なのだという。これは、いわば正造の政党論ともいうべきものであるが、ここで特に注目すべきことは、道徳を政党を初め憲法、自由などの基礎としていることである。政党、憲法、自由など政治の基礎を道徳に求めるのは、正造の思想の特質だといえよう。

正造が、政治の基礎に道徳を求めるようになったのは、前に言及したように、やはり、彼が自己の根底を形成した場である村の「小さな政治」に名主として係わった基礎体験にあるといえよう。正造の内には、幼少期から育まれてきた禁欲的自己規律の生活態度、いわゆる通俗道徳（その徳目は、勤勉・倹約・正直・誠実・孝行など）が息づいていた。その通俗道徳が、名主として村の「小さな政治」に対して責任を負っていくなかで、次第に自覚され、且つ強固にされていったのである。そして、それはまだ萌芽の形ちではあったが、自らの思想と行動の原則となっていったのである。彼は、この思想と行動の原則のもと、名主として幕藩体制の支配的イデオロギーである儒教的仁政観念を、被治者の立場から徹底し、「百姓成り立ち」の観念（＝生存の権利）へ再生して、権力に対する抵抗の原理としたのである。だから、彼は自己の根底に形成された道徳＝思想及び行動の原則のもと、政党、憲法、自由など政治の基礎を道徳に求めたのである。

さて、自由民権運動が高揚するなか、正造は、東京から嚶鳴社社員の野村本之助や肥塚竜などを弁士として招いて、栃木県の数郡（安蘇、梁田、下都賀など）を初め、群馬県の巴楽郡などにわたって巡回演説会を開いた。嚶鳴社は沼間守一が主宰し、今や全国の自由民権運動を指導する結社だった。

こうしたなか、明治十四（一八八一）年夏、北海道開拓使官有物払い下げ事件が起こった。それは、北海道開拓使の廃止決定に際して、開拓使長官黒田清隆が同じ薩摩出身の貿易商五代友厚に、一四〇〇万円の官有物（国有財産）を、僅かその二・七パーセントの三九万円の価格で、しかも無利息三十年分割払いという破格の条件で払い下げた事件だった。新聞各紙は、この問題を大きく取り上げ連日報道した。正造も、この北海道開拓使官有物払い下げ事件に深い関心を示し、日記にこう記している。「商家の反物は番頭丁稚の所有物にあらず、何屋某主人の所有品なり」。

正造は、官有物を商家の反物に例えて、本来主人＝人民の所有物であるものを、番頭・丁稚＝政府・官僚が勝手に売却するのは言語同断だという。栃木新聞に掲載した「国会を設立するは目下の急務」と題する論説においても、彼は政府・官僚を番頭・丁稚に、人民を主人になぞらえて国会開設を主張したように、ここでも同じ論理で官有物払い下げの問題を厳しく論難している。前にも指摘したように、正造にはすでに人民主権、主権在民の思想があるのである。正造曰く、「安蘇郡より見るときは郡役所一件も大事なりと雖、北海道払下一件を、この儘傍観するは誠人民の恥なり。租税を収むる義務は全く消滅したり」（明治十四年九月十五日、中節社社員中野貢次郎宛）。

北海道開拓使官有物払い下げ問題は、新聞各紙の連日の攻撃によって、全国の自由民権運動の勢いを増し加えた。政府内部でも、この問題をめぐって対立が生じ、新政府は危機的状況にあった。この危機を乗り切ったのは参議伊藤博文であった。伊藤は、明治天皇が東北・北海道の巡幸から帰京した直後の十月十二日、参議大隈重信を政府から追放し、黒田清隆を内閣顧問という名誉職につけて力を奪い、同時に明治二十三年に国会開設を約束する勅語を発布した。そして北海道官有物払い下げの件を中止した。大隈の追放によって、大隈系の河野敏鎌、犬養毅、尾崎行雄、そして後に足尾鉱毒事件で正造の盟友となる島田三郎なども揃って免官された。これが、いわゆる「明治十四年の政変」である。

正造ら中節社代表は、この国会開設の勅諭を喜びをもって受け止めた。そして、郷党に宛た報告書で、勅諭の全文を掲載したうえで、国会開設の勅諭に対する人民の責任の重さを知ることとともに、とりわけ国家の重さを人民が負うことによって、憲法制定、国会開設を人民の力によって成し遂げる気概を示すこと、そしてそのために何より必要なのは、独立の精神と自治の気象であると訴えた。

こうした政治上の一大変化のなか、明治十四年十月十八日、東京で自由党結成の会議が開かれた。正造も出席したが、東京と地方との分離説が大勢を占めたのに違和感を覚えた。全国の自由民権運動家たちは大同団結をしなければならないと考えていた正造には、それは不当で受け入れ難かった。やがて、土佐の板垣退助が自由党総理に就任した。正造は入党しなかったが、自分の考えは保持していた。

ところで、都市知識人と田舎人士、地方名望家と一般衆庶の団結によって立憲政党の結成を成し遂げようとする正造の考えは、かつて彼が村を厭い、江戸留学を志したときのことや、東京留学に胸ふくらませ、心勇んで織田竜三郎のもとへ旅立ったときのことを思い起こさせる。正造は、「学文なしの勇気は位置によりて動く事あり。無学の精神家はクツワなき馬の如し。位置によりて善悪一つならず」と述べているように、学問は、封建世において胎動し始めた新しい世に向けて、農民が如何に定見をもって自らを解放していくかの方途を有するために必要不可欠だと考えていた。若き日の学問に対するこの考えが、いま都市知識人と地方民衆の結合、両者の相互尊重によって、立憲政党の結成を成し遂げようとする正造の考えの底流にあることは疑いない。

明治十五年四月十六日、新しい自由民権政党立憲改進党が結成された。政府から追放された大隈重信を総理に、沼間守一、島田三郎など嚶鳴社系の人々が多く名を連ねていた。しかし、一つの政党のもとに自由民権家たちは大同団結すべきだと考える正造は、自由党と立憲改進党の合一の希望を捨て切れないでいたため、いずれの党にも加わらなかった。正造の多年とってきた主義は、社会の改進を図り、天賦の自由を拡張することであった。

だが、そうした正造の主義を揺がせるような出来事が起こった。それは、自由党総理板垣退助が、自党の機関紙「自由新聞」の社長に就任したことだった。正造は、以前からこれには反対だった。正造は、憤然として、川俣久平にこう書き送っている。「生は板垣の約言を破りたるより、断然退党。否生も未だ判然たる党員にあらざれば敢て退党にはあらざるなり。生苟も一身一家を犠牲に供せんとするの運動を十三年より今日の至るまで一日の如し」（明治十五年十一月八日）。

正造は自由党員ではなかったが、自分としては自由党員であることを自認していた。それが裏切られた憤りは大きかった。この出来事を機に、十五年十二月、正造は栃木県会議員や村落名望家十七名と共に立憲改進党に入党した。彼の入党後、栃木県における改進党員の増加はめざましく、党員数において全国各府県の中で第一位になる程だった。

一方、自由民権運動の高揚に呼応するかのように、新政府のそれに対する抑圧もまた強まっていった。明治十五年六月、集会条例が改正され、政治結社は警察の全面的監督下におかれることになり、結社の解散権限ももつようになった。明治新政府は、自由民権運動を最も恐れていたのである。改正集会条例によって、政談演説会の開催も、以前に比べて困難になった。そして、ついに、十五年六月、全国の自由民権運動を指導していた正造たちの中節社も解散させられた。

五　県令三島通庸との戦い

明治十六（一八八三）年十二月、福島県令三島通庸は栃木県令兼務のため着任した。薩摩藩出身の三島は、明治十五年一月に福島県令に着任してほどなく、福島県下の自由党員に対して徹底的な弾圧を開始し、演説会も禁止した。また、県民に対して強制的に無賃銀での道路工事を義務付け、工事に参加できない者には、男女の区別なく一日に付き二十五銭の代人料を取り立てた。しかも、そうした自分のやり方に不平を言ったり、反抗したりする者は、兇徒嘯聚罪の名のもとに、片っ端から逮捕した。その最たるものは、多数の警官隊によって県会議長の河野広中をはじめ自由党員二十五名を逮捕した福島事件である。この福島事件は、薩長中心の専制政府による自由民権派に対する最初の大規模な弾圧であった。

明治十一年七月、三新法の一つ府県会規則にもとづいて、全国に公選府県会が開設された。府県会は「地方税を以て支弁すべき経費の予算及びその徴収方法を議定す」と規定された、極めて権限の制限されたものにすぎなかったが、しかし、政府の政策と直接向かい合うものとして重要な位置を占めていた。特に、自由民権派にとって、県会は専制政府と対峙して民権運動を推進していく戦いの場であった。それゆえ、専制政府にとって、その施策を行うにあたって府県会は障害となった。県令三島によって惹き起こされた福島事件は、この障害を取り除くために自由民権派を大弾圧したものだった。

栃木県令も兼務することになった三島は、栃木県においても福島県と同様の県治手法を用いた。栃木県は自由党の勢力が少なく、立憲改進党員が多かったが、しかし栃木県全体が恐れおののいた。正造は、この時の様相をこう記している。「十六年十二月三島通庸栃木県令となる。霹靂一声自由党員の運動忽止み、栃木県の形勢俄然一変し奇々怪々の天地は描出せられたり」（『昔話』）。

だが、正造は怯むことなく、同士の人々に自分の決心をこう告げた。「三島福島に令として既に暴威を振い、人を賊い多くの民権家を罪して今また本県に臨んとす、予はこれより三島の狼心に抵抗し、三島をして寸時も本県に止どまる能はざらしむるを任とせんのみ」（『昔話』）。

三島は、着任早々、栃木町にある県庁の宇都宮への移転に着手した。次に、陸羽街道（旧奥州街道）の路線の一部変更に着手した。陸羽街道は、東京を基点に千住、栗橋、古河、小山を通って宇都宮へ、その宇都宮から氏家、喜連川、大田原を経て福島県の白河に入り、後は一路東北へと北進する。三島の計画は、その街道を宇都宮から関東の中央部寄りを通って、永田村、黒磯、夕狩、白河へと路線変更することだった。その費用は総額一七万七〇〇〇円で、その内訳は地方税一〇万五〇七三円、国庫補助六万円、沿道町村協議費三万七〇〇〇円が予定されていた。当時の栃木県の地方税総額が四〇万円ほどであったことからも、この額は法外なものであった。三島は、明治十七年三月の第六回通常県会に陸羽街道の新開・改修工事のための土木費総額一〇万五〇七三円を提案した。県会では十三もの修正動議が出されて紛糾したが、結局、三島の提案した金額で議決された。

また、三島は、福島県の若松から栃木県の塩原に至る会津街道の新開を強行した。この計画は、前県令藤川為親が提案したものだが、県会の一致した反対で一度は廃案になったのを、内務卿の命令によって原案執行が強行されたのであった。三島は、その設計を変更し、自分が広大な土地を持つ三島村を通過させようとしたために、数万円の工事費の不足を生じた。

三島は、府県会規則と区町村会を蹂躙して地方経済を直轄し、区町村会、県会の議決を経ずして、濫りに寄付金を募ったり、またこれを使用したりした。しかも、福島におけるのと同様に、各戸に数十日間の無償労役を課し、欠勤した場合には代人料一日二十五銭を上納させるという苛酷なやり方をした。宇都宮における新県庁舎の工事も、極めて乱暴なやり方で進められていた。

県令三島の暴政が吹き荒れるなか、明治十七年八月十日に乙女村事件が起こった。事件は、無賃労役を命じられた下都賀郡乙女村の農民の一人が遅参した事を怒った監督巡査が、村の人夫総代の農民を捕縛したことに始まり、やがて巡査に反抗したとの理由で、老若男女合わせて七三名の乙女村の人々を小山警察分署に連行して、拷問を加えるなどしたものだった。この乙女村事件は、またたく間に栃木県内に知れわたり、宇都宮の町角には、こんな落首が貼られた。

それで通用（通庸）なるものか
人の難儀を横目で三島

正造も、この事件を知ると、ただちに乙女村に駆けつけた。そして、正造は自から調査した乙女村事件の顚末を内務卿に直接談判することを考えて、改進党友の島田三郎などの紹介によって、内務大輔の土方久元と内務卿の山県有朋に会い、県令三島の暴政を暴露した。その結果、まもなく乙女村事件の逮捕者全員が釈放された。しかし、県令以下の責任は問われることはなかった。ここに、乙女村事件は一応解決した。しかしながら、三島は土木工事貫徹の意気込みを依然として捨てなかった。彼は会津新道工事費が、自分が広大な土地を持つ三島村を通過させるべく路線変更したために、三万二〇〇〇円ほど不足することを知っていたが、この不足金のうち一万円だけを国庫（租税）に頼ることにし、残りの二万二〇〇〇余円は県税（地方税）から支出させようと企んだ。府県会は地方税収入の使途（予算）を審議する以外に権限を持たなかったので、現在、栃木県の各地で進められている大土木工事は、すべて財源を県税に頼らないという理由から、一度も県会を開かずに着手していた（因みに、政府の発するものを租税、府県会の議決を経て府知事・県令の発するものを地方税、町村会の評決を得て区戸長の発するものを協議費という）。当然、残りの二万二〇〇〇余円を県税から支出させようとすれば、県会を開かなければならなかった。九月五日、臨時県会が開かれた。三島は、県会議決の工事設計の変更による工費不足額三万二〇〇〇余円のうち一万円は国庫補助を受けるとして、残りの二万二〇〇〇余円を地方税による追加支出とするとの議案を提出した。

正造は、三島の専制的な土木政策に対して、県会で執拗に質問を繰り返した。正造は、議会は徹底的に審議討論し、決定を下すべき場所であるべきで、その職務を尽くすことが議員だと考えていた。つまり、それが人民、県民に対する議会及び議員の責任だと考えていたのである。そうした正造の姿勢に、次第に県会内に反三島の声が高まり、ついに県会議長や副議長も正造に同調したのである。その結果、会津新道工事において、県令が独断で工事を変更し、後になって予算を県会に諮るのは違法であり、県会の予算審議権を犯すものであるという疑いで、参事院（法律規制を制定し、或は審査するために、大政官に設置されていた機関。現在の内閣法制局に当る）に提訴することが決定された。しかし、ほどなく参事院は、これをすげなく却下した。

さて、こうした最中に一大事件が起きた。それは、明治十七年九月二十三日に自由党過激派によって惹き起こされた加波山事件である。加波山事件は、栃木自由党員鯉沼九八郎らグループと、福島事件以来逃亡生活を続ける福島自由党残党河野広躰らグループとが合体し、テロリズムによって政府を顚覆しようとするものであった。九月二十三日、翌二十四日に大臣など政府高官も出席する栃木県新県庁舎の祝賀式を襲撃するために、下野の下館から真東に十キロ余の加波山山頂(標高七〇九メートル)で、同志十六名が挙兵した。しかし、事前に察知していた警官隊の攻撃によって敢えなく四散し、計画は失敗した。政府は、この事件の容疑で関東各地の自由党員三〇〇名ほどを拘引した。

三島は、この加波山事件を好機として、三島県政に反抗する正造の逮捕に本格的に乗り出した。三島の暴政の証拠を蒐集し回っていた正造は、その途次に加波山事件のことを知った。また、足利に嫁していた妹リンが、この事件の連累者として逮捕されたことも知った。正造は、後ちに、この加波山事件を回顧してこう語っている。「嗚呼加波山事件は黠獪(かっかい)〔悪がしこい〕なる三島をして如何に勢力を恢復せしめたるぞ、彼れ県治に関して近頃漸く政府を擯けられんとせしに、今は却って政府必要の人物とはなれるならん、斯れば独予の不幸に止らず、無罪の政友親戚また多く彼れが毒手に罹らんとす、然れども予はこの加波山事件を以て三島征伐に躊躇せず、なお正確なる証拠を得るため、身を猛火に投じて再び市場に戻るべし」(『昔話』)。

今や、正造も加波山事件の連累者として追われる身となっていた。もはや、一刻も猶予ならなかった。そこで、正造は、これまで集めた三島の罪状の証拠を外務卿井上馨に突き付けて、外務卿の手によって三島暴政問題を解決させようと考えて、急ぎ上京した。かつて、名主として領主六角家の苛政と戦ったときもそうだったように、問題の焦点を解決できるより上位の権力者に対して、あらゆる手段を駆使して訴える、これが正造の特長であった。それは、旧世界で培われた越訴の論理であった。領主六角家との戦いのとき、江戸へ向かって進撃する新政府軍の東山道総督府に、或はまた六角家本家の京都烏丸家に、問題の焦点の解決を求めて訴えたように、ここでも同じ論理にもとづいて外務卿に訴えようとしたのである。

結局、正造は外務卿井上馨との面会を果たせず、政友島田三郎の勧めもあって、警視庁に出頭して自分の立場を釈明しようとした。十月四日、正造は警視庁に出頭した。しかし、正造はすでに、加波山事件の連累者として栃木県から逮捕依頼が出ていた。それで、正造は栃木県の無法律＝県令三島の暴政、すなわち、乙女村事件を初め、木村浅七家宅破壊の図面、陸羽街道の乱暴、塩原街道の始末、県庁郡衛の新築、県道無法工事、寄付の強制等を誌した手帳と費用の計算書とを示して、栃木県への護送を止めるように頼んだが、結局、翌日宇都宮に護送された。宇都宮警察署では、加波山暴動被告事件の収監状を渡され、宇都宮監獄に送られた。地元の栃木県でありながら、しかも県会議員でもある正造は屈辱的な取り扱いを受けた。

十月二十二日、三島は待望の栃木県庁開庁の祝典を挙行した。式典には大政大臣三条実美を初め多数の政府高官が出席したが、栃木県会議員の姿はほとんどなかった。また十月二十九日には、自由党は大阪で大会を開いて解党を決議した。加波山事件によるものだった。因みに、その二日後の十月三十一日、埼玉県秩父地方の百姓数千人が決起して、郡役所や高利貸の家々を襲うという、いわゆる秩父困民党事件が起こった。松方デフレ政策によって、全国の農民が疲弊し、不満が鬱積していたのである。

間もなく、正造は佐野警察署の留置所に移された。ここでも、正造は屈辱的な取り扱いを受けた。ところが、正造が佐野警察署に移された五日後の十一月二十一日、福島県令兼栃木県令三島通庸は現職を解かれて内務省三等出仕に転任したのである。この転任処置は、栃木県の騒動を鎮静するためだった。三島はその後、ほどなく内務省土木局長となり、約一年後には警視総監に昇進し、さらに子爵に叙せられた。また、十二月十七日には、立憲改進党の総理大隈重信、副総理河野敏鎌を初め前島密や小野梓など幹部党員が相次いで脱党した。栃木県改進党もまた大量の脱党者を出した。全国的な自由民権運動の敗北のなかで、栃木県の自由民権運動もまた退潮していった。その点において、栃木県で三島通庸の果した役割は非常に大きかったといえよう。

明治十七年十二月二十三日、正造は佐野警察署より釈放された。正造の三度めの投獄は十七日に及んだ。多くの栃木県民は、各地で釈放された正造を歓迎と祝賀の会をもって迎えた。その最初の佐野春日岡山惣宗寺での出獄歓迎会の答辞の中で、正造はこう述べている。「諸君よ人の世に処するや実に難しきものなり。不肖しばしば縲絏（るいせつ）〔罪人をしばる縄〕の禍にかゝるが如き、或は自ら禍を招くの勢をなすものあらん。謹まざるべからざるなり。然れども人の人たるの道を尽し学ばんことを思へその事貫かんことを欲せば、その目的主義のいかなる着実なるもその人の托なると、また時に逢はざるとあれば一朝の不幸を免かれざることあるは古今同一の事なりと信ず」。

明治十九（一八八六）年四月、正造は、第十三回臨時県会において県会議長に選出された。

六　正造の教育・議員・地方自治観

まず第一に、正造は教育というものをどのように考えていたのであろうか。

正造は、小学教育を特に重視した。それは、貧民は教育上の資金が乏しいため、それを救助し、資産のある、ないに拘わらず、等しく幸福を分配して、人生において公平を得れるようにすることが何よりも大切だからである。これは、小学教育に止どまらず、今日においても非常に重要なことである。特に当時は、貧民子弟の学業に就くことのできない不幸な者が非常に多く、またそれが財産の不平均をもたらしていたからである。それで、正造は、貧民子弟の救済のために、地方税を小学教育と教員養成のため師範学校に重点的に使うべきで、中以上の財力家の子弟のみ入学の場所となっている中学にはその必要がないというのである。その後の県会でも、「教育は公平になさんことを願う」「教育は社会を進むるの母なり」と、教育の機会均等及び教育の国家的・社会的重要性について力説している。

このような正造の考えは、女子教育にも及んでいる。彼は言う。「今日本人民を三千五百万とするもその一半は女子也。而して女教振わずしんば日本人民の一半は文盲の種族なり、誠に嘆息の至りならずや」（明治十三〔一八八〇〕年六月、第二回県会）。正造は女子教育についても、教育の機会均等及び国家社会の進歩発展におけるその重要性を主張し、その振興に熱心だった。当時としては、まさに、革新的な教育観であった。

このような正造の教育についての主張の根底には、人間平等の思想があることは明白である。後ちに、彼はこう回顧している。「予は寧ろ農民百姓土民の子として足り申候云々。予は明治十三、四年の頃においてもこの平民主義、社会平等の真理は自然自得したるものとおもへり」（『奇談漫筆』）。

先に言及したように、正造には、早くから、言葉によっては表現されなかったかもしれないが、権利や人権といったものに対する確固たる基本意識があった。だから、財産の不平均や性別による教育の非機会均等に疑問を呈したり、官尊民卑の弊を破ることに努めたり、窮民の衛生に配慮したり、芸娼妓を敬称で呼ぶことを県会で実行させたり、捕鳥を業とする者や行商人などの貧しい人たちへの課税に反対したりしたのである。

彼は、当時の日記にこう記している。「人を愛する最下に及べ」。だから、正造は、自分を含めて政治家に対して厳しい言葉を投げかけるのである。「世に怖るべきもの、中政治家が下情に暗きほど怖しきものなし」。県会議員としての正造のまなざしは、貧民へ、下情へと向けられ、安蘇郡貧民惣数の調査、地租の減少の必要の主張などとして現れる。

これは、彼の歌である。

那須山に立つけむりさいあわれなり
　民のかまどの寒きをおもひば

こうした正造の貧しい人々への悲愛のまなざしは、生涯変わることはなかった。

第二に、正造は議員というものをどのように考えていたのであろうか。

正造曰く、「抑議員なるものは所謂かの天爵を重んずるものなるをしるなるべし。彼の人爵を以て等級月報の度を定むるものにあらざるをしるべし」（明治十八〔一八八五〕年、県会覚書二）。すなわち、議員というものは、その人に備わった徳の高さ（天爵）を重じなければならないのであって、人が定めた爵位によってその報酬を受けるものではないのである。だから、彼は言うのである。「苟も租税としては幾分なりとも軽き方人民に取りては便利なり、また代議士たるものは衆人の公撰にして名誉尤も高し、金を以て之を償ふは徳義上如何なるものにや是れ亦考へざるべからざるなり」（明治十八〔一八八五〕年三月、第七回県会）。

これらの主張は、県会において議員旅費の値上げや常置委員の手当値上げの提案の際になされたものだが、正造はいずれにも反対した。正造にとって、代議士たるものは人民の公選によって選ばれたがゆえの名誉があり、この名誉は実に「九鼎大呂（きゅうていたいりょ）」〔九鼎は中国の夏・殷・周の三代に伝わった鼎。大呂は周の大廟に供えた大鐘。非常に重く尊いもののたとえ〕より重いものなのである。したがって、金銭のために位置を軽重してはならないのである。そして、かつて岩手の獄中で読んだスマイルズ『西国立志編』から、「徳行の力は黄白の力の得て及ぶ処にあらず」という言葉を引用して、西洋の知識人も言っているように、「我々議員は実に名誉の位置にして徳行の力を恃むべきの職」なのであるという。正造は、先進的な西洋の知識人の言葉を引き合いに出して、彼も自分と同じ考えであるとして、自分の考えの確証とするのである。

それは、正造の次のような言葉からもわかる。「日当は多くせざるも議員に徳義心さえあれば可なり、道徳と云えば亜細亜風なりと云ふかは知らざるも徳義なくては政治社会の汚穢を来すの恐れあり」（明治十八〔一八八五〕年十二月、第八回県会）。「立法者の脳髄は海の東西を問わず時の古今を論ぜず徳義を以て支配せざる可からざるなり」（同前）。「徳義の力、法律の力に克たざれば能わず」（明治十六〔一八八三〕年十月、日記）。

こうして正造は、県会議員たちに対して痛烈な批判の言葉を投げかけるのである。「自然の理に従い徳義を以て居処を固めんと云いたるまでなり、議場は如何に立派に建築せしもその議員に徳義なければ真成に立派な議場と云ふ可らず、城は高きが故に貴からず、その城主が人心を服するの厚きが故に貴きなり」（明治十八〔一八八五〕年十二月、第八回県会）。

このように、政治に携わる者に対して徳義、道徳を重んじ、そして人民の公選によって選ばれた者としての人民に対する責任を重んじる姿勢は、正造が衆議院議員になってからも一貫していた。いうまでもなく、このような政治的姿勢は、かつて小中村の「小さな政治」に名主として責任的に係わる中で形成された自己の生の「根底」に根をもつものである。

事実、約十年にわたる県会議員としての正造の県会における質問を見ると、それを証拠立てるように、道理、徳義或は徳義心などといった言葉が必ずと言っていいぐらい随所に出てくる。これこそ、他の県会議員と決定的に分かつ、正造の特質であった。後ちに、正造はこの当時を回想して、こう語っている。「十四年の頃毎日新聞にて肥塚の筆で、田中は孔子の弟子なり子路だと誉められたときには肥塚の為めにも死ぬほどうれしかった」（『回想断片』）。正造自身にも、自分は孔子の弟子だという思いがあったのかもしれない。因みに、『論語』に「子の曰く、破れた綿入れの上着を着て、狐や貉の毛皮を着た人と一緒にいるのを恥ずかしがらないのは、其れ由（子路）なるか」という一節があるが、県会議長や常置委員らは、正造の着衣や容貌の醜なため、県会の調査で同行することを嫌がったという。

また、正造曰く、「十八年以来、県会議長四年、うつの宮伝馬丁富沢屋二十七銭にて居れり。普通議員にして三十五銭づゝなり」（『奇談慢筆』）。このような正造を、県会の反対者や県官たちは、正造の選挙区が安蘇郡であることから、「あその馬鹿」と呼んだ。

第三に、正造は地方自治というものをどのように考えていたのであろうか。

明治十三年三月、栃木県会議員となった正造は、同じ年の十一月に発布された大政官布告第四十八号が、地方税率を引き上げ、それまで国費支弁としてきた府県庁舎建築・修繕費・府県監獄費などを地方税支弁に移したことに対して、翌十四年三月の県会での建議において、次のような反対意見を述べた。

「明治十三年十一月大政官第四十八号の布告を以て増加したる新費目は、その地方制度に関係ある頗る重大にして、而してその之れがために増加したる金額もまた実に小なりと謂ふ可らず。且夫れこの布告の如きは意義深重にして我々議員了解し能わざる所なり。……第三、地方政務改良云々。……政府が政務の改良とは如何なる所を指す乎。我々人民の思考する所に據れば、地方政務改良とは地方地方に自治の制度を立つるを許し、地方は中央政府の干渉を受けず自由に地方の政治を為さしむる者なるを。今や我邦の政治を観察し来れば百般の事一に中央政府の掌裏に在り。府知事、県令中央政府の指揮する所に唯命是従ふのみ。何の分権主義に則るあらんや。豈に地方税の負担を重するを以て政務改良と謂ふ可き者ならんや。……而るに正租も減ぜず地方税増加するに至ては、実に吾人々民の安ぜざる所にして、政務改良の主義それを何に在るや。是れ、吾人等の了解に苦しむところなり」。

正造には、明治十四年以降、備荒儲畜法施行規則、大政官布告第四十八号などの政府の緊縮財政及びデフレ政策による地方税への負担転化は、断じて許し難いものであった。政府のデフレ政策が人民の生活に甚大な影響を与えていたからである。正造は、人民困弊し、嘆声巷に充ちており、一刻も早く人民の困難を救治しなければならないとして、人民の負担の軽減、行政費の削減、不用不急の土木工事の中止などを求めた。警察のサーベルについても、「人民は未曽有の財政に困しみ殆んど生計にすらなお堪へざるの情況に際せり、一家に於けるもまた然り」と主張して、警察予算における人民威嚇のためのサーベル費削除を求めたりもした。

正造は、下野の今日の有様を産後の婦人に例えて、民力の休養の必要性、その道を早急に講ずべきことを訴えた。そのためには、地方自治を基礎づける地方人民の経済的自立を何よりも図らなければならないと考えていた。実際、二十年二月、安蘇郡の林業、石灰、製氷三商の営業者たちに、また同年五月には、同郡有志懇親会において、産業における自治独立、独立自治の精神、自治の力について熱心に語っている。何よりも民力の休養、涵養がなければ、地方自治も覚束なく、「十貫目の人に対する十一貫は耐へず。且つこの人前に疲れて十貫すら挙がらず」ということになってしまう、と正造は言う。

このような地方自治の実現についての主張は、十五年三月の第四回県会における郡長公選の建議において、また翌年三月の第五回県会における戸長公選の建議においても、一貫している。正造曰く、「今日は速やかに公選に改正し、町村会を興し名分を明らかにし民間の幸福を謀らざる可からず」。正造は、地方自治の侵害として、公選郡長・戸長が官選（県令の任命）に切り変えられるのに強く反対したのである。

明治十九年七月、新しい地方官制が公布され、これまで東京府は知事、県は県令とよんでいたのを、一様に知事と称することにした。また、明治政府は、翌二十年十二月、保安条例を公布し、秘密の結社・集会の禁止、屋外集会の制限、危険人物に対する事前の退去命令などがなされることになった。明治政府の自由民権運動に対する強圧的な対応もまた、日増しに顕著になっていた。

明治二十一（一八八八）年四月、市制・町村制が公布された。正造は、この地方自治制を概ね受け入れている。「町村今より自治なり。旧政去って二十一年、干渉十一年、府県町村会民選」（明治二十一〔一八八八〕年九月、日記、以下同じ）。「一身一家一郡一府県一国進むは常なれども封建之を押へたり」。「封建の政去って新主義制度行われ茲に二十一年、旧政去って新主義の交代不容易。重大なる問題なり」。「封建は自治を奪う。……封建を脱する脳髄は依然旧の如し。封建去って弊風存す」。

このように正造は、徳川幕藩体制が去って二十一年経った今も、近代国家への交代が容易ならない状況にあるなかで、その基礎となる地方自治制を決定づける市制・町村制を一定の留保をもちながらも、期待をもって受け入れている。しかも、一年後に憲法の発布、二年後に国会の開設を前にしていただけに、なおさらそうであったろう。

しかし、正造は地方自治への期待で胸を脹らます一方で、その限界も見極めている。すなわち、正造は言う、「言葉を代へて申せば、自治の制度とは政府より人民に制度を委任する制度と云ふも可なり、また返権とも分権所有権とも申すべく、自主の権とは他人の干渉を受くる事なく法律を制定するの権。何故に政府之を制定するや。統一。町村自治とは一国の法律に随い人民自ら地方の事ムを行ふ（上ミ店の如きもの）。……自治は国家の監督を受けざるを得ず。封建時代の監督の如くならず。然れども、国家無限の監督権を濫用せば、折角の自治体も画餅たらん」（同前）。

実に、明快にして革新的な地方自治観である。正造は自治の制度とは政府より人民に制度を委任されたもの（分権或は分権所有権）であり、したがって国家の監督を受けざるをえないが、しかし国家の監督権の乱用を戒めてもいる。正造は「自治制は活物なり、法律は狭くも広くも活用法による」として、人民の自治の精神、自治の気象への信頼と、その一層の伸張への期待にもとづいて、真に人民による人民のための自治制を作り上げていくことを強調する。正造は言う、「自治自主皆活物なり、法律の活用法甚だ活発ならざるべからず、治罪〔罪を調べ正すこと〕すら解釈の常に変動あるを以てしるべし」（同前）。

このような自治制とそれを制定した法律に対する正造の姿勢は、一年後に発布の迫った憲法に対する姿勢においても同様であった。後ちにふれることになるが、正造は法を逆手に取って国家権力に迫りながらも、法の枠を必ずしも絶対視しなかったので、卓抜な憲法意識をもつことができたが、それは、まさに、この「法律の活用法」の賜物であった。

こうして正造は、真に人民による人民のための地方自治の拡充と実現のために、その担い手として地方の豪農商家層や多税納者など地方名望家層に期待するのである。「租税多納る者を尊敬するは自治の気象なり。如何なれば古来の人情に問うてその幾分を知るべきなり。旧幕時代租税を多く収むる者を高持と称せり。村落の小民之を尊重せり。その意蓋し自家の負担をしてこの富者之負するの気の毒心を以ならん。故に工商の富者を尊むの風は地を払って空し。戊申己降追々農工商の別なく租税の賦課均一に帰するを以、農工商を問わず多く租税を納むる者を尊敬するの風俗漸く民間に発見せり。租税を多く納むる者を尊むは自治の精神なり」（同前）。

明治二十二（一八八九）年二月十一日、帝国憲法が発布された。栃木県会議長の正造も、この式典に参列した。「不肖幸に本県会議長たるの故を以て、空前絶後の大典たる憲法発布の盛式に参列の栄を得候」（三月十日、上野松二郎宛）。そして、その期待と喜びを三首の歌にしている。

〈あゝ嬉しあゝありがたし大君はかぎりなき宝民に賜ひぬ〉。〈憲法は帝国無二の国宝ぞ守れよ守れ万代までも〉。〈憲法に違ふ奴等は不忠不義乱臣賊子なりと知れ人〉。

第四章　衆議院議員時代

一　国政の舞台へ

明治二十三年五月、府県制・郡制が公布された。しかし、国内的諸事情によって、実際に施行されたのは、郡制が翌年四月、府県制も同じ年の七月であった。一応、ここに、町や村の上に郡が、その上に府県が、そのまた上に国が君臨するという図式が明確に打ち出された。先の市制・町村制と相俟って府県制・郡制は、天皇を頂点に戴いた強力な統一国家建設のための足台となるものであった。総理大臣山県有朋の主導のもと構想された府県制・郡制の精神は、国と地方団体とが一体をなすように制度が仕組まれているという点にあるが、その精神は今日にいたるまで日本の地方制度の性格を規定し、大きな力をもち続けている。

一方、これと時を同じくして、二十三年、貴族院と衆議院とからなる国会が開設されることになった。貴族院議員は皇族、華族、学識経験者、多額納税者の男子によって構成され、終身と七年任期の二種に分かれていた。そして、もう一方の衆議院議員の選挙がこの年の七月に行われることになった。といっても、国民全員に被選挙権、選挙権が与えられたわけではなかった。選挙権が与えられたのは、国税を一年につき十五円以上納めている二十五歳以上の男子、被選挙権が与えられたのは、同様に三十歳以上の男子であった。当時は国税の大部分が地租であったので、十五円の地租を納められるだけの土地を持っている者は、全国で四十五万人ほどであった。当時の人口が約四〇〇〇万人であったから、有権者は全人口の僅か一・一パーセント余りにすぎなかった。この頃、正造がどのくらいの土地を持っていたかはわからないが、少なくとも数町歩程度は持っていたと考えられる。

明治二十三年七月、第一回衆議院議員選挙に、田中正造は立憲改進党候補として栃木三区（安蘇・足利・梁田郡）から立った。正造は、相手候補の足利町の旧自由党系の木村半兵衛との激しい選挙戦の末に勝利した。だが、この時の選挙戦で、かつて西南戦争による土地の値上がりに乗じて得た三〇〇〇円をもって公共に尽くすための正造の資金計画、すなわち「公共上のため毎年百二十円（すなわち一か月僅々十円）づゝ向三十五ヶ年間の運動に消費する事」という資金計画は、早くも十二年間で完全に崩れてしまった。

国会開設を前にして、各政党の間では様々な動きがなされたが、結局、正造の所属する立憲改進党と、一旦解散した自由党と愛国公党と大同倶楽部の三党が集まって新しく結成した立憲自由党とが政府に対抗する構図となった。また、それら民憲政党（民党）とは別に政府側の政党（吏党）もつくられた。

一方、政府もまた国会開設前に着々と手を打っていた。その一つが、従来の「集会条例」を一段と細かく規定して、特に民権政党の動きを封じ込めることを意図した「集会及び政社法」（二十三年七月公布）だった。しかも、法律にとどまらず、同じ年の十月には、憲法と並ぶ国民思想の指標を与える必要から「教育勅語」を発布した。これは、天皇への自発的服従の気風を学校教育をとおして培養して、「不磨の大典」としての帝国憲法＝君権主義国家体制に道徳的裏づけをし、且つそれを補完するものであった。この「教育勅語」は、太平洋戦争敗戦にいたるまで国民の道徳規範として作用した。

しかし、なぜか正造は、「教育勅語」については何も語っていない。自己の生の根底に「道徳」を据えて、国の主人である人民の権利、人権、自由、そして憲法、政党について独特な思想を主張し、しかも小学教育を重視し、教育の機会均等及び国家社会の進歩発展におけるその重要性を主張した正造が、なぜ沈黙しているのか。それに対する答えは、彼のその後の生涯、生き方が何よりも物語っていると言えるだろう。

明治二十三年十一月二十五日、衆議院第一回通常議会が開会された。正造も勇躍、初登院した。第一回議会から、議場は民党と藩閥政府及びそれに追随する吏党との間で激しい攻防がくり広げられた。正造もまた、最初の議会から執拗に発言を繰り返し、徹底的に内容ある議論を推し進めようとした。それは、県会議員のときと同様であった。正造は言う。「我々が政府に向って毎に願う処は輿論を聞かれんことを以てせり、実に一番〔議場での正造の議員番号〕は村落の小人かは知らざるも輿論は重んぜんとするものなり、元来議場は公議輿論を貴ぶために設けたるものなり、この公議輿論を重ずべき議会にして輿論取るに足らずとは言語道断の説なりと云わざる可からず」。

正造にとって、議会は審議討論を尽くし、輿論を貴重する場所以外の何ものでもなく、またそれが、人民の公選によって選ばれた者としての人民に対する責任なのである。だから、彼は徹底的に内容ある議論をして、充実した結論に至ろうと考えていた。これに比べて、議員としてこの第一議会に臨んでいた中江兆民は、すぐに議会に絶望し、議長・副議長選挙に「笑う可し、この議場悲しむ可し、この議場恐る可し、将来の会」と記した無効票を投じて、途中退場してそのまま議員を辞職してしまった。

二　鉱毒問題との出会い

一年後の二十四年十一月二十六日、第二回議会が開会された。正造は、この第二議会で初めて幾つかの質問書を政府に提出した。その第一が「足尾銅山鉱毒の儀につき質問書」であり、次いで「神戸造船所、北海道幌内郁春別鉄道及炭鉱、陸中国釜石鉱山、阿仁及院内鉱山払下の件に関する質問書」「小阪銀山払下に関する質問書」を相次いで提出した。

第一の質問書で、正造は次のように政府を追求した。

「大日本帝国憲法第二十七条には日本臣民はその所有権を侵さるゝことなしとあり、日本抗法第十款第三項には試堀若は採製の事業公益に害あるときは農商務大臣は既に与えたる許可を取消すことを得とあり、鉱業条例第十九条第一項には試堀若は採掘の事業公益に害あるときは、試掘に就いては所轄鉱山監督署長、採掘については農商務大臣既に与えたる認可若は特許を取消すことを得とあり、然るに栃木県下野国上都賀郡足尾銅山より流出する鉱毒は群馬栃木両県の間を通ずる渡良瀬川沿岸の各郡村に年々巨万の損害を被らしむること、去る明治二十一年より現今に亘り毒気は愈々その度を加え、田畑は勿論堤防竹樹に至るまでその害を被り、将来如何なる惨状を呈するに至るやも測り知る可らず、政府之を緩慢に付し去る理由如何、既往の損害に対する救治の方法如何、将来の損害に於ける防遏（ぼうあつ）〔防ぎ止めること〕の手順如何」。

しかし、第二議会は、正造の質問の直後の十二月二十五日に解散され、政府は正造の質問に答弁することなく終わった。ただ、政府は議会を解散した理由を載せた十二月二十九日付の官報の末尾に、正造の質問に対する農商務大臣陸奥宗光の答弁を付載した。その要旨は次のとおりであった。

一、群馬栃木両県下渡良瀬川沿岸の耕地に被害あるは事実なれども、その被害の原因については未だ確実な試験の成績に基ける定論のあるにあらず。

二、右被害の調査については、目下、各専門家によって土壌及び流水の分析試験中なり。

三、鉱業人（古河市兵衛）は鉱業上なしうべき予防を実施し、なおドイツ、アメリカより粉鉱採集器を購入し、一層鉱物の流出を防止するの準備をなせり。

実は、正造が議会でこのような質問をするに至ったのは、次のような経緯があったのである。

明治二十三年、正造がはじめて衆議院議員に当選した約二か月後の八月二十三日、渡良瀬川が氾濫し、沿岸一帯は大洪水に襲われた。この大洪水がきっかけになって、足尾銅山の鉱毒事件が表面化する。大洪水によって、これまでにない異変に気づいた下野の農民たちは、実地調査に乗り出した。梁田郡梁田村の長祐之らは、自ら渡良瀬川沿岸の足利、梁田、安蘇三郡内の

漁家員数を調査した。その結果は、

明治十四年度	二七七三
一五〃	二四九七
一六〃	一二〇四
一七〃	二〇六五
一八〃	一五八九
一九〃	一一七四
二〇〃	一〇六〇
二一〃	七八八

である（明治二十五年にはゼロになる）。

吾妻村下羽田の百姓庭田源八郎翁の『渡良瀬川の詩』（明治三十一年三月）に生き生きと描写されているように、元々渡良瀬川は鳥獣虫や魚類など自然豊かな川であった。それが、明治二十三年八月二十三日の大洪水で一変したのである。この大洪水によって、渡良瀬川流域約一万ヘクタールの農地に鉱毒水が冠水し、さらに直後に暴雨が来襲して、栃木、群馬両県の七郡二十八か町村、一六五〇ヘクタールの農地が長期間鉱毒水に漬かり、農作物の全滅と魚類の大量死という被害を受けたのである。もはや、渡良瀬川沿岸に住む人々の誰れの目にも、被害の原因が足尾銅山から流出する鉱毒にあることは明らかだった。

正造によれば、鉱毒による魚類の異変は明治十三年頃からだという。「魚を捕って売ろうとすれば、警察が喧しく云って、毒を食った魚だから売ってはならぬと云うのは、明治十三年頃からあることとである」（第二議会での質問）。事実、先の長祐之の魚家員数調査でも、明治十五年以降、十七年に一度増加はしているが、毎年減少しているのを見ると、魚類の棲息が正造の言う明治十三年頃から年を追うごとに減少していることの現れであることは疑いない。この調査をした二十三年には、おそらく、もう僅かの魚家員数になっていたに違いない。因みに、鉱毒による魚類棲息の危機的状況について、十八年八月十二日の地元の『朝野新聞』はこう伝えている。

「香魚皆無、栃木県足利町の南方を流るゝ、渡良瀬川は、如何なる故にや春来、魚少なく、人々不審に思ひ居りしに、本月六日より七日に至り、夥多の香魚は悉く疲労して遊泳する能わず、或は深渕に潜み或は浅瀬に浮び又は死して流るゝもの甚少なからず、人々争ひて之を得むとて網又は狭網を用ひて之を捕へ、多きは一、二貫目、少なきも数百尾を下らず、小児と雖ども数十尾を捕ふるに至り、漁業者はこれを見て今年は最早是れにて鮎漁は皆無ならんと嘆息し居れり、斯ることは当地に於て未曾有のことなれば、人々皆足尾銅山より丹礬の気の流出せしに因るならんと評し合へりとぞ」。

明治二十三年八月の大洪水による農作物や魚類への甚大な被害を受けた渡良瀬川流域の農民の間では、当然のことながら、それに対応する様々な動きが起こった。

足利郡選出の県会議員早川忠吾は、県立宇都宮病院に渡良瀬川の水質と泥土の検査を依頼し、その分析結果を『下野新聞』（明治二十三年十月二十一日付）に発表した。また、先の長祐之も、鉱毒について同紙上で訴えた。後ちに正造の戦いの最後の地となる下都賀郡谷中村の村議会は、二十四年一月、古河市兵衛に損害補償と精錬所の移転を求める「渡良瀬川丹礬水に関する村会の決議」を採択し、広く近隣の町村にこの決議に同盟するようよびかけた。最も被害激甚であった足利郡吾妻村は、二十三年十二月に臨時村会を開いて、社会公益を害する銅山の採掘を停止するよう栃木県知事への上申書を満場一致で可決した。同月、栃木県会も県知事に「丹礬毒の儀に付建議」を採択した。また群馬県議会も翌二十四年三月、県知事に精密検査をするよう建議した。長祐之は、被害の学術的な究明を意図して、渡良瀬川の流水と被害地の土壌の分析調査を農商務省地質調査所に依頼したが、二十四年四月下旬、「右分析の件は、当所においで依頼に応じ難い」旨を回答してきた。

栃木県もすでに農科大学の長岡助教授に調査を依頼していたが、これとは別に足利郡毛野村の県会議員早川忠吾、吾妻村々長亀田佐平らは、足尾銅山の現地調査によって鉱毒流出の経路の究明を企図するとともに、農科大学の古在由直助教授に沿岸の土壌分析を依頼した。二十四年六月、古在から回答が寄せられた。それは「過日来お約束の被害土壌四種を調査いたし候ところ、ことごとく銅の化合物を含有いたし、被害の原因、まったく銅の化合物にあるがごとく候」というものだった。

明治二十四年七月、長祐之の編集で、足尾銅山の視察報告、農科大学の古在由直助教授による土壌分析結果などを載せた『足尾銅山鉱毒　渡良瀬川沿岸被害事情』が発行された。しかし、第二議会前に、治安を害するという理由から頒布禁止の処分を受けた。また同年十一月、梁田郡筑波村の河島伊三郎が『足尾の鉱毒』と題した小冊子を発行したが、これもすぐさま発行禁止を命じられた。明治二十年十二月に公布された新聞紙条例・改正出版条例による言論・出版の取締りは厳しさを増していた。

一方、正造もそれらの出版物などによって鉱毒被害の深刻さを知り、東京専門学校を卒業したばかりの左部彦次郎を現地に派遣して、被害地の実状を具に調査させた。もちろん、正造自身も何度か足を運んだ。この頃の手紙や日記には、こう記されている。

「貴紙上鉱毒事件等は中々なる大問題に付、随分奇々怪々も今日に止まる訳には有之間敷候。希くは短刀直入は如何。被害地人民はただ輿論の勢力と真誠の調査等によるものと奉在候」(明治二十四年十月四日、佐伯有敦宛)。

「鉱毒事件に付十六日帰国植野に、十七日久保田に、十八日山口に、十九日久保田に、二十日足利、二十一日梁田に。二十一日梁田に会す。二十二日石川清蔵殿畑地を見る。野田村」（同年九月、日記）。その後に、安蘇郡植野村農民の依頼による栃木県立病院の「泥土分析表」が記され、他に鉱毒による植物や魚への影響が記されている。

このような渡良瀬川沿岸の農民の活発な動きを背景に、そして左部彦次郎の実地調査という準備をしたうえで、正造は、二十四年十二月二十四日、第二回議会に臨み、初めて足尾鉱毒問題について政府に迫った。さらに、翌二十五年度の予算審議において、鉱山取締りのための旅費の不適切さについて質問したり、また元下都賀郡長安生順四郎と古河市兵衛に官有山林地などを不当な安値で払い下げた件を問題にした。しかし、農商務大臣陸奥宗光の答弁は、正造の質問に対してまともに答えようとするものでなかった。正造は、翌日も質問に立ち、陸奥宗光が自分の息子を足尾銅山主古河市兵衛の養子としていることも挙げて、厳しく政府に迫った。古河と政府及び県知事・郡長など地方行政官庁との癒着の深さを暗に指摘したのである。

だが、正造の質問演説のあったこの日（二十五日）、政府は、議会が翌二十五年度の国家予算原案を大幅に減額したため、それを不満として議会を解散してしまった。結局、政府は正造の質問に答えることはなかった。

三　足尾銅山の歴史

ここで、鉱毒事件の背景として、足尾銅山の歴史を辿ってみる必要があるだろう。日光中禅寺湖の南側にそそり立つ山々の頂から流れ下る渡良瀬川の源近くに、慶長十五（一六一〇）年の昔から採掘されている銅山があった。それが足尾銅山であった。徳川幕府直轄のもとに、一時は年産四〇万貫（約一六〇〇トン）の銅を産出して「足尾千軒」と呼ばれるほど繁栄したが、その後、次第に衰退の一途を辿り、幕末期には人家が僅かに五軒という哀れな鉱山に転落してしまっていた。

明治維新後の明治六年に民間経営に移ったが、赤字が続いていた。その足尾銅山に目をつけたのが古河市兵衛であった。他県の銅山経営で得た利益で、明治九年十二月、古河市兵衛は足尾銅山の鉱業権を取得した。操業は古河市兵衛と旧相馬藩主相馬家（同家の家令志賀直道名義）の組合契約のもと、翌年二月に始まった。さらに、十三年には、第一国立銀行の創立者で政商資本家の渋沢栄一も経営に参加した。

古河市兵衛に経営権が移ってからの足尾銅山は、第2表に見るように、明治十年から十六年までの産銅量は漸増といった程度であるが、明治十七年になると急激に増加しているのがわかる。この年の五月、横間歩の大鉱脈が発見されたからである。この大鉱脈の発見を端緒に、以後足尾の出鉱量は激増するのである。実に、横間歩の大鉱脈は僅か一年半で、古河に経営権が移ってからの足尾銅山を「一二倍の大鉱山に進展させた」（『木村長兵衛伝』）のである。足尾銅山は、この年に早くも、全古河生産量の六七パーセント、全国産銅の二十六パーセント（第3表）を占め、四国の別子銅山を抜いて全国一の銅山になった。さらに、横間歩の大富鉱の発見とともに、精錬施設も急いで拡張され、十八年には、この年の全出鉱量を処理したうえ、前年の未処理分も処理したため、全国産銅量の三九・二パーセントを占めるに至った。

ところで、大富鉱の発見は、精錬施設の拡張とともに、銅精錬に使われていた燃料の木炭や薪、そして坑内の支柱用の木材の需要を大きく増大させた。特に、銅の精錬には木炭が不可欠である。しかし、木炭の供給不足のため、熔鉱炉は毎日五座、十座と休業を余儀なくされていた。第4表に見るように、明治十七年以降、木炭の消費量が飛躍的に増大している。これだけの量の木炭を得るためには、大量の山林を必要とする。かくして山林の乱伐が大規模にされたのである。

表3　足尾産銅量の全国産銅量に対する比率
（林竹二『田中正造』から）

1880（明治13）	2.0%
81（明治14）	3.6%
82（明治15）	5.2%
83（明治16）	9.6%
84（明治17）	26.0%

表4　明治13（1880）年以降の木炭の消費量
（林竹二『田中正造』から）

1880（明治13）	約	255 t
81（明治14）	約	656 t
82（明治15）	約	1,024 t
83（明治16）	約	2,205 t
84（明治17）	約	7,020 t
85（明治18）	約	11,873 t

表2　全古河産銅量に占める足尾の比率（東海林吉郎・菅井益郎『通史足尾鉱毒事件』から）

（単位　トン、%）

年　次	古河生産量ⓐ	足尾銅山の産銅量ⓑ	ⓑ/ⓐ
1877（明治10）	149	46	30.9
78（明治11）	158	48	30.4
79（明治12）	263	90	34.2
80（明治13）	268	91	34.0
81（明治14）	370	172	46.5
82（明治15）	737	132	17.9
83（明治16）	1,671	647	38.7
84（明治17）	3,411	2,286	67.0
85（明治18）	5,250	4,090	77.9
86（明治19）	5,100	3,595	70.5
87（明治20）	4,455	2,987	67.0
88（明治21）	4,180	3,783	90.5
89（明治22）	5,999	4,839	80.7
90（明治23）	7,589	5,789	76.3
91（明治24）	7,681	7,547	98.3
92（明治25）	7,397	6,468	87.4
93（明治26）	6,928	5,165	74.6
94（明治27）	8,017	5,877	73.3
95（明治28）	6,587	4,898	74.4
96（明治29）	7,695	5,861	76.2
97（明治30）	7,964	5,298	66.5
98（明治31）	8,764	5,443	62.1
99（明治32）	9,191	5,763	62.7
1900（明治33）	8,924	6,077	68.1
01（明治34）	9,089	6,320	69.5
02（明治35）	8,194	6,695	81.7
03（明治36）	9,290	6,855	73.8
04（明治37）	8,986	6,520	72.6
05（明治38）	8,949	6,577	73.5
06（明治39）	9,580	6,735	70.3
07（明治40）	9,298	6,349	68.3

山林乱伐は、表5に見るように、横間歩が発見された明治十七年から急速に進んでいて、明らかに産銅量の急激な増大に比例していることがわかる。山林の乱伐は、官有林が主であるが、明治十五年から二十年の約五年間に足尾銅山への官有林の払い下げは、実に八件に及んだ。また民有林の乱伐も、これと並行して進められていた。そして、明治二十六年には、足尾の官有林は、この乱伐に煙害が加わって、ほぼ七七パーセントが全滅し、民有林に至っては、全域にわたって壊滅状態となった。

表5　足尾官林の伐採面積
（東海林吉郎・菅井益郎『通史足尾鉱毒事件』から）

年　次	面積（町歩）
1881（明治14）	83.5
82（明治15）	80.1
83（明治16）	80.1
84（明治17）	160.5
85（明治18）	505.5
86（明治19）	310.0
87（明治20）	430.0
88（明治21）	1,584.4
89（明治22）	789.9
90（明治23）	514.7
91（明治24）	994.3
92（明治25）	229.3
93（明治26）	997.6
合　計	6,759.9

表6　銅の輸出量
（東海林吉郎・菅井益郎『通史足尾鉱毒事件』から）

年　次	輸出量／生産量
1882（明治15）	49.4％
84（明治17）	59.3％
86（明治19）	100.4％
88（明治21）	72.4％
90（明治23）	107.6％
92（明治25）	87.4％
94（明治27）	76.9％
96（明治23）	72.6％
98（明治25）	79.3％
1900（明治27）	82.0％

こうした足尾の銅生産の発展を支えたのは、海外の銅需要であった。表6に見るように、銅の輸出量は横間歩の大富鉱が発見され、精錬施設が拡張された明治十九年には、前年生産分も含めて一〇〇パーセントを超えている。明治九年から二十（一八七六～八七）年にわたって、世界的に銅市況は低迷し、特に十九～二十年は、世界的な銅市況のどん底にあるなかで、古河の輸出量が一〇〇パーセントを超えているのは、富国強兵・殖産興業を掲げて近代国家建設をひたすらめざす日本国内の銅需要の先行きはもとより、海外の銅需要の先行きも明るかったからである。事実、この頃からイギリスやフランスなどの西欧諸国では、従来の鉄線に変えて銅線を電信線に採用するなど、銅需要が増大していたのである。フランス資本は、明治二十年になると、世界中の銅の買占めに乗り出してきていた。

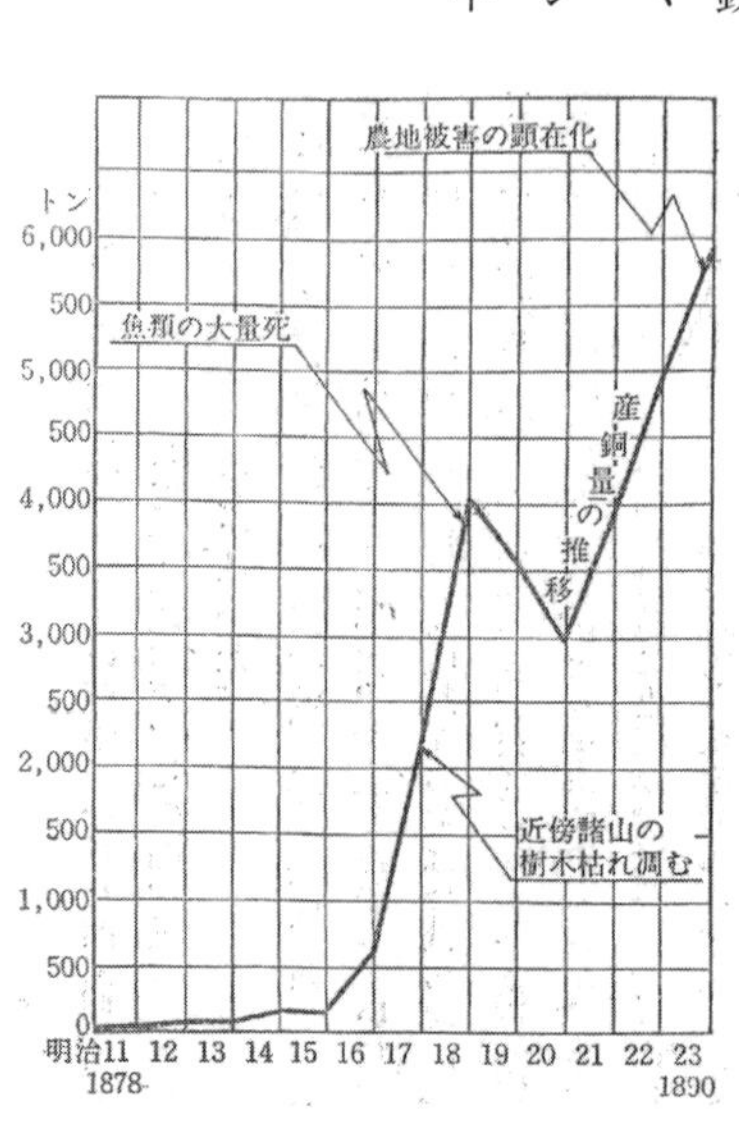

図1　鉱毒被害の顕在化過程
（東海林吉郎・菅井益郎、前掲書から）

そうしたなか、明治二十一年春、古河市兵衛は、世界中の銅の買占めに乗り出していた、このフランス資本、すなわちセクレタン・シンジケートの代理者であるイギリスのジャーデン・マジソン商会との間に、三か年間古河の全産銅を売り渡すという契約を交わしたのである。この契約が、足尾銅山の採掘に拍車をかけた。表2に見るように、生産増強につぐ増強であった。そして、それに伴って、表5に見るように、木炭や坑木などに必要のため、足尾の官林は乱伐された。まさに、図1は、それによる鉱毒被害の顕在化過程を如実に示している。また、生産増強につぐ増強は、低賃金と劣悪な労働条件の下で働く坑夫たちに、〈坑夫六年溶鉱八年、嬶ばかりが五十年〉と歌わせるほど、さらに過酷な労働を強いた。生産増強につぐ増強、高利潤の追求、この資本の至上目的に適うようにすべてが取り運ばれていた。

山林の乱伐と精錬の際に発生する亜硫酸ガスの煙によって、足尾の水源地帯の山々は荒廃し、死の山に変貌した。山々を覆う樹木や草の雨に対する自然の調節機能（保水）は失われ、山肌の土砂を削ぎ取られて剥き出しになった足尾の山々は、渡良瀬川をひどく氾濫しやすい川に変えてしまった。そして、生産増強によって、歩留り（原料に対する製品の割合）の悪い銅鉱石や鉱滓は、どんどん渡良瀬川に投げ棄てられたため、銅鉱石に含まれている毒性のある硫化銅が渡良瀬川に溶け込み、魚類を殺し、稲を枯らし、岸辺に生える草竹の根を腐らせていった。渡良瀬川沿岸の人々は、何にも知らずに、この川に生息する魚を食べ、田畑の用水にし、生活用水として使用していた。また鉱毒溶水は地中深く浸透して、井戸水をも汚染した。この異変は、銅山が古河によって経営されるようになった明治十二、三年頃から始まっていた。そして、図1に明らかなように、ついに、明治二十三年八月に渡良瀬川沿岸を襲った未曾有の大洪水による甚大な被害は、足尾銅山の鉱毒を誰の目にも明らかにした。まさに、足尾銅山の鉱毒は、以前の「活ける渡良瀬川」を「死せる渡良瀬川」にしたのである（永島与八『鉱毒事件の真相と田中正造翁』）。

四　政府・古河の欺瞞に抗して

衆議院解散に伴う第二回臨時総選挙は明治二十五年二月十五日に行われた。正造は栃木県第三区から立候補し、前回と同じ対立候補の木村半兵衛と激しい選挙戦の末、当選した。注目すべきは、政府の猛烈な干渉のあるなかで戦われたこの選挙戦の最中に、被害地と銅山側との間に示談解決の動きが現れたことである。栃木県知事は、県会議員や各郡長に諮って、被害地と銅山側との間の対立を示談によって解決しようとしたのである。知事を委員長とし、県会議員十九名からなる仲裁委員会が組織され、その下に被害地の各郡長と各町村長・被害者総代が連なった。そして、この仲裁委員会によって、古河市兵衛と被害民との間の示談契約は着々と進められた。

その示談契約の内容は、おおよそ次のようなものだった。

一、古河市兵衛は粉鉱の流出を防がんため明治二十六年六月十日を期し、精巧なる粉鉱採集器を工場に設置する。

二、古河市兵衛は、仲裁人の取り扱いにまかせ徳義上示談金を支払う。

三、前条の金員の払いを受けた者は、明治二十九年六月三十日までは、粉鉱採集器の実効試験の期間として、契約人民は何等の苦情を唱えることができないのは勿論、その他行政及び司法の処分を乞うようなことは一切しない。

あくまで鉱毒を否定する古河側は、示談契約書に「徳義上」という一語を入れて、被害補償ではなく、慈恵的なものであるとして、僅かな金額で事を済ませようとしたのである。実に、資本の至上目的に沿った卑劣極まりないやり方である。

実際、古河から被害民に支払われた金額は、栃木、群馬両県の合計で約一〇万九〇〇〇円で、栃木県の場合一反歩平均一円七〇銭、群馬県の場合は郡によって栃木県の平均を上回る場合もあったが、なかには一反歩平均八厘という極めて僅かな金額の郡もあった。いずれにしても、これらの金額は、肥料代の半額にも足らぬ、あるいはそれにもはるかに及ばない金額でしかなかった。窮乏の淵にあった被害民たちは、とにかく目前の窮迫から逃れたい一心だったのである。

このような状況のなか、明治二十五年中に栃木、群馬両県下の被害町村全部と古河との間に示談が成立し、仲裁委員会も僅か数か月で目的を達成して解散した。示談に応じた被害民たちは、知事と仲裁委員に次のような感謝状を贈った。

「足尾銅山の鉱毒流れて渡良瀬沿岸におよぼし、町村を侵害すること多年……もしそれこの害毒にして永く去らざらんか、沿岸幾多の田は枯れ一粒の米麦なく、幾多の畑は死して一茎の蔬菜なく、したがって人民は執るに業なく、活くるに物なきに至らんこと必せり。これをもってさきに被害地人民等は、これが防除の事を銅山の鉱業主に謀りしも、事頗る重大に属するが故に、容易にその要領を得る能わず。荏苒(じんぜん)その日を延ばししに、閣下等人民の惨状を察せられ、彼我の間に立ちて調停尽力し、今や全く満足なる局を結び、永く沿岸幾多の町村をして、復た被害の憂なからしむるに至る」。

政府=古河鉱業の意志を汲む知事や仲裁委員たちは、被害民に粉鉱採集器に除毒効果のあることを信じさせて、その「局を結んだ」のである。しかし、あくまで示談契約に反対だった正造は、事実を偽った仲裁委員会の狡猾なやり方に憤った。第二回衆議院議員選挙に勝利した正造は、五月六日に開かれた第三議会で、再び足尾銅山鉱毒についての二回め、三回めの質問演説を行い、医科大学教授の丹波敬三と農科大学助教授古在由直らの土壌分析報告をもとに憲法・法律にもとづく処分を問い糺した。

「今日現に実施している鉱業条例の第十条に公益に害があると認めたときは、農商務大臣はその営業を停止することを得ると云う明文が書いてある。はっきり法律に書いてある。……法律があり条例があってこれを実行しないという政府が何処にございましょうか、諸君も最も恐るゝ所のものは外国条約である。条約改正の中のこの居留地と云うものは最も恐るゝのは何でありますす、我帝国に法律ありと雖も法律が行われないからであるのである、然るに殊更下野国群馬県の中なるこの新奇なる、古河市兵衛の輩が跋扈して、新に居留地を拵え、法律ありと雖も法律を行うことをしない、人民が如何に困弊に陥るとも農商務大臣は少しも目に見えない」。

正造は、欧米列強との不平等条約下にある日本の外国人居留地（日本の法律の及ばない治外法権地）に例えて、鉱毒の被害にあっている渡良瀬川沿岸地域の人民に対する政府の責任を厳しく追求したのである。さらに、陸奥宗光のあと農商務大臣となった河野敏鎌が、答弁において、渡良瀬川沿岸被害の一つの原因が足尾銅山より流出する鉱毒にあることを認めながらも、被害は「公共の安寧を危殆ならしむるもの」ではなく、したがって「鉱業を停止せしむべきの程度」ではないとして、被害防止のために設置予定の粉鉱採集器及び待・矢場両堰水門前毒水排除器の除害効果を棒大に言飾し、振り撒いたのに対して、正造は激しい憤りをもって三度めの質問演説で厳しく問い糺した。

「安寧を害すると認めないとは、何を以て之を謂うか、余り苛い事実の差でございますが、農商務大臣安寧に害あると云うのは、竹槍蓆旗を以て官衛に訴えることでなければ、之を公共の安寧に害ありと見ないか」。また「彼の古河市兵衛は非常の財産家である、道路の言に依れば、古河市兵衛はそれぞれ各大臣と雖も大臣の方から御世辞を使う位の人であると、成程農商務大臣も古河の足尾銅山の毒気を受けたものと見える」。

正造は、とりわけ政治に携わる者に対して道徳を重んじる者として、様々の問題の「不正・不経済・不道徳」を次々と暴露することによって、「どのように答弁をしても人民の疑を晴らし、行いを悛めると云う答弁にあらずして、言い遁れ――遁辞彼の三百代言主義の答弁を以て免かれんと云うに過ぎない」政府の欺瞞を国民の前に明白にしようとした。この第三議会でもそうであるが、議会の質問演説での正造において終始一貫しているのは、憲法と人民の権利・人権の擁護という意図と熱意であった。

この年の六月十四日、第三議会は閉会した。正造は、立憲改進党遊説のため富山、新潟、栃木、長野、宮城、福島の各県を訪れ、その演説会は、時には数千人の聴衆が集まるほど盛況であった。

五　権利・人権の確立をめざして

明治二十五年十一月末、第四回議会が開会された。正造は、府県監獄費国庫支弁に関する法律案、海軍改革問題、石川県警察官人民殺傷事件などについて、二十三回も執拗に質問書を提出し、演説を行った。特に注目されるのは、この第四議会での詔勅批判である。正造の属する民党（立憲改進党）は、第三議会に引き続いて第四議会でも、「民力休養」を旗印に製艦費をはじめ予算の削減を迫って伊藤博文内閣を窮地に追い込んだ。翌年二月七日、衆議院は予算問題に関する内閣弾劾上奏案を可決した。そこで、伊藤はやむなく天皇の権威を借りる政策をとった。天皇は、伊藤首相の上奏にもとづき政府と議会に和衷協同の勅諭を下した。

それは、天皇自らが今後六年間内廷費から三十万円を支出し、文武官僚も同じ期間俸給の十分の一を献納して、製艦費の一部に当てるというものだった。この勅諭によって、政局は一変し、政府と民党との妥協の途が開かれた。しかし、立憲改進党の高田早苗ら少数の議員は、この妥協に抵抗した。高田は、詔勅そのものに異論を唱えたわけではないが、ただ官吏俸給の醵出を勅令をもって命じるのは、「日本臣民はその所有権を侵さるることなし。公益のため必要なる処分は法律の定むる所に依る」との憲法二十七条に照して「憲法的」であるとはいえないとし、官吏俸給令の改正か、俸給税法案を出して議会の協賛を求めるかせよとの動議を出した。これに対し自由党の議員から反対意見が出され、高田の議論は天皇の絶対性を犯すものだとして、政府の措置の合憲を弁護した。

正造は、自由党議員の発言に反対し、憲法を擁護する高田の動議を支持した。正造は、暴君を引き合いに出して、この場合には暴君による度々の勅令によって憲法の効力が失われてしまうと主張して、官吏俸給の削減は議会の同意を求めようということ、要するに「帝国議会の独立」を求めたのである。この問題は、議会の予算審議権をめぐって、初期議会において政府と議会が対立する焦点となった憲法第六十七条の解釈に直接かかわることであり、そしてまた天皇の官制大権にも響く大問題であった。

正造は、「憲法上の大権に基づける既定の歳出及び法律の結果に由り又は法律上政府の義務に属する歳出は政府の同意なくして帝国議会之を廃除し又は削減することを得ず」との憲法六十七条は、元々政府と議会の和衷協同を保つための法律で、それを紛争の因たらしめた政府の責任を、詔勅の「和衷協同」を楯に取って追求するのである。高田早苗や正造の主張は、天皇の官制大権を背景に「帝国議会の独立」を蔑ろにする藩閥専制政府に対する批判でもあった。

さらに、正造は明治二十五年六月に石川県で起こった警察官の人民殺傷を糾弾して、次のように主張する。

「昔の如く斬捨御免と云う時代ならば是は別段のことであるが、今日の立憲政体に於いて立憲政体と云わずとも、斬捨御免と云う様なことでは余り酷い……人民は実に斬捨御免にされて居る如き有様である、で政府も今日は和衷協同と云う言葉を覚えたのである。……この和衷協同と云うものは能くこの間から諸君の口に乗る所である、議論に上る所であるが、之を実行すると云うことは尚難しいことであって、即ち和衷協同の本体は官民の資格を正しくして能くその平を得なければならぬのである、能くその公平を守らなければならぬのである、官民の資格が混乱して愛憎があって偏頗があっては、是は和衷協同を得るの道と云うことでは、決してその道でないのである、巡査が人を斬った、斬った儘にして置いて和衷協同と云うことは、何処にもないのである」。

正造は、「和衷協同の本体は官民の資格を正しくして能くその平を得なければならぬ」と、官の権力と対等たるべき人民の権利・人権の確立を主張する。これが、正造の終生一貫した憲法観・天皇観の心髄であった。それは、彼の死の四か月半ほど前の大正二（一九一三）年四月十三日、下都賀郡赤麻村で開催された「下都賀南部危急存亡問題政談大演説会」――これが正造の最後の演説となった――において、「治水に付て保護すべき町村の権利財産」という演題のもとに、治水の精神を解明しながら、遊水池の有毒無益、藤岡高台開鑿の無謀、関宿堰堤取り払いの急、公益、天然、憲法、町村自治権等の擁護の緊急などについて、約二時間にわたって大演説をし、そして会を閉じるに際して憲法発布の勅語を奉読していることからも、明らかである。正造が、死を間近にしたこの演説会の最後に、憲法と勅語をかざすことによって主張したのは、人民の権利否実質上の人民の主権であり、そして人権であった。まさに、これこそが、正造にとって「和衷協同の本体」であった。

すでに、正造は県会議員時代において、北海道開拓使官有物払い下げ事件に関して、「商家の反物は番頭丁稚の所有物にあらず、何屋某主人の所有物なり」(明治十四年七月、日記)と言って、商家を国に、反物を官有物に、番頭・丁稚を政府・官吏に、そして主人を人民に例えて、人民主権(主権在民)の考えをしていた。だから彼は言うのである。「国民監督の目なし。上を見たもう、監督なければ立法行政一体悪事をなす……人権不伸」(明治二十九年五月、日記)。

国会議員になってからも、そしてそれ以後も、正造は「和衷協同」の精神に立って、「憲法というものに違背せしものは、人民之を正さゞるべからず。……憲法国人民は善良なる団結力を要す」(明治二十四年九月、日記)という憲法観並びに天皇観を一貫してもっていた。

六　時弊の根源に迫る

明治二十六年二月末、第四議会は閉会した。正造は、長野、山梨、新潟、栃木、宮城、兵庫など各県を巡回演説し、立憲改進党の勢力拡張に努めた。因みに、この頃、足利の妹リンが不慮の事故で早逝している。

同年十一月二十八日、第五回議会が開会された。正造は病気のため入院したので、議会も欠席していた。けれども、議長の星亨の収賄事件による不信任、辞職勧告問題並びに条約励行問題をめぐっての民党各派と吏党や政府との攻防が続いたため、これらの重要な議題が審議される日には病を押して登院している。

当時、日本は、未だ徳川幕藩制下の安政年間に西洋列強国と締結された不平等条約の下にあった。独立国・主権国家でありながら、西洋諸国に治外法権を許し（外国人居留地）、また自主関税権を有していなかった。治外法権の撤廃と関税自主権の回復は、国民の悲願だった。しかし、その実現が容易でないことから、どうしたら改正の交渉を進めることができるのかという方策について、議会でかまびすしく議論されていたのである。議会は条約励行問題をめぐって紛糾し、窮した政府は立て続けに十日間と十四日間の議会停会を命じ、しかも、二度目の停会が終わった日の翌日、十二月三十日に議会を解散してしまった。実質、僅か一週間の第五議会であった。

明治二十七年三月一日、第三回臨時衆議院選挙が行われ、正造は、今度もまた前回と同じ相手候補の木村半兵衛を大差で破り当選した。五月十五日、第六回特別議会が開催され、正造は、まだ病の癒ない体を押して議会に出席して、「小金ヶ原開墾地紛擾」「北海道炭鉱鉄道会社」などに関して質問演説をした。しかし、第六回特別議会の焦点は、内閣不信任案をめぐっての民党と吏党の攻防だった。ついに、内閣不信任上奏案が可決されると、首相の伊藤博文は、再び天皇に議会解散を命ずる詔勅の発布を乞うた。その結果、六月二日、僅か十八日で議会は解散した。

ところで、正造は、第四、第五、第六議会で、一見足尾鉱毒問題を取り上げていないように見えるのはなぜであろうか。それは、これらの前の第三議会における質問書及びその理由演説の仕方を見るとわかる。そこでは、足尾を主題としない案件の中でも足尾鉱毒事件に言及しているし、直接言及していない場合でも、足尾鉱毒の責任追及の論理の布石を打っていることである。また逆に、足尾を取り上げた質問の中に、北海道炭鉱鉄道・神戸造船所・山口県地押調査の不正事件を合わせて指摘していることである。つまり、正造は、この第三議会において、様々の問題の不正、不経済、不道徳を次々と暴露することによって、「言い遁れ——遁辞彼の三百代言主義の答弁を以て免かれん」とする藩閥政府の欺瞞を、直接であれ、間接であれ、足尾を含めて総合的・関連的に捉えて、国民の前に明らかにしようとした。いうまでもなく、これらの不正腐敗と人権抑圧の諸事件の根源は一つ、すなわち藩閥政府である。それゆえに、第四、第五、第六議会においても、足尾鉱毒問題が主題として取り上げられていなくても、その根源の同一性から責任追求をしているのである。前にも述べたように、議会の質問演説での正造において終始一貫しているのは、憲法と人民の権利・人権の擁護という意図と熱意であった。その光によって明るみに出されたのが、様々な罪悪の根源にある藩閥政府だった。

だから、第六議会で、正造は次のように主張するのである。

「この藩閥政府と云うものがあるうちは、則ちこの立憲的の営業と云うものはない、則ち斯様なる大なる事業に至りましては即ちこの憲法的の動作の会社にならなければならないのである。藩閥的会社ではいけないのであるからして、政府の——政府のこの藩閥と云うものを是を取換えると同時に総ての営利会社と云うものも、この立憲的の動作に引直して往く様にしなければならない」。

正造にとって、この時期に頻発する様々な事件の根源は一つであり、その時弊の根源こそが、まさに、薩長中心の藩閥政府であった。したがって、この頃の正造の政治的目標は、時弊の根源に迫り、藩閥政府の欺瞞を国民の前に明らかにするとともに、この藩閥政府を取り替えることを国民に訴えることにあった。ここにこそ、足尾鉱毒問題の究極の解決があると考え行動したのである。

この頃の日記にも、次のように記している。

「不肖は為めに断言す、正に為すべきの法あり、正に為すべきの道理あり、而して之を行うて国家の為めに益ありや損ありやを考えるにあるのみ。その国家の為めとは政府の為めにあらず、また議会及び議員そのものの為めにあらずして、広く天下国家人民の為めを指して専らにこれを云うなり。故に余は明言せんとす、今の政府は信用なし且つ責任を重ぜず、政党之に代て真誠に責任と興廃を共にし国家と安危を同じうするの政府を創立せざるべからざるなり。然らざれば憲法ありといえども死法に過ぎざるなり。憲法死法にして国家の活発を得んとす、木に魚を得るより危うし」（明治二十四年九月）。

正造は、広く天下国家人民のために、政党が時弊の根源である藩閥政府に代わって真誠に責任と興廃を共にし、国家と安危を同じくする政府を創立することを、最大の政治目標としていたのである。そして、その政治目標を実現するために為すべき法・道理こそが、憲法にほかならなかった。正造によれば、「憲法の要とは責任を云い。日本国民たるもの憲法上の責任を負わざるものはない」のである。だから、新年の挨拶状にもこう書くのである。「国に臣民あり、然れども憲法的動作をなして年を越ゆるにあらざれば、国の臣民にあらざるなり。国家の責任及び臣民の義務誠に重し、天皇は神聖なり侵すべからざるに憲法の実を挙ぐる能わずんば王室の尊栄を如何せん、また国民の幸福を奈何せん臣民の責また誠に重し」（明治二十七年一月一日、阿由葉幸十郎宛）。

正造は、憲法を死法にしないためには、藩閥政府に代わって政党政府の実現が何よりも必要であり、そのためには「人民の善良なる団結力」と憲法的動作を推し進めることを願うのである。そして、立憲的非立憲的の別について、このように言う。

「立憲的とは帝国憲法規定の趣旨に適ふを云ひ、非立憲的とは、これに違ふを云ふは勿論なれども、これ狭義の意味に外ならず。広義の意味を以て立憲的といふは憲法規定の有無に拘らず、総じて憲法の精神に適ふを云ひ、非立憲的とは、これに違ふを云ふなり」（明治二十七年四月、日記）。

正造は、帝国憲法を所与として受容しながら、その枠の中で最大限に立憲的な方向にこれを活用しようとする。つまり、人民の権利・人権を守る武器として近代憲法の根本理念に即した立場、すなわち「憲法の精神」からこれを活用しようとしたのである。これを、正造は立憲的または憲法的動作と呼ぶのである。この立憲的動作のもと、正造は官の権力と対等たるべき人民の権利・人権の確立を主張して、終生止まなかったのである。天皇制支配を法制化した帝国憲法の下でも、正造にとって人民の権利・人権もまた「神聖而不可侵」（二十六年九月、日記）

であったのであり、人民こそが国の主権者（主権在民）であったのである。

七　政府・古河の更なる欺瞞に抗して

明治二十七（一八九四）年九月、第四回臨時総選挙が行われ、今回も前回と同じ木村半兵衛を大差で破って当選した。この一か月前の八月一日、日本は清国に対して宣戦布告をしていた。朝鮮における権益をめぐる日本と清国の対立は、ついに戦火を交えることとなったのである。日本国民のほとんどは日清戦争を義戦と決め込んでいた。正造もその一人だった。

明治二十八年三月二十三日の出征の祝賀式で、栃木県有志者総代の一人として、正造はこう呼号している。「清国膺懲。東洋の平和をその雙肩に荷うて。将に。出征の途に上らんとする。我近衛師団諸君」。また同郷人らにも、「旅順口弥陥落、我軍占領、鎮遠をも捕え、敵死傷三千降七千と、而而我軍の負傷未だ公報なしと雖、果して少数ならん。快絶無限奉存候」（明治二十七年十一月二十五日）などといった手紙を書き送っている。

このように正造は、日清戦争を「清国膺懲」のための義戦として積極的に肯定している。しかし、朝鮮の植民地化には反対している。「朝鮮取るべからず、また永く世話するの義あり」。

「東洋の大平和を旨とすべし」（いずれも明治二十七年八月、日記）。また手紙にもこう書いている。「朝鮮幼稚、之を救うに虎〔清〕を追うは止むべからずして、今そのトラの巣屈を毀つのときなり。只日本が自ら虎と化してこの幼稚を呑ぜいせんとせば、之れ野心なり。今日本は王者の軍なり。この野心なし」（明治二十八年二月二十四日、川俣久平宛）。

国中が日清戦争の連勝で湧き立つなか、正造は八月に数日間、足尾銅山鉱毒被害地を調査している。先に被害民が古河市兵衛と交わした示談契約書の期限が切れかかっていたからである。その示談契約書には、古河側が明治二十六年六月三十日に設置した粉鉱採集器は、明治二十九年六月三十日までをその試験期間とするとあったため、以前からその効能に疑問をもっていた正造は、一度は被害地を見る必要にせまられていたのである。

日清戦争の最中の十月十八日、第七回臨時議会が広島で開会された。戦争を指揮する最高司令部である大本営が天皇とともに広島に進出したからである。正造も広島まで行き出席したが、戦争中ということもあり、会期は僅か三日間で終了した。正造は予算委員会で「日清戦争臨時軍事費」につき賛成演説をしただけだった。

同じ年の十二月二十四日、第八回議会が開会された。開戦から僅か五か月たらずにも拘らず、清国との戦争は、予想外に日本軍の一方的な勝利のうちに進んでいたため、鳴りをひそめていた民党側の政府攻撃も再び始まった。正造は病身を押して出席し、「新聞紙法案」や「衆議院議員選挙法改正案」などについて質問演説をした。

翌二十八年三月二十三日、第八議会は閉会した。そして、翌四月十七日には日清講和条約の調印がなされ、八か月余りにわたる戦争は終わった。その条約の内容は、清国は日本に対して遼東半島、台湾、澎湖諸島を割譲すると同時に、賠償金二億両（当時の邦価換算で三億六千万円）を支払うなどといったものだった。だが、それから僅か六日後に、ロシア、フランス、ドイツの三大強国から遼東半島を清国に返還するようにという強い勧告を受けた。いわゆる三国干渉である。結局、政府はその勧告を受諾して遼東半島を放棄することを決定した。

この三国干渉に関して、日清戦争を「清国膺懲」のための義戦と考える正造は、講和条約そのものを辛辣に批判して、手紙や日記にこう記している。「四月二十五日遼東返還の前に、やりさきで取りたる土地はやりさきで、またやりとりの外はあるまじ」（明治二十八年四月、日記）。「日清講和談判は事重大なれども、下手にてやりそこねました」（同年五月十日、亀田延三郎宛）。

ところで、この日清戦争の期間に、渡良瀬川沿岸の鉱毒被害町村と古河鉱業との間に結ばれた示談契約に大きな変化があった。それは、明治二十五年六月の粉鉱採集器の設置を条件に、翌年六月から二十九年六月までの三年間を粉鉱採集器の試験期間として、その間は一切の苦情を唱えず、行政及び司法上の処分を請わないという示談契約を、古河は二十七年になって急に永久示談契約に切り換えることに狂奔し始めたことである。古河にそのような行動を急がせたのは、明治二十七年八月十日に起きた洪水で再び鉱毒の流れている事実が明らかになって、粉鉱採集器がやがて充分に除毒機能を発揮することを前提とした二十五年の示談は、もはや維持できないことを察知したからである。それで古河は、鉱毒の流出の止むことを条件としない無条件の永久示談を金づく力づくで被害民に押しつけていったのである。古河は、今や、そうするほかなかったのである。

その示談契約書には、こう書かれていた。「足尾銅山鉱毒事件については、明治二十五年八月二十三日付御契約の次第もこれあり候ところ、今般御協議の上、更に頭書金額貴殿より領収仕り候。これ確実なり。よって同銅山御稼業より常時不時を論ぜず、鉱毒、土砂、その他渡良瀬沿岸我等所有の土地の迷惑に相成るべき何等の事故相生じ候とも、損害賠償その他苦情がましき儀一切申し出でまじく候」。

古河は、すでに生活の基盤を破壊され、健康を蝕まれて、一家離散のほかない状態にあり、さらに若者の多くは日清戦争に出征して、窮状にある沿岸被害民に対して、県吏、県会議員、郡長、村吏と結託して悪辣な術策や威嚇によって示談を押しつけたのである。虚言を吐いたり、あるいは嚇かしたり、あるいは賺（すか）したりといった悪どい術策によって、古河は窮状にある被害民に永久示談を強い、明治二十八年三月十六日には、下都賀郡部屋村他四村及び足利町他十一村で契約が結ばれた。そうしたなかで最も悪辣な例は、群馬県の山田、新田両郡の示談で、一反歩僅か八厘という契約内容だった。

正造は、古河の金づく力づくの永久示談契約がいかに理不尽で不得策であるかを、県会議員などに説いて、被害人民の政府への請願によって、鉱毒被害に対する国家の補償か鉱業停止かのいずれかの途しかないことを示した。しかし、正造の警告にも拘らず、永久示談の動きは、正造の地元の安蘇郡の町村にも拡がり始めていた。

明治二十八年十二月二十八日、第九回議会が開会された。正造は「小金ヶ原開墾地の所有権」や「遼東還附の罪責」の問題などについて質問演説をしたが、なかでも足尾銅山鉱毒の問題では、鉱毒被害民に対する永久示談契約の不当性と政府の責任を厳しく追求した。しかし、政府の答弁は相変わらずなかった。

明治二十九年三月二十八日、第九議会は閉会した。正造は、熱海や逗子で一か月ほど静養した後、犬養毅、肥塚龍、田口卯吉らと共に兵庫、京都、滋賀、岡山、広島、愛媛などの各府県の進歩党発会式に参加し、演説した。進歩党は、この年の三月一日に立憲改進党、立憲革新党、中国進歩党などが合同して結成された党であった。

八　大洪水の度重なる襲来

ところで、この年はいつもの年より梅雨が長く、七月になっても降り続いた。そして、ついに豪雨となって渡良瀬川を襲い、七月二十一日に大洪水を惹き起こした。堤防を溢れた鉱毒水は流域一帯の農地に冠水した。豪雨は八月になっても続き、八月十七日に再び渡良瀬川は大洪水に見舞われた。

だが、それに止まらなかった。それらに追打ちをかけるように、九月八日また大洪水に襲われたのである。この洪水は甚大な被害をもたらし、その被害は、実に群馬、栃木、埼玉、茨城、千葉、東京にまで及んだ。被害戸数一一万九三三一戸、被害人数五一万七三四三人、被害田畑面積一〇万四五三町余であった。人々は水の去った田畑を見て愕然とした。米麦の穂は悉く黒変して立ち枯れていた。明らかに鉱毒による枯死であった。被害民たちは、粉鉱採集器の除毒効果が全くないことを思い知らされた。

正造は、七月の大洪水以後、栃木・群馬両県に鉱毒の被害調査運動組織のため奔走していた途次、偶然、この洪水の起きた九月八日に安蘇郡植野村の法雲庵に泊まり合わせていて、この大洪水を目の当りにした。正造の政府・古河の欺瞞に対する憤怒の火は激しく燃え上がった。

かくして、この九月の渡良瀬川大氾濫を契機に沿岸被害町村の被害民は鉱業停止請願へと方針転換することとなった。正造は、すでに永久示談契約の不当性を説き、被害民の政府への請願によって、鉱毒被害に対する政府の補償か鉱業停止かの二途しかないことを示し、七月の洪水以来、被害町村の請願運動の組織化に着手していたが、この九月の大洪水の直後、早速、協力者の鹿児島県人伊藤章一の名義で、農商務大臣榎本武揚宛の「足尾銅山鉱業停止請願（草案）」を被害町村の人々に配布した。この草案は、その後被害民の請願の根拠となり、且つその運動の組織化に大きな影響を与えることになる。

この草案で正造はこう訴える。

「足尾銅山から流出する鉱毒によって、沿岸幾万の人民は恰も毒液の中に浸され、政府は依然として古河の私利を保守して、人民多数の公益を害している。そのうえ、鉱毒は収穫減少と地価低落を招き、国民納税の資格は自然に消滅し、やがて公民権、選挙権を失う結果になる。しかも、それだけでなく、人民の生命と権利とを侵略しつつある。それゆえ、足尾銅山の鉱業を停止し、人民多数の権利と公益を保護するように」。

この請願草案は、僅かな示談金と粉鉱採集器の鉱毒予防効能に期待をつなぎ、さらに日清戦争という国難も手伝って、古河鉱業と政府に羊従していた被害民たちを立ち上がらせた。数日のうちに梁田郡全部と安蘇郡全部が請願に決定し、独り残っていた植野村も十月十四日には請願の方針を決定した。九月八日の渡良瀬川の大氾濫は、まさに、示談契約の仲裁依頼と請願方針との間を動揺する被害地人民の方針転換を決する出来事であった。鉱毒被害農民の永島与八は、「実に鉱毒事件なるものは、この年改めて起こったかのように思われた程の年であった」（前掲書）と回顧している。

この九月の大洪水を目の当たりにした正造もこう記している。

「今回洪水は近年未聞の天災にて、到処甚しき被害に御座候処、特にこの際恐るべきは渡良瀬川に流出する鉱毒の増加にて、一度この水に浸されたるものは必ず非常の猛毒を受けざるを得ず」（明治二十九年九月十五日、手紙）。「七月二十二日洪水より只の一日も渡良瀬堤防及び鉱毒に関して運動説明せざる日はなし。村々の人々はウルサイと迄に思えり。県会諸氏もまたウルサク思われたるならん」（同年九月二十五日、手紙）。

こうして十月四日、群馬県邑楽郡早川田の雲竜寺に、栃木・群馬両県鉱毒仮事務所が設立された。正造は、その設立の決意を、こう永島与八に書き送っている。「鉱毒被害は実に容易ならぬ問題に御座候。然るに腐敗漢等と盲目共は之を等閑に付し去り、または示談と云うが如き馬鹿げた事を致居候。我々は徹頭徹尾之と戦い之を覚醒せしめて、正々堂々根本的解決を期せざる可らず候」（明治二十九年十月九日）。

雲竜寺に設置された鉱毒事務所を中心にして、渡良瀬川沿岸の栃木・群馬両県の被害民たちの請願運動の組織的結集が着々と進められていった。こうしたなか、鉱毒被害問題の根本的解決を期する正造は、栃木県安蘇郡、足利郡、群馬県邑楽郡の三十八町村被害民たちを説得して、まず彼らに「精神的誓約」に署名させ、一致団結を図った。それには、かつて小中村の名主として領主六角家と戦ったときの苦い経験があったからであろう。その誓約とは次のようなものであった。

「精神的誓約の事

本日出席の我々は精神的誓約を為し、各請願提出の町村を監督し、不正不義の行為を弾劾し、互いにその責任を重じ、群馬栃木両県の目的たる足尾銅山の鉱業を停止することは勿論、之に附帯の諸請願を貫徹せしむる事に従事すべきこと。但し爾今加入の村々及び一ヶ人たりとも、その精神を見届け上は加入を許すこと。

右本日決議候上は、互にその体面に傷けざるを誓約せしもの也。

二十九年十一月二十九日」

一方、東京でも農学者でキリスト教徒の津田仙や明治女学院校長の巖本善治などが鉱毒事件解決を各方面に働きかけ、大演説会を開いて世論を喚起しようとしていた。特に津田仙のよびかけで、日本の指導的キリスト教徒たちが鉱毒問題に関心を寄せ、その運動に参加し始めていた。

明治二十九年十二月二十五日、第十議会が開会された。翌三十年二月二十六日、正造は五年前の第二回議会で初めて取り上げた足尾銅山鉱毒に関する質問を踏まえて、帝国憲法第二十七条と鉱業条例第十九条第一項に基づいて、昨年九月の大洪水による鉱毒被害の拡大とその惨酷な事実について政府の責任を追求し、今にいたるもなお足尾銅山の鉱業停止をしないのはなぜか問うた。

「この質問は公益に害のある鉱業であるから、総てこの鉱業を停止しなければならぬと云うに過ぎないのでございます。この銅山の事業は一個人の事業であれ、国家の事業であれ、何と見るも害が非常に多いから害の多いことをもって処置しなければならぬ」。「法律の保護を与えないのでございますから、人民は法律を遵奉する義務がないので、法律を遵奉する義務がなければ是より如何なることを仕出すかも知れない」。「鉱毒と政治の関係歴代の政府は、この銅山に対しまして無政府の有様である。古河市兵衛に対しては一言もないと云う政府である」。

このように政府の責任を厳しく追求した正造は、演説の最後をこう結んだ。少し長いが、彼が国家というものをどのように考えていたかを知るうえで重要なので、その全部を引用する。

「被害人民を悉く欺き負うせても国家は承知しない。被害人民が悉く二十銭三十銭の金で誑かされて判捺しても、そんなことは国は知らぬ、国家は承知しない、国家は大体に於いては利害の比較を見、人民の権利を何処までも保護するのである。政府が保護しなければ国家――吾ゝが保護するのである、政府は帝国憲法に『日本臣民は所有権を侵さるゝことなし』とあると云うことをば、是だけの憲法に明記してある、また鉱業条例には『試掘の事業公益に害あるときは所轄鉱山署長採掘に就いては農商務大臣既に与えたる認可若くは特許を取消すことを得』とある。是だけ公益を保護し、臣民を保護する所の憲法法律が顕著なるにも拘らず、この人民をして保護しない、人民をして保護しなければ、人民は法律の保護を受けなければ、固より法律を守る義務がない、法律を守る義務がないどころではない、政府から強て――人民求めて法律を守らないのではない、政府から強てこの良民に――無罪なる良民に法律を守ることの出来ないようなことを仕向けて居るのでございます、この様な訳でございます、政府が法律をもって人民を保護しない、公益を保護しない、人民は法律を守るの義務なし、また義務なからしめたのである、故に本員等は議員法によって質問を致しました……大臣は帝国憲法第五十五条に依り、責任をもって御決答あらん……」。

ここには、正造の考える国家というものがどういうものであるか、あるいはどういうものでなければならないか、という彼の国家観が端的に現れている。それは、前にも言及したように、彼が終生主張して止まなかった人民主権の国家であった。かつて、正造は「和衷協同の本体は官民の資格を正しくして能くその平を得なければならぬ」と、官の権力と対等たるべき人民の権利否実質上の人民の主権を主張したが、これこそ彼の終生一貫した憲法観・天皇観の心髄であった。したがって、このような憲法観・天皇観に立った国家（人民主権の国家）こそが、正造にとって国家であり、また国家でなければならないのである。正造にとって、人民の権利、人権もまた「神聖而不可侵」であり、貴重とされるべきものであった。

九　押出しに望みをかけて

しかしながら、すでに被害民たちの間には、もはや請願書や陳情書だけに頼るのでなく、直接、上京して関係各省に訴えようとする切羽詰った気運が高まっていた。明治三十年三月二日、約七〇〇〇名の被害民は、大挙請願行動を起こした。いわゆる「押出し」である。その目的は農商務省であった。数日後、被害民の代表五十五名は、農商務大臣榎本武揚と面会し鉱業停止を訴えたが、結局、何も得ることなく帰村した。

一方、正造は、さらに三月十五日と十七日の二度にわたって、議会で「足尾銅山鉱業停止の質問書」に対する政府答弁を要求した。その結果、三月十八日に、やっと、政府は初めて鉱毒の存在を認めたが、しかし、古河市兵衛は被害民に対して徳義上示談金を支払っているからすでに解決済であること、粉鉱採集器設置によって渡良瀬川に流出する鉱毒は減少しているが、現在なお被害のあるのは以前に流出した粉鉱によるものであること、さらに将来「鉱業と農業と衝突する場合」に備え調査中であることなどを挙げて、政府の一切の責任を回避した。

正造は、この答弁に政府への不信をいっそう募らせた。だが、被害民たちは、政府の一切の責任を回避した答弁に怒りを爆発させ、三月二十四日に二回めの押出しを決行した。この夜、雲竜寺に集まった約四〇〇〇人の被害民たちは、約二十里（約八十キロメートル）の道程を東京へ向かって押出した。これを知った沿道の各警察署は、彼らの行く手を阻もうとしたため、東京にたどり着いたのは一〇〇名ほどだった。二十七日、その代表十三名が農商務大臣榎本武揚に面会して陳情した。そのとき、榎本は内閣に鉱毒調査委員会を設置したことを告げた。被害民たちは、それを聞いて喜んだ。間もなく、押出し第二陣七十五名も到着して、内務省や大蔵省に陳情し、また各新聞社を訪問して訴えた。しかしながら、この強訴同然の被害民の大挙請願の押出しは、徒らに世間に恐怖心を与えてしまい、失敗だった。正造は、自分の考えの誤りを認めて、鉱毒事務所のある雲竜寺に宛てて、こう書き送っている。

「小生の考えは徳義心に乏し、王者の風にあらず、過まてり〳〵。貴下正々堂々王者の軍隊に御改正可被成下候。……不図小生過てり、凡世の中の乞食をして攻撃させんとせしは小生大過ち候間、何卒御改正の御考案奉願候。小生も窮するの余りに、この拙劣下品の行動に出でなり。凡人生窮してはますます賢なるべくを忘れたり」（明治三十年三月二十九日）。

ところで、内閣に足尾銅山鉱毒調査委員会が設置されたのは、正造の議会演説や被害民の二度にわたる押出しが作用していたのは勿論であるが、それらとともに大きな役割を果たしたのは知識人の支援活動だった。キリスト教徒でもある津田仙や巖本善治らは、鉱毒被害演説会を東京の神田キリスト教青年会館や本郷中央会堂で開催して、鉱毒世論の喚起、形成に努めた。勿論正造も弁士の一人として参加した。こうした活動の盛り上がりの中で、次第に鉱毒事件に対する理解者も増えていった。なかでも、元農商務大臣で貴族院議員の谷干城の被害地視察は大きな出来事であった。被害地の悲惨な状況に衝撃を受けた谷は、被害民に次のような歌を寄せた。

名にし負う毛野の沃野の名は失せて
　袖に涙を渡良瀬の川

谷干城から直接被害地の実状を聞いた農商務大臣榎本武揚は、三月二十三日、密かに被害地を視察した。そして、早速翌二十四日に宮中に参内して、被害地の惨状を天皇に奏上し、その日のうちに臨時閣議が開かれた。松方正義内閣は、ただちに足尾銅山鉱毒調査委員会の設置を決定した。実に素早い対処であった。

松方内閣が鉱毒調査委員会の設置を決めたその日、第十議会は閉会した。ところが、二十七日に押出しの被害民代表と面会してそのことを告げた榎本武揚が、その二日後に、突然、農商務大臣を辞任したのである。後任には外務大臣の大隈重信の兼任が決まった。だが、正造は、立憲改進党以来の民権運動の大立て者である大隈に対する不信感から、この人事には反対だった。この人事について、正造は進歩党の実力者たちを罵倒する手紙を送っている。

「犬養馬鹿、尾崎馬鹿、イカナレバ伯〔大隈重信〕を農商の大臣とせしは馬鹿の馬鹿、大馬鹿三太郎よりも大馬鹿なり。……正造馬鹿」（明治三十年三月三十日、尾崎行雄宛）。

幼子のようなあどけない心から浴びせられる罵倒の言葉、実に痛快な手紙である。そういえば、三年ほど後ちの正造の歌に、こういう歌がある。

あどけなき己が心をたどりつゝ
神の教のまゝをそのまゝ

明治三十年三月二十九日から鉱毒調査委員会の各委員が被害地及び足尾銅山の視察・調査を開始した。また四月九日には、内務大臣樺山資紀も被害地を視察した。政府の内部でも、鉱業存続派と停止派との攻防が激しく争われていた。結局、調査委員会の「一時足尾銅山鉱業の全部若しくはその幾分を停止し、鉱毒の防備を完全に且つ永久に保持する方法を講究せしむる」

という原案は、まず鉱毒予防の設備を命じ、その設備が期日までに完成せず、怠慢の措置があれば鉱業を停止すると修正され、正式に決定した。

かくして、五月二十七日、政府は足尾銅山に対して、東京鉱山監督署長南挺三の名で鉱毒予防工事を命令した。この命令書は、脱硫塔、沈澱池濾過池、泥渣堆積所、烟道及び大煙突の建設など三十七項目からなり、しかも各工事によって最低日数三十日から最高百二十日の間に完工するよう命じていた。古河にとって非常に厳しい内容のものであり、誰が考えても不可能な日数の工事だった。

しかし、多くの被害民は、その本当の願うところは鉱業停止にあったので、この予防工事命令を自分たちの戦いの成果としつつも、その後も多くの請願書、陳情書を提出した。正造も栃木・群馬・茨城の被害地を視察したり、被害民代表と共に内務省や鉱毒事件調査委員長に陳情した。

明治三十年十一月二十二日、古河は足尾銅山の鉱毒予防工事を完成させた。誰もが不可能と考えた工期内で完成させたのである。古河は鉱業の一時停止を免れた。ところが、予防工事が完成して間もなく不可解な人事異動があった。それは、東京鉱山監督署長の南挺三が足尾銅山所長に就任したことである。東京鉱山監督署長が南挺三に代わってから、古河鉱業に対して予防工事命令が出され、そして今度の人事である。これは、この予防工事がいかに監督官庁と古河との馴れ合いのもとに行われたかを示すものであった。事実、後ちに見るように、そのことが翌三十一年九月六日に起きた渡良瀬川の大洪水によって白日の下に明らかになったのである。

十　一室に独り泣く

明治三十年十二月二十四日、第十一回議会が開会された。しかし、その冒頭において、松方内閣は不信任案を議会から突きつけられて総辞職し、翌日衆議院は解散された。そして、翌年一月十二日に第三次伊藤博文内閣が成立した。第五回臨時総選挙は三月十五日に行われることになった。

一方、この間、正造は鉱毒問題の解決のために、大磯の別荘に大隈重信を訪ねたり（これは体よく別荘から追い出された）、冊子を発行したり、群馬・栃木両県で演説を行ったりした。この頃のことを、老友の元栃木県議会議員の川俣久平にこう書き送っている。「殊に小生は去月中より風邪ゝ、于今全快せず、近日来はまた引続き鉱毒地方旅行、宿泊は有志の家に乞うとするも、飲食病身に適するもの少なく、夜具その他同断、而して着服には虱這え来れり。左りとて至る処洗濯を乞うの寸暇も無之、加え常に懐中不如意、身体疲れて年また老いたり、嗚呼、誰れ人か早くこの労苦に代わるものなきやの歎息のみ」(明治三十一年二月十七日)。正造このとき五十八歳で、病気、無銭、極度の疲れ、増し加わる老いなどに苦しめられ、この労苦を代わって負ってくれる者を乞い願うという状態にあった。

だが、この一か月半後には、これとは対照的に、鉱毒問題の解決への自分の固い決意を、同志の野口春蔵に書き送っている。「人生は一生に一度一大事業に当れば足れり。但しその他の小事もまた死生天地にまかせて可然候今回の鉱毒の事業たる苟くも三十万人民の安危に関し、また国家の基礎に関し候得ば、貴下も小生もこの事業を以て死生興廃存亡運命名誉生命の決する処として御遺憾なし。小生もまた堅く之を信ぜり」(同年四月五日)。

病苦、貧窮、老い、疲労などに苦しめられ、そして誰れかこの労苦を早く代わって負ってくれる者がいないかという歎息の一方で、それから僅か一か月半後には、それらの労苦をものともせずに、死生を天地に委せて、鉱毒問題の解決をもって自己の人生のすべての決するところという固い決意・信念のもと、その完遂に邁進する正造の姿に胸を打たれる。

特に、この頃、正造は政界や鉱毒反対運動において次第に孤立感を深めていただけに、その対照的な姿勢・態度の変化に驚かされる。明治三十年五月二十七日に鉱毒予防命令が出ると、それまで運動を支援していた知識人や、また鉱毒世論の喚起に大きな役割を果たしていた新聞社も、鉱毒予防命令に期待をもち、その活動や報道を次第に減少させていった。そのため、鉱毒反対運動も下火になっていった。この頃の日記を見ると、正造がいかに孤立感を深めていたかがよくわかる。

「一月六日、島田嘉内氏に泊し、嘉内氏問う、鉱毒の事至難なり目下如何。答え曰く、凡そ業は盛衰あり、二十九年七月より十一月迄は正造一人なり、三十年二月は三千四千の同志あり、同年六、七、八月、九月、十月まではまた三、四人の同志なり、示来少数の運動となれり。正造孤立となる事再三にして、或いは目的を達するに至らるゝならん。呵ゝと笑へたり」（明治三十一年一月六日）。「三月二十七日貧苦なるに、予に金を贈るものなし、また訪へくれる人もなし、偶足利の甥交ゝ来りて慰めけり」。「三月二十八日小遣銭に困りて、下女に壱円の金を借りて郵便を出し、またこの車夫に借りて昼飯を食う」。「四月三日芝浦に病痾を養う。人はオクロー〔屋漏〕恥ず、我オクローに涙潜ゝ嗚呼、人の言動、一室に独り泣くときは誠なり。天下の事、一室にあり。一滴の涙こそ、天下溢ほさん」。

明治三十一年三月十五日、第五回臨時総選挙が行われ、今度もまた木村半兵衛との戦いだったが圧倒的な大差で正造が勝利した。そして五月十九日、第十二回議会が開会された。この議会において、正造は鉱毒被害地の人口、戸数とほぼ等しい飛騨、佐渡などの国名を挙げて比較し、且つ被害地の田畑や土地売買価格の損害額などの詳細な調査にもとづいて政府を追及した。特に、正造が声高に主張したのは、鉱毒被害地の免租処分によって、被害民から選挙権、公民権が奪われることだった。

明治三十一年四月三十日、大蔵省は鉱毒被害地に対して、地租条例第二十条によって普通荒地免租処分を通達していた。これによって被害地は、その程度に応じて特等十五年、一等十年、二等八年、三等六年、四等四年、五等二年の六種に別けられ、明治三十一年から免租処分が行われた。当時、選挙権は二十五歳以上の男子で、衆議院議員（国税十五円以上）県会議員・郡会議員（国税三円以上）市町村会議員（国税二円以上）などの選挙に係わる公民権は、国税二円以上納めた者に与えられていた。被害民は免租処分によって、この選挙権、公民権を失ったのである。それは、当時の地方財政制度においては、地方税は国税に対する附加税としてあったため、地方税をも減少させることになり、地方財政の逼迫による町村自治の破壊をもたらした。これは、被害地の農民にとっては切実な問題であった。

彼らは相次いで関係当局に請願した。明治三十一年二月、群馬・栃木・茨城・埼玉四県六八町村長及び鉱毒被害民総代は、「鉱毒被害地特別免租処分請願書」を関係大臣に提出、三月には群馬県邑楽郡二十二町村長は、「鉱毒被害地免租処分延期請願」を関係当局に提出、鉱毒被害地総代は「県税地租割猶予願」を群馬・栃木両県知事に提出、五月には邑楽郡二十二町村長は「鉱毒被害免租地公権存続請願書」を関係当局に提出した。

これらの被害民たちの請願運動に呼応して、正造は第十二議会で質問演説に立ち、政府の責任を追及した。しかし、この議会で、藩閥政府に反発する自由党と進歩党は提携して、政府提案の地租増税案を圧倒的多数で否決してしまった。六月十日、第三次伊藤博文内閣は、またもや議会を解散することによって応えた。

この第十二議会での自由・進歩両党の提携は、政局に大きな変化をもたらした。それは、衆議院が解散して間もない六月二十二日に、自由党と進歩党とが合同して憲政党を結成したことである。そして、一週間後に日本で初めての政党内閣、総理大臣大隈重信と内務大臣板垣退助のいわゆる隈板内閣が誕生した。ここに、薩摩と長州が中心となって明治維新以来三十年もの長い間を政権の座を保ってきた藩閥政府は瓦解した。

かねてから、足尾鉱毒事件や官有物払い下げ事件などの時弊の根源が藩閥政府にあると考え、この藩閥政府に代わって政党政府の実現を政治目標としていた正造にとって、この合同は喜ぶべきことであった。この頃の日記にこう記している。「七月一日大隈、板垣他六大臣本部に来り謝意を述ぶ。……正造曰く、国民的政党他に多数を占むるものあれば、円滑に政権を授与すべきも、もし万一にも藩閥的軍隊的政党の多数に至るときは、死を以て守るべし云々と述ぶ」。

正造は、憲法を死法にしないためには、藩閥的軍隊的政府・政党に対しては断固として拒絶する姿勢であったが、国民的政党同士の場合には円滑な政権移譲を考えていた。正造にとって何よりも肝要なのは、立憲政治の確立と国民的政党内閣制の実現であった。

明治三十一年八月十日、第六回臨時総選挙が行われ、憲政党から立候補した正造は圧倒的大差で当選した。この総選挙の前後、正造はひたすら群馬・栃木などの鉱毒被害地を鉱毒問題について演説して歩いた。正造は、党員たちの猟官に汲々して鉱毒事件を一地方の区々たる問題として軽視する言動を厳しく見つめながら、しかも貧窮と病気のなか、政府の長官・次官ではなく、社会の長官・次官たるべく熱心に鉱毒地を演説して歩いたのである。この頃の心境を、手紙や日記にこう記している。

「正造は赤毛布の窮民、社会の長次官を熱心するの外、もとより無一物なれども」（明治三十一年六月二十九日、原田定助宛）。「九月五日予は今内閣の組織以来寸毫の功なし。予は故に政治海に暗愚たる上に、更に愚となれり。予はカモ、アヒルの鳥の如く、川辺、芦のほとりの貧村に出没するのみ、且つ栄養乏しき食物を貰って食するのみ。故に宮殿玉室の大政庁のことは毛もしらず。然れども、予は発明せしことあり。政治運動なんぞの気楽なるをしれり。鉱毒問題と比例的、政治は皮相のみにて、今の政治の気楽なるを怖れて驚けり」（同年九月五日、日記）。

国会議員として国政に参与して八年、正造の心の中には、次第に世の政治家たちへのより厳しい目と政党不信の念が強まってきていた。正造にとって、「政治の最も重んずべきものは責任にあり」(二十九年四月、日記)、それゆえに、「道徳は政治の本源」(五月、日記)なのである。にも拘らず、政府も政党も、また政治家も天下国家人民に対する責任を重んじることなく、政略や政争に明け暮れ、あるいは猟官に汲々している有様である。正造が「責任は我者なり、我者に属すべからず」(三十一年十月、日記)と言っているように、責任は自らの実存に道徳として内在するもので、したがって行為、行動も自然必然的に責任的であるのである。正造においては、責任とはこのようなものであった。

十一　保木間の約束

明治三十一年九月六日、またもや渡良瀬川が大氾濫し、流域一帯は鉱毒を含んだ泥水に覆われた。鉱毒水は、稲をはじめすべての植物を腐らせ、流域一帯は見るも無残な光景を呈した。約一年前に完了した鉱毒予防工事の全く無効であることを白日の下に晒した。憤った被害民たちは、第三回大挙東京押出しを決定した。九月二十六日の払暁、栃木・群馬・茨城・埼玉四県下の被害民約一万人が雲竜寺に集結し、昼過ぎ東京へ向けて出発した。

しかし、この大挙押出し被害民に対する憲政党政府の対応は、藩閥政府と何ら変わらなかった。政府は憲兵の出動を要請すると同時に、東京までの各沿道を警官によって厳重に取り固めた。この厳重な警戒網を突破した二五〇〇名ほどは、東京府下南足立郡淵江村大字保木間に達した。

この時、正造は東京芝口の旅人宿信濃屋の鉱毒事務所にいたが、電報で知り、急いで現地に向かった。そして、正造は、保木間の氷川神社境内に集合した押出し勢約二五〇〇名に向かって演説した。その時、正造は総代十名を選んでその他は帰国することを勧めるとともに、彼らに次のような三つの約束をした。

「第一正造は日本の代議士にして、またその加害被害の顚末を知るものなり、故に衆に先だちて尽力すべきは正造が当然の職分なり、諸君己に非命に斃れるを見る、正造は諸君の死に先んじて死を決せざるべからず、然れども新政府の未だこの惨状を知るもの少きは、前に正造が述べたる如くなれば、新政府の人〻に説明して被害の惨状を陳述するの一大必要あり」。

「今一つは現政府は憲政の政党にして諸君の地方も旧自由旧進歩党員の少なからざるならん、即ち諸君の中には旧自由旧進歩党員も少なからざるべければ、今日の政府は即ち諸君の政府なり、また我〻の政府なり、我〻の政府なれば充分信用あって及ばざる処は助けざるを得ず、よって我〻は諸君に代わって政府に事実の説明を採り諸君の願意徹底を計るべし」。

「今一つは中央政府若し正造及同志等の説明を用いざれば正造は議会において責任を質問し、また社会に向って当局者の不法を訴えん、そのとき諸君はこの事を通知を得ば御出京も随意なり、正造は再度決して御止め申すまじ、否啻に御止め申さゞるのみならず、その時こそは正造は諸君と共に進退すべければ、それまで諸君の今日死を決したる生命を保たれたし、之ぞ正造が諸君に誓う所、諸君希くは採用あって今回多数の入京を止め、速に帰国あらるゝ様。正造は嘘を云いません、申し述べたる通りに実行いたします」。

正造の説得によって、五十名の代表を残して他は帰国した。しかし、この演説の中で「今日の政府は即ち諸君の政府なり」と言ったものの、正造は、この六月に自由党と進歩党の合同によって成立した隈板内閣（総理大臣・外務大臣大隈重信、内務大臣板垣退助）を必ずしも信頼していたわけではなかった。むしろ、厳しい目をもって見ていた。だが、ここはとにかく、世論を味方にするためにも、特に第二回押出しが世間に徒らに恐怖心を与えてしまっただけに、社会の秩序を乱さない範囲で行動することが何よりも肝心だと考えて、このように約束して場を治めたのである。

正造は、五十名の代表と共に内務大臣板垣退助、農商務大臣大石正己に面会を求めたが、板垣は拒絶し、大石は三度めにようやく面会に応じたものの「職務を犠牲に供す」（三十一年十月、日記）と言って、まともに対応しなかった。「我ゝの政府」と言って一縷の望みを抱いていた憲政党内閣も、藩閥政府と何ら異なるところがなかった。

ほどなく、正造は病気が重くなり床についた。すると、その病臥の枕辺に、「正造は野心家、猟官熱の焦くが如きものなり、故に三千の被害民を説きて功となせり」（同年十月八日、日記）と中傷の声が聞えてきた。しかし、今や正造には、あの保木間で被害民たちに対してした約束を果たさなければならない責任があった。正造にとって、政治の最も重んずべきものは責任にあり、その責任を果たすことが政治に携わる者の義務・道徳的義務であった。すなわち、彼においては政治と道徳は同一であった。「実子を持たざるものは仁をしらず。仁をとくも是即ちテーブル上仁義にして未だ事実の仁義にあらず。政治道徳皆同一なり」（明治二十八年七月、日記）。

ところが、正造が「我々の政府」とよび、一縷の望みであった憲政党内閣が、十月三十一日に倒壊したのである。僅か四か月という短命であった。その最大の原因は、進歩党と自由党の寄合い所帯である憲政党内部の亀裂であった。「旧自由進歩の不和をみて、さて何れの方勝ちたりとて我国は滅びんかな。嗚呼今の官吏は人民の監督にて少しは名誉をつなげり」（明治三十一年九月二十四日、日記）。憲政党は解散し、その後は、旧自由党系は新しく憲政党を結成、旧進歩党系は憲政本党を結成した。そして、十一月八日、第二次山県有朋内閣が成立した。

同年十二月三日、第十三回議会が開会された。正造は、「足尾銅山鉱毒被害民及び国民の請願陳情」などに対し当局大臣が責任を重んじないことについて、また、特に議員歳費値上げに反対して、執拗に政府の責任を追求した。この議会の最大の懸案は、地租増徴を含む増税案であった。第二次山県内閣は、憲政党を抱き込んで議会を通過させた（この年の十二月三十日、地租条例改正が公布され、地租は二・五パーセントから三パーセントに増徴された）。そして、その見返えりとして、貴衆両院議員歳費八〇〇円を二〇〇〇円に増額する政府案を提出した。正造は憲政党を代表して、この歳費値上げに反対した。正造は、かつて栃木県会で県会議員手当増額に反対したときと同じように、議員の品位、資格は徳義上のものであって、金銭の多少ないではない、まして地租増徴を行ったばかりで議員歳費を値上げするなど許せない、として断固反対した。反対した正造は、自分の言葉に忠実に歳費全額を辞退した。

正造にとって、歳費問題は国家的条理の問題であった。すなわち正造は言う、「不肖は為に断言す、正に為すべきの法あり、正に為すべきの道理あり。而して之を行うて国家の為めに益ありや損ありやを考えるにあるのみ。その国家の為めとは政府の為めにあらず、また議会及び議員そのものの為めにあらずして、広く天下国家人民の為めをさして専らにこれを云うなり」（明治二十四年九月、日記）。

だが、歳費全額辞退は、すでに度々の選挙で借金を重ね、しかも鉱毒問題解決のための運動費に常に窮乏していた正造にとって、更なる大きな試練だった。この頃の自分について、またその身命を賭した不退転の決意について、甥の原田定助にこう書き送っている。

「近来の失敗。鉱毒事件は追い込められ、政治改良は却て年ゝ腐敗の増加、教育の堕落、宗教の頽廃、日ゞますます腐敗するもの、みの多きを見る。皆我ゝの事業は失敗のみ。但し人生左の言あり。百折不撓」（明治三十二年五月二日）。

「愚直一片誠意熱心励性径行一歩も仮さず、従って多くの敵を造り申候。至極に而感謝に不堪候。結文に、左右を顧ず、馬車馬的に所信を断行致居り候云々、就中最上の方針と存候。然れどもこの馬車馬に及ぶもの天下幾人かある。この馬は時間を過らず、方正にして剛毅あり、重きを負うて怨言を吐かず、臀に鞭たれて気倍ゝ奮い、正造一意進むあって退くなし。馬車馬なるかな〳〵。雨の日、風の日、雪の朝夕の間断なきは日月運行の規則の如く、己人主義も国家主義も社会主義も敵も味方も平等に負うて厭うなし。その徳たる、聖人と雖及ばざる処あり。その労を身に受け、その報酬を人類に与え、自家は僅に口を充すを以て易しとす。この徳は神に似たり。彼は天性愚なれども、正直にしてこの行動の美なる、凡如此。嗚呼、馬車馬なるかな〳〵。

予近頃、大雨の日に牛の荷車を挽くを見て狂歌あり。

大雨に打ちたゝかれて牛のひく
車のわだち跡かたなくも」

（同年五月七日）。

今や、亡国の想念を深くしつつあった正造は、あの第三回押出しでの保木間の誓約を果たす決意を表明することをもって、第十三議会での最後の演説を結ぶのである。「私は是より地方の方の事務を多く執る積でございまして、地方の寧ろ被害地に自分の家を引移して、被害民と一緒になって、是より運動する積でございます……法律憲法は独り加害者の利器となって、被害一般には、法律なし憲法なし政府なしと同一の有様になって居って、……被害民は自ら自ら守るの運動をなすの決心をしなければならないのであります」。

この頃、正造はこんな歌を作っている。

死なば死ね殺さば殺せ　死んだ世に
殺さるゝもかなしくもなし

この歌には、正造の亡国の想念と被害民と生死を共にする決意が現れている。

十二　川俣の惨劇

明治三十二年三月九日、第十三議会は閉会した。議会閉会後の正造の関心は、次の日記や手紙を見るとわかるように、鉱毒激甚地の生命及び死生の問題、とりわけ小児死亡の問題、すなわち非命人権の問題に深く寄せられている。

「今生命の問題なり。激甚地死去は生産より多し。生命を奪うに至る。財産を奪ふは勿論。政府直に之を救う能はざれば、先ず足尾銅山の鉱業の停止を命じ、而て後ち共通連帯調査の上に処分し、順序に着手、この如く大問題を度外視し、妄りに増税をなし、外観を装うは、馬鹿娘の御しろい」（明治三十二年六月、日記）。「被害地小児多く死亡せる問題は不容易、万一にも等閑にするものあれば人類社会の大欠点に有之候」（七月十五日、手紙）。「洪水来るに付、平日死亡問題を忘れるべからず。これ却って小児死亡、大人腸胃病多きは之より来るものなれば、非命人権問題ますます御主張あれ」（七月二十四日、手紙）。

また、特に注目すべきは、同志の大出喜平と野口春蔵への手紙で、鉱毒運動がますます困難となっていくなかで、これまでの自分の係わり方・姿勢を反省して、局面打開のために被害者による「公議体」を組織し、各自責任を分担することを提案していることである。

「而て正造老い、とかく病気、屢その任を尽さずして機に後るゝ、また屢ゝなり。只徒らに諸氏の上位にあって言語動作の上に於ても徒に長老の体を装うに過ぎざるのみ。大にその実なきを恥ずる久し。依ては正造も自今その実地の必用に試み、虚名及び年の長幼に論なく、諸氏の驥尾に附して一心只難きをさけざるの尽力をなすべし。諸氏今より公議体を組織し、また責任を各部分とし、正造に代わって交ヽ正道を守り、正義を張り、朋友に厚く、公に義に、必ず救済の方法を講ぜられよその目的を以て、この窮民を助け賜へ」（八月三日）。

しかしながら、この手紙の最後で、「然れども普通下等無智の被害民は諸氏の尽力をしらず。これこの問題の本色ならん」と述べていることは、以後の正造にとって克服しなければならない大きな問題となるのである。

正造は、第十三議会の演説で表明したように、九月一日から被害地に入って、各地で鉱毒非命死者談話会を連日開催し、十一月中頃まで被害地に滞在した。村山半への手紙に、「予の日常の演説は日本なしと云うのであります」（三十二年九月十一日）とあるように、正造は連日被害激甚地を見歩くなかで、ますます亡国の想念を強くするのであった。

こうした切迫した状況のなかで、九月七日、群馬・栃木・茨城・埼玉四県の被害民は、雲竜寺において「死活一途に関する最後の方針を協議する大集会」を開催した。もちろん、正造も出席した。被害民たちは、鉱毒非命者たちの怒りを結集しようとする押出しの方針を決定した。正造も、先の村山半への手紙で、「鉱毒問題は本年限りとせん。被害地は死亡調査に日夜苦心中。死亡小児の仇討は政府に願い迫るべき必用あり」と、その決意を述べている。そして、その大挙押出しの方針に呼応して、岩崎佐十らによる『足尾銅山鉱毒被害地出生・死者調査統計報告書第一回』が十月に、第二回報告書が十二月に公表された。

表7に見るように、明治二十七年から三十一年にかけて全国平均と栃木県内無害地と被害地の三者を比較したとき、人口一〇〇人に対する出生者の割合は三・二一対三・四四対二・八〇と被害地が少なく、死亡者の割合は二・六〇対一・九二対四・一二と逆に被害地がはるかに高くなっている。正造は、この惨状を憤りをもって、こう手紙に書いている。「鉱毒は二十余万人の病人の如し。悪漢之を虐待して死者もまた無数に至り候。県会之を憂るなし。知事之を憂るなし」（三十三年十月三日）。そして、委員の野口春蔵へ、被害民組織化の方針を次のように書き送るのである。

「郡長に説かんよりはむしろ村長に説

表7　日本全国及無害地生者、死者比較統計表
（東海林吉郎・菅井益郎『通史足尾鉱毒事件』から）

人口百人ニ対スル歩合	生　　者	死　　者
日　本　全　国	3.21 人	2.60 人
無　　害　　地	3.44 人	1.92 人
被　　害　　地	2.80 人	4.12 人

備考
1. 日本全国ノ生者、死者ハ明治 29 年ノ統計ニ依ル
1. 無害地ノ生者死者ハ明治 31 年栃木県安蘇郡植野村ノ植野
1. 被害地ノ生者、死者ハ本表中 31 年度 1 ヶ年分ニ依ル

栃木県安蘇郡界村大字高山前後 5 ヶ年生者、死者比較総覧表

前後 5 ヶ年年度	戸数平均	人口平均	出生平均	出生歩合平均	死者平均	死者歩合平均
自明治 16 年至明治 20 年	127.4	741.0	21.4	2.89	15.40	2.07
自明治 27 年至明治 31 年	126	726.6	29.4	4.04	31.20	3.87

備考
1. 前 5 ヶ年死者平均数ト後 5 ヶ年死者平均数ヲ比較スレハ実ニ倍数ニ登レリ一目シテ如何ニ鉱毒ノ劇烈ナルヲ知ルニ余リアリ

き、村長に説かんよりはむしろ村会議に説き、村会に説かんよりはむしろ有志に説き、有志に説かんよりは今三十二年以下即明治元年以下生れの青年に説くの得策たるを」(同年十一月二十六日)。

正造が、被害民組織化の方針を説くにあたって、特に青年を重視していることは、一年前には青年の無気力を嘆いていただけに注目されるが、それ以上に鉱毒問題は青年の将来の生存に係わる問題であったからである。これは、従来の鉱毒運動に係わる自分の姿勢の反省を踏まえた考えの変化、方針転換によるものであった。

九月に雲竜寺において決定された第四回押出しの方針に関連して、十二月三日、正造はその請願の大要をこう書き送っている。「鉱毒事件此度請願之大要は人を殺すな、渡良瀬川の水を清めて渾而の天産を復活せよと云ふにあり。その他は皆此中に含める趣意に而、右天産と水と人殺しの三ケ条に過ぎず候。然るをいろいろ限り、些細の事に迷ひて本旨本目を失ふ勿れとの御はなし被下度候」。

こうして、この年の十二月二十二日、沿岸被害地に鉱毒議会が結成された。それは、正造が提案していた「公議体」の実現であり、運動体の成立であった。今や、被害民たちの意力は第四回大挙押出しに向かって集中しつつあった。

一方、国会では、十一月二十二日から第十四回議会が開会されていた。この議会においても、正造は鉱毒問題とその請願に対する関係大臣の対応などについて質問演説をした。しかし、二回にわたった演説は、これまでの演説と比べると大きく変わっていた。というのも、これまでの演説においては、鉱毒事件の解決を願うという正造の要求が前面に据えられていたが、今回の演説においては、鉱毒事件に対する政府の無責任な姿勢を列挙し、そういう姿勢を改めることを問いかけているからである。すなわち、翌三十三年二月十三日の演説の終わりの方で、こう主張していることである。

「是までの如く唯如何にせば足尾銅山のこの悪事を隠すことが出来るか、、如何にせば政府の悪いことも隠すことができるか、如何にせば足尾銅山の鉱業を保護することができるか、如何にせば古河市兵衛に対して好い顔が出来るか、その方へばかり頭を突込んで屈ってからに、己の職責を曠（むな）しくして居ったでございますけれども、是よりは志を改めて精神を改めて、政府であるから如何にせばこの人民を救い得るか、如何にせばこの窮民を救い得るか、如何にせばこれから先は人を殺さないように出来るかと云う頭が出なければならないのである」。

正造は、これまでとは違って、政府に対してその志・精神を改めて、政府としての責任を果すことを問い、求めるのである。これは、次節で言及するように、第十四議会での演説の最後で、すでに議員辞職を表明した正造が、政府と議会に対して哀願するように訴えたのに、そのまま通じている。

また、正造は自分の所属する憲政本党に対しても全く期待を寄せていない。それどころか、正造の心中にはますます亡国の想念が深まるだけであった。老友川俣久平にも、こう書き送っている。「先刻我国亡滅に近し、死に水取りに来らるべしと申上候は誤りに候。実は最早亡びたるのちの国なり。今はガイ骨の草むらの中にゴロゴロ然たる如し。偶〻死に残りたるものは非常の病人なり。肉落ち色青し。また死人となりて身体に肉あるものは狼や狸の餌となり居りつゝあります」(三十三年二月十二日)。

一方、正造が二度目の演説で議会壇上にあった、まさにこの日、払暁に雲竜寺を出発した約二五〇〇名の被害民の第四回押出し勢は、切羽詰った悲愴な思いで鉱毒悲歌を歌いながら、東京へ向かっていた。栃木・群馬両県の警察は、この押出しを阻止するために厳重な警備体制を敷いていた。被害民の隊列が警官の阻止を突破して、利根川の河畔の川俣村に到着したとき、待ち構えていた数一〇〇名の警官や憲兵が一斉に彼らに襲いかかり、「暴民撲滅百姓撲滅」と口々に叫びながら殴る、蹴るの暴行を加えた。それは、目撃したある新聞記者をして、憤慨のあまり思わず「群馬に警察なし」と絶叫せしめるほど残酷きわまるものであった。被害民の永島与八は、その模様を公判で次のように述べている。

「警部巡査四名計り参り自分の右眼下を石で掴んで打ち眼が明かぬ様になりたるを襟を摑んで引倒し足の裏を靴で蹴上げ動けぬ様に成りたる者を田甫に蹴込み着物は寒い頃故どてらや綿

入を着て居り脚半草鞋掛け弁当を背負って居る様な次第なれば上がらんとするも上がれず、その内に二、三度程蹴落とされ身体は土だらけに成って仕舞云々」。結局、この事件で、このときの現場逮捕及び事後逮捕を含めて一〇〇余名が逮捕され、被害民の第四回押出しは挫折した。世に言う川俣事件である。

二月十三日の夜、この事件を知った正造は強い衝撃を受けた。早速、翌十四日とその次の十五日にも演説に立って、鉱毒被害民に対する川俣における警官・憲兵の蛮行について厳しく政府を追及した。さらに、それだけに止まらず、憲政本党を脱党する旨を宣言した。また、保木間において、三回めの押出し請願の被害民を説諭して帰村させたことにふれ、「帰って貰うに附いては唯言う訳には往かない、この次に政府がこの儘緩慢にして置くときは私も一緒にやるからと云うことまでも申して居りまするのでございますから……始めて一身の責任が出来ましたからして」と主張して、それを選挙のためと言う者がいるならば、議員をも今日にも辞めるつもりであると言った。事実、このとき、正造は議員辞職を決意していた。しかし、このときは、憲政本党の政友などの反対もあり、また議会で訴えなければならないことがまだたくさんあったため思い止まった。

それから二日後の二月十七日、再び正造は、議会に「亡国に至るを知らざれば之れ即ち亡国の儀につき質問書」を提出し、その理由演説を行った。

「一民を殺すは国家を殺すなり
法を蔑にするは国家を蔑するなり
皆自ら国を毀つなり
財用を濫り民を殺し法を乱して
而して亡びざるの国なし之を奈何」
正造は、日本がすでに亡びてしまった理由を鉱毒の歴史から説き起こし、内務省、大蔵省、文部省、陸軍省、農商務省各々の責任を具体的な例を挙げて問い質した。その四日後、亡国に関する正造の質問に答弁書が政府から提出された。それは、
「質問の趣旨その要領を得ず、依て答弁せず。右及答弁候也。
明治三十三年二月二十一日
内閣総理大臣侯爵山県有朋」
というものだった。

十三　政治への決別

第十四回議会最終日の二十三日にも、正造は足尾銅山の鉱業停止などに関する二十四通の質問書を提出し、演説に立った。そして、すでに議員辞職を表明した正造は、二月十三日の演説の最後におけるのと同様に、この演説の最後で、哀願するようにこう訴えた。

「どうかその元に帰って、本心に戻って、明治初年の如く新政府の置かれた、明治政府の置かれた当時の如く政府もやるべし、帝国議会もまた二十三年帝国議会の開けた当時のときの如き心を以て、そうしてこの国をやって参りますれば、或は――或は僥倖にして悉く国家が亡滅に至らないで済む場合が万が一に僥倖することがあるかも知れない」。

一方、明治三十三年二月、川俣事件の逮捕者一〇〇余名のうち六十八名が兇徒聚集罪或は官吏抗拒罪・官吏侮辱罪などで予審に回された。そして同年七月、兇徒聚集罪が四十一名、兇徒聚集罪及び集会・政社法違反が六名、兇徒聚集罪及び官吏抗拒罪三名、兇徒聚集罪及び官吏侮辱罪一名、計五十一名が前橋地方裁判所の公判（うち二十三名が重罪公判、二十八名が軽罪公判）に付されることになった。特に、集会・政社法が三月十日交付の治安警察法に引き継がれたため、六名は治安警察法にも問われることになった（因みに、集会・政社法違反は無届けの政治集会の禁止を破ったことであり、官吏抗拒罪は解散命令に従わなかった罪、官吏侮辱罪は警官などを侮辱したという罪、そして兇徒聚集罪は兇悪な連中が多数集まって騒動を起こす罪のことである）。

第一審公判は、明治三十三年十月から前橋地方裁判所で始められた。そして、同年十二月に判決が言い渡された。それは、兇徒聚集罪の成立を否定し、その代わりに官吏抗拒罪の成立を認める、というものであった。第二審公判は、翌年九月から東京控訴院で開かれた。この公判では、弁護人側から公判の公正性を保つために被害地臨検の必要性があると申請され、受理されたために、十月六日から十二日まで、裁判長、判事、検事、弁護士などによる鉱毒被害地臨検が行われた。その結果、三十五年三月の判決で、兇徒聚集罪の成立を否定しただけでなく、官吏抗拒罪の成立をも否定したのである。

ところが、上告審の大審院は、同年五月十二日、第二審判決を破棄し、事件を宮城控訴院に移送した。憲法上の請願権を行使して、鉱毒被害の救済を求めようとする被害民は、暴動意志をもつ兇徒でありえようはずがないし、事実そうではなかったことを、各場面ごとに詳細に論証した第二審判決を、大審院は強引な論法を用いて破棄したのであった。移送を受けた宮城控訴院は、三十五年十一月、そして十二月と二度公判を開いた。ところが、またもや不可解なことが起こった。それは、控訴申立書と予審請求書が検事の自署したものでないことが判明し無効であるとの理由で、宮城控訴院が、十二月二十五日、検事側控訴分について控訴棄却、被告人側控訴分について公訴不受理の判決を言い渡したことである。このようにして、兇徒聚集罪の成否が争われた川俣事件は、裁判そのものが立ち消えになるという意外な結末となった。

これが、川俣事件のおおよその顚末である。

明治三十三年十二月二十五日、第十五回議会は開会した。この議会は、正造にとって最後の議会となった。昨年二月の第十四回議会において議員辞職を表明した正造であったが、川俣事件の突発によって辞職を遷延していたのであった。最後の議会で正造は鉱毒事件に関する質問書を十五提出し、二度演説に立った。これらの質問と演説における正造の基本的な姿勢は、「立憲国において憲法は国家の骨格なり、国家の精神なり、故に国家のあらん限り遵守せざるべからず、然るを以て憲法保護は国家の保護たる故」（「憲法無視に関する質問書」の冒頭）というものであった。しかし、それにも拘わらず、憲法を無視し、破壊することは、政府は人民にそれに抵抗する権利を与えるものであると、一回めの演説の最後で正造は主張する。

また、正造は二回めの演説で、憲法を所有する権利について注目すべき発言をしている。「憲法は書いたものばかりの理屈でない、憲法を解釈するには徳義だ、徳義を守る者が憲法を所有する権利がある。背徳の人間は憲法を所有する権利はないのである」と。

正造の一貫した姿勢は、「憲法というものに違背せしものは、人民之れを正さゞるべからず……憲法国人民は善良なる団結力を要す」（明治二十四年九月、日記）というものだった。だから、彼は言うのである。「されば現内閣を改建して経営如何。憲法の力とただ国民との力なり。国民の力は憲法を完全せしめ、憲法を保護して責任と権義とを明らかにするを得。国民の力あらば君側を清む。皇室の尊栄を全うす」（二十九年五月、日記）と。正造は、こう揮毫している。〈天の監督を仰がざれば凡人堕落　国民監督を怠れば治者為盗〉。

正造にとって、「立憲政治憲法的は責任」（二十六年十一月、日記）であり、その責任を果たすことが政府の職責なのである。政治の最も重んずべきものは責任にあり、それも徳義＝道徳に裏打ちされた責任、これこそが政治の基礎・本源であるのである。正造が、この世に遺した帝国憲法とマタイ福音書を糸で綴じ合せた小冊子は、まさに、彼がこの政治の本源である責任に生き、そして死したことの何よりの証しであり、それを象徴していると言えよう。

明治三十四年三月二十五日、第十五議会の閉会日に緊急質問に立った正造の言葉は憤怒否義憤に満ちていた。

「農商務省の大泥坊奴が、盗人野郎共が、昨日私が申上げました通り、古河市兵衛の番頭に書いて貰って出したる答弁だに依って、之を表向に披露することが出来ないと云うことを、私は発見致しましたのでございます、でございますからして、もう斯くの如き、この国賊――国賊が今日政府を取って居ると云うことが、愈〻分かりました以上と云うものは、その事に決心しなければならぬのでございまする、殊にこの国賊を懐手をして、国家の田畑を悪くした野郎を、従五位に進めると云うような、この大泥坊野郎が――大泥坊野郎が」。

これが、衆議院議員としての正造の最後の言葉であった。この議会の最中の二月二十二日から三月一日にかけて、川俣事件の被告全員が釈放された。

十四　直訴

正造の議員辞職後二か月ほどして、東京の神田キリスト教青年会館において鉱毒調査有志会が結成された。正造は、この有志会の結成への期待をこう手紙に書いている。「去月二十一日青年会館のことは地方にて非常に喜び泣涕せるもの有之候よし。いかにも国家問題となりたるの店開きと可申か。地方に取りては驚くほどの喜びなりと申せり」（明治三十四年六月二十日、三宅雄二郎宛）。

早速、翌六月二十一日から二十八日にかけて、有志会のキリスト者内村鑑三らは、栃木・群馬・埼玉三県の鉱毒被害地を調査した。内村は、この調査にもとづいて、鉱毒問題が一地方問題ではなく国家問題であり、人類問題であることを新聞で訴えた。さらに、十一月二十九日には、神田キリスト教青年会館で、キリスト教婦人矯風会（会長矢島楫子）の会員を中心に鉱毒地救済婦人会が結成された。キリスト教界をはじめとして、鉱毒問題への世論は再び盛り上がりつつあった。

明治三十四年十月二十三日、正造は正式に衆議院議員を辞職した。政治に見切りをつけたのである。そして、それから一か月半後に事件は起こった。十二月十日、正造は、第六回議会の開院式からの帰途の天皇に直訴状を提出しようとしたのである。しかし、警護の騎兵や沿道警備の警官に阻まれて失敗した。直訴状は、木下尚江の紹介によって一年ほど前に知った、漢字に長じ達意の文を書く幸徳秋水（萬朝報の記者で社会主義者であった）に、敢えて執筆を依頼したものだったが、ついに天皇のもとに届かなかった。正造は近くの麹町署に連行され、検事らの取り調べを受けたが、結局、その日の夜に無罪釈放された。おそらく、政府は、世論などへの政治的思惑から釈放したのだろう。

正造の直訴は、その憲法観・天皇観から、そして人民への責任から内的必然的に発出したものだった。前にも言及したように、死の直前に開催された大演説会の最後に、憲法発布の勅語と憲法をかざすことによって、「和衷協同の本体」、すなわち官の権力と対等たるべき人民の権利、否実質上の人民の主権の確立を主張したように、直訴は、まさに、その人民の権利（人権）・主権の確立を求める身命を賭した立憲的動作であったのである。正造にとって、人民の権利もまた「神聖而不可侵」であったのである。

第五章　谷中村時代

一　直訴のあと

直訴状は天皇のもとに届かなかった。直訴前日の十二月九日、正造は甥の原田定助に、直訴と死を言外に仄めかした手紙を送っている。「社会公共の身、今や一個人のために時間を多く費すを惜めり。正造の身、実に明日を期せず。病もあり、事件もあり」。

だが、正造は死ななかった。明治十五年施行の刑法には、天皇への不敬罪はあったが、直訴の罪を罰する法規はなかった。もしそれに不敬罪を適用しても、三か月以上五年以下の重禁固に二〇円以上二〇〇円以下の罰金の付加されるだけだった。しかしながら、今日の我々が考えるよりはるかに徳川時代を身近に感じていた当時の人々には、直訴は国の大禁という先入観があった。天保十二（一八四一）年生まれの正造をはじめほとんどの人々は、直訴は死を覚悟の上という見方をしていた。それだけに、正造の直訴は世の人々に大きな衝撃を与えた。

直訴から八日後、正造は妻カツにこう書き送っている。

「正造は今よりのちは、この世にあるわけの人にあらず。去る十日に死すべき筈のものに候。今日生命あるのは間違に候。誠に余儀無き次第に候。当日は騎兵の内一人馬より落ちたるものなければ、この間違もなくして上下の御ためこの上なき事に至るべきに、不幸にして足弱きために今日まで無事に罷在候。この間違は全く落馬せしものありての事ならんとも被考候」。

この妻カツへの手紙は、前の甥への手紙とともに、正造がいかに死を覚悟していたかがわかる。だが、正造は警護の兵の手にかかって死ぬことも、また事後に罪を問われることもなかった。直訴は失敗であった。しかし、それは世の人々に大きな衝撃を与えたとともに大きな反響をよんで、鉱毒世論は沸騰した。新聞各紙は挙って鉱毒関係の記事を載せて、支援の体制をとった。また巌本善治、内村鑑三、木下尚江、安部磯雄などキリスト教徒の著名な知識人たちが中心になって、連日東京や横浜などで被害民救済の演説会を開催した。とりわけ潮田千勢子らの鉱毒被害地救済キリスト教婦人会の活躍はめざましかった。演説会で募った義捐金品を被害地に送ったり、被害地困窮者の子どもをキリスト教婦人矯風会の経営する養育施設に収容したりした。また、仏教各派も鉱毒被害地救済仏教者同盟を結成して、義捐金品を被害地に送ったり、現地に施療院を設けて鉱毒被害者の施療にあたったりした。因みに、正造の直訴の直前、古河市兵衛の妻が神田川に投身自殺した。

明治三十四年十二月二十七日には、東京在住の大学・専門学校の学生たち一一〇〇余名が大挙して被害地を視察した。そして帰京後、直ちに学生鉱毒救援会を結成して、路傍演説や義捐金募集を行った。しかし、翌年一月、東京都知事や文部大臣は、これらの学生の運動を禁止した。だが、有志の者たちはその後も運動を継続した。

一方、直訴の半年ほど前、明治女学校々長巌本善治の紹介で正造を知った滞米二十八年の米国帰りのキリスト者新井奥邃も、正造の直訴を「過を見てその仁を知る」として擁護した。「人或は云く田中氏のこの挙は憲政を侮辱せるもの、その罪赦すべからずと。嗚呼正造田中氏豈に自ら以て罪なしとして之を行なえる者ならんや。苟も大義に由て罰せらるると同時に、その真志を達するを得ば正造は萬死と雖も亦甘んじて受る所なり。儒者の流云く春秋の筆法はその心を誅するものと、今田中氏の心を視るに、その中ち一に唯だ天皇陛下の愛民にして急窮に陥いる者の生命を救わんと欲する至誠あるのみ。誠に能く救わざるべからざる者を救うを得ば己れの身を殺すと雖も顧みず、是れ田中氏の心なり。罪の在る所は正造固より甘んじてその罰を受く。然に余のこの人に於ける則ちその過を観て愈々その仁を知るものなり」（『日本人』明治三十五年一月号）。

二　聖書との出会い

前章で川俣事件のおおよその顚末を記したとおり、明治三十五年十二月二十五日、川俣事件再審理公判は、宮城控訴院において控訴棄却・公訴不受理により消滅した。その間の三十五年六月十二日、前年の十一月二十八日に前橋地方裁判所で行われた川俣事件第十五回公判の検事論告に憤慨して欠伸をし、官吏侮辱罪に問われた正造に対して、東京控訴院は正造の上告を棄却し、ここに重禁固一か月十日と罰金五円が確定した。

かくして、正造は六月十六日から七月二十六日までの四十日間巣鴨監獄に服役した。正造四度めの入獄だった（正造六十二歳）。この入獄中、正造は差し入れられた新約聖書を読んだ。差し入れたのは内村鑑三だとも言われているが、あるいは、もしかしたら新井奥邃だったかもしれない。出獄翌日の七月二十七日に甥の原田定助に、このときのことを次のように書き送っている。

「大義に通ずる大道理大条理大精神を忘れざる事を相祈り候。小生は宗教の意味をしらずと雖も、無学にても分り得うべき大条理は動くべきにあらず。且つ入獄中病室に居る二十余日、新約三〇〇頁を一読せり。得る処頗る多し。いよいよ老いて強情たるを得ん。世見もし夫多言多才博文の士たりとも、肝要の要点を等閑にせば、万事皆無駄となり可申候。此等に付、無学者は却て心痛に堪えず」。

正造が新約聖書を読んだのは、このときが初めてであった。だが、キリスト教に対する関心は、もっと早くからあったようである。それは、衆議院議員になって一年余り後ちの二十四年八月十三日の手紙に、「儒道の天命と申事、耶蘇の天帝と申意味に候。決して木偶をさしたるには無之候間」とあり、また翌九月の日記にも、「仏も俗事に関係す。どうしても耶蘇に充満せらるべし」と記していることからも、窺い知ることができる。

正造がキリスト教と真に出会うのは、先に少しふれたように、新井奥邃との出会いをとおしてであった。直訴の半年ほど前に、鉱毒問題をきっかけに初めて新井奥邃と会った正造は、その後もしばしば奥邃を訪ねて『論語』について教えを乞うている。後ちに、正造は新井奥邃と初めて会ったときの印象をこう記している。「新井奥邃と面す。一泊厄介を得て親しく長時間を対話する如くするも、一物の存するなきが如し。只何事か心清まりて高尚にす丶むを覚ゆ。之れ神のめぐみのみ。神は物をさして教る事なし。すべてを育するのみ」（明治四十四年六月、日記）。正造は、初対面で奥邃の高潔な人柄、その「生きられている」信仰に強い印象を受けたのである。

奥邃は、かつて人に聖書の講義ということをしたことのない人だったが、田中正造は全くの例外者であった。奥邃は、初対面で正造のうちに深く蔵されている資質を見て、彼を推重し、『論語』の講義の中などで聖書の話しをしたと思われる。

ところで、正造は、巣鴨の獄中で新約聖書を初めて読んだ三十五年六月の数年前から、木下尚江をはじめ内村鑑三、津田仙、松村介石、本多庸一などの著名なキリスト教徒たちの足尾鉱毒反対闘争の支援を受けていて、彼らとの交流もあったにも拘らず、なぜ彼らによってではなく、全く無名といってよい新井奥邃によってキリスト教の信仰に導かれたのであろうか。そこで、まず、新井奥邃がどういう人物であるかを知る必要があろう。

新井奥邃（一八四六～一九二二年）は、幕末期に仙台藩士の家に生まれ、年少時から俊才で戊辰戦争時には奥羽越列藩同盟のために奔走した。しかし、仙台藩の降伏で脱藩し、榎本武揚の幕府艦隊に投じて函館に渡り、その後寡兵のために秘かに帰仙しようとしたが果たせず、房総の小村に潜伏するうちに函館戦争が終わり、再び函館に渡る。ここで彼は、ロシア正教の司祭ニコライと出会い、キリスト教に心を惹かれていった。そして、親友の紹介で、公使として米国に赴任する森有礼（後ちの初代文部大臣）と知り合い、明治三年十二月、彼に連れられて米国に渡り、森有礼が最初の渡米以来心酔していたT・L・ハリスの主宰する「新生社」（カリフォルニア州サンタ・ローザ）に入り、そこでひたすら祈りと労働の二十八年を送った。

明治三十二年夏、彼は米国からほとんど無一物で飄然と帰国した。その後四年余り東京とその近郊を流寓する生活を送り――この頃正造と出会った――三十七年春、寄進された東京巣鴨の塾舎に終の栖となる謙和舎を開設して、青年との共同生活に入った。

このような新井奥邃に、正造は強く心を惹かれ、彼によってキリスト教の信仰に導かれていった。それには、次の三つの要因が考えられるであろう。

一つは、米国で三十年近くにわたって農場の共同体で祈りと労働に明け暮れる生活をしていた奥邃に、下野の百姓正造が、その農＝土に根づいた静寂な息づかいに共感を覚えたからであろう。二つは、先に挙げた著名なキリスト教徒たちの多くは武士階級出身で、彼らの多くが、それまで自己を育み、今も自己の基層にある儒教的伝統を棄ててしまったのに対して、同じ武士階級出身である奥邃は儒教的伝統にもとづいて、その思想や概念を駆使及び転釈することで、自らのキリスト教信仰を確認し、却って強靭にして、儒教の有する超越の形而上的範疇（天、理、誠実など）を捉え直したのである。こうした〈儒基一如〉の信仰思想に、幕藩体制下に被治者として『論語』や『孟子』などの儒教思想の下に育った――幼少年期の赤尾小四郎塾での勉学――正造は、格別に親近感を抱いたのであろう。そして三つは、「有神無我」という言葉に象徴されるように、奥邃がめざしていたものは「自己自身の変革」（＝人格の再生更新）であったことである。聖書の言葉を実存を賭して行い、生きようとする正造にとって、奥邃のこの信仰思想は最も相応しいものであったに違いない。

こうして正造は、新井奥邃から、正しい聖書の読み方、神の言葉の聞き方を学び、自己自身の変革＝人格の再生更新――キリストと共に十字架に死に、キリストと共に復活して、新しい命をキリストと共に生きる――というキリスト教信仰の核心を会得するのである。この信仰に生きることは、己れの内にキリストがかたち造られること、すなわち「自分自身になる」こと、「人間になる」ことにほかならない。これこそ、創造者である神の望みであり喜びなのである。

このような信仰を、正造は新井奥邃から学んだのである。それも、新井奥邃の人そのもの、人格をとおしてである。だから、正造は奥邃に初めて会ったとき、その高潔な人柄、その「生きられている」信仰に強い印象を受けたのである。

以下は、新井奥邃の言葉である。

「夫れ道は神と偕にして、道は即ち神也。故に道を履むとは、生命の活神を履む事にして、道を伝ふとは、生命の活神を其身に体して、進んで以て伝ふる所の人の心と身とに授ける事也」（『奥邃語録』四十年八月）。

「夫れ伝道は何ぞや、是の真人の信を我が身に体して以て之を人に贈る者なり、クライストを信ずるの信は誠に此に在り」（『投火艸』四十四年十一月）。

「聖書の書たるや猶備忘録の如し。自他の反省の為に備へらる。固に講究の書ならず。故に能く之を読む者は専ら之を其心に読む。如此く凡そ吾人の記録は日々の手控に過ぎざるなり」（『奥邃語録』四十三年十二月）。

三　信仰の高みへ

正造は、新井奥邃から「キリストによる人間再生と世界の再造の信仰」、すなわちキリスト教の中心思想である十字架と復活、そして終末信仰を学んだ。次の歌は、それを端的に表している。

人ふるく神新しと思ふなよ
　人あたらしきものにぞありける日に
　　新らしき人ぞ人なる
　　　　　　　　　　　　（明治四十三年七月、日記）。

正造は、直訴から四か月近く経った、そして巣鴨監獄に入獄する二か月半前の野口春蔵への手紙の最後を、「人々は千差万別なり。ただ一は死して生き、一は生きて死人となるのみ」（明治三十五年四月二日）という言葉で結んでいる。これは、直訴から八日後に妻カツへ、「正造は今よりのちは、この世にあるわけの人にあらず。去る十日に死すべき筈のものに候。今日生命あるのは間違に候。誠に余儀無き次第に候」と書き送ったのと同様に、明らかに直訴後の自己の生をキリストの十字架の死と復活の信仰において捉えていることの現れである。いうまでもなく、直訴を契機に、自己の生をこのように捉えることができたのは、奥邃からキリストの十字架の死と復活、そして終末信仰を学んだからにほかならない。

さらに、巣鴨監獄出獄の翌日の手紙に続いて、その一週間ほど後ちに再び甥の原田定助に書き送っている手紙には、キリスト教の信仰にとって決定的に重要なことが言われている。

「その方と蓼沼氏とは共に天の神の使も出来るものなり。これ学文にあらずして天の性なり。その人の天の幸なり。ただ東京の文字上の宗教家が学文上の知識より、終に人為的宗教心よりゝかえってこの二人の天然の宗教心をくらまさせ候。要は己れの欲せざる処をもって人にす丶むる勿れよ。不潔の人に近かよる勿れをと教えずして、この人々は自家の知をもって策略上とか云って、この愚直なる人々にも都合上には不潔に近きよる事までもす丶めて、足下等の天賦を汚しつ丶あり。嗚呼（新約全書は文字上の神なるぞ、尚無形の文字を見られよ、無形の神を見よ、文字にはあらず）」（三十五年八月五日）。

聖書は、他の書物を読むように読むことができるし、牧師になる者が神学校で学ぶように、「本文批評」というような学問的・専門的な立場から読むこともできる。しかし、これは聖書の本当の内容を明らかにするのではなく、ただ聖書の表面的な事柄を明らかにするにすぎないのである。なぜなら、聖書の中で我々に向かって語るのは神であるからである。したがって、我々が聖書に現実の問題を問う場合にだけ、神を尋ね求めるときにだけ、聖書は、神は、我々に向かって語りかけてくるのである。我々は神を、神の言葉以外のどこにも求めることができない。神がこの言葉の中に生きているからである。正造は、ヨハネ福音書冒頭の「初めに言があった。言は神と共にあった。言は神であった」を荘重な思いで聞いたに違いない。

神の言葉の目的は、神の言葉が我々の思考の対象とされ、我々に理解し尽くされてしまうということではない。それは、我々の知性の中にではなく、我々の心の中に蓄えられること、心の中でそれ自体が躍動するようになることである。それゆえ、神の言葉を聞くということは、神の言葉が深く我々の内に宿るようにするということである。たとえ神の言葉について多くのことを知っていても、知性の中にいくら蓄えられていても、自分の内に、心の中に何も蓄えられていないならば、何にもならないのである。正造が、巣鴨の獄中で初めて新約聖書三〇〇頁を一読した際に、「世見もし夫多言多才博文の士たりとも、肝要の要点を等閑にせば、万事皆無駄となり可申候」といった、まさに、その「肝要の要点」とは、このことにほかならない。いうまでもなく、この「肝要の要点」を学んだのは新井奥邃であり、その人そのもの、人格をとおして、すなわち「生きられている」信仰をとおしてであった。

神の道は、神から人間にいたる道である（クリスマスの出来事）。そしてそのようなものである時にこそ、神の道は、人間から神にいたる道でもある。その道とはイエス・キリストのことである。正造は、次のヨハネ福音書一四章六節を特別な思いをもって読んだろう。「私は道、真理、命である。私を通さずには、誰も父のもとに行けない」。

キリスト教の信仰にとって決定的に重要なことを語っている出獄直後の甥原田定助への二度めの手紙（八月五日）で、正造が「文字上の宗教家」「学文〔学問〕上の知識」「人為的宗教心」と言っているのは、神の言葉を思考の対象とし、したがって神の言葉を自分の内に、心の中にではなく、知性の中に蓄えてしまい、神の言葉の目的（神の望み）から外れている宗教家や宗教心、あるいは虚しい信仰をさして言っているのである。これに対して、「新約聖書は文字上の神なるぞ、なお無形の文字を見られよ、無形の神を見よ、文字にはあらず」と言っているのは、聖書の中で我々に向かって語るのは神であり、神がこの言葉の中に生きていて、その言葉を神の言葉として聞くとき、神の言葉は深く我々の心の中に蓄えられて、神の言葉の目的（神の望み）に沿った宗教人や宗教心、あるいは活ける信仰をさして言っているのである。正造がこのようになることができたのは、足尾銅山鉱毒問題の解決のための戦いのただ中にあって、神の言葉を己の思考の対象とすることなく、ただひたすら聖書に現実の問題を問いかけ、神を尋ね求めたからであり、それゆえに、聖書は、神は、正造に向かって語りかけてきたのである。正造は、キリストが、神の言葉は豊かな地に蓄えられることを望んで、我々のところに来ることを教えた「種を蒔く人の譬え」（マタイ福音書一三・一〜二三）を、下野の百姓として特別な思いをもって読んだに違いない。

それにしても、すでに聖書の読み方、神の言葉の聞き方が、このような深く高い域に達していることに驚かされる。そう思うと、出獄翌日の甥への手紙の終わりで「此等に付、無学者は却て心痛に堪へず」と言っているのが、無学者ゆえにこの「肝要の要点」を握み得たことの勝ち誇り、裏返えせば、それを等閑した世の知者や学者への皮肉を込めた憐れみの言葉に聞こえてくる。

ところで、これについては後ちに言及することになるが、キリスト教徒で社会主義者の木下尚江と正造との間の「理解する」ということにおける意味の相違について、今ここで少しふれておくことにする。この二人の強制破壊後の谷中残留民に対する理解が違ったのは、これまで述べてきた聖書の読み方、神の言葉の聞き方の違いに根本的理由があったのである。だから、正造とは種類の違う知識人だった木下尚江には、正造よりもっと器用に理解でき、見えもしたことが、正造にはそうではなかったのである。なぜなら、「正造の場合は、一つの事を理解する、あるいは理解できるようになるのは、理解できなかったときの自分と別の人間になることであった」（林竹二『田中正造の生涯』）からである。正造は自らこう言っている。「予はいかに愚鈍なるか。……人を見んとするために見えず。人となりて見ることを知らざりし（人を見るは非なり。人となれば是なり）」（四十年八月二十五日、逸見斧吉宛）。

正造からすれば、盟友木下尚江も聖書の「肝要の要点」を等閑した「文字上の宗教家」、学問上の知識人であった。しかし、聖書の「肝要の要点」を握み得た正造であったが、その道程は険しく困難に満ちていた。それは、自己を根本から再造して、これまでと別の人間になることであったからである。それは、言い換えれば、キリストと共に十字架に死に、キリストと共に復活して、新しい生を生きること、すなわち人間になることであった。正造は、自分を含めて、一方で自己を固執しながら、その姿勢のまま人を教えるとか人を救うとかいう人の思い上がりを否定したのである。

かくして、これより以後、正造の名あるキリスト者たちに対する批判は、実に辛辣になってゆく。以下は、出獄後間もない八月十五日と十月十六日に甥の原田定助に宛てた手紙であるが、実に辛辣で容赦しない文面である。

「正造義獄中読書、病院に移りて以来十日間計りは見ました。たん緒は開けかゝりました。さて困るは第一耶蘇教信徒に偽物多き事の見へ来たに困る。大に攻撃を加へざるべからず。第一島田氏の聖人などは少しも宗教の宗の字もありません。田川氏は名筆の達文にして不義。江原氏は禁酒会員にして酒造家組合より依托選挙を得、牧師田村直臣氏、本田庸一郎二氏の有名の名士にして尚且つ銅山に行きて形を見て怖る。即ちこの人々は木像に怖る、仏信の老婆の如し。宗教家にして形式の木像同様の銅山の工事に胆を抜かれて、不義の市兵衛に降参す。而も真面目精神的に降参すとは何共恥入りたる次第なり。布川氏もその御近所ならん。凡人として木像に驚くとせば、奈良の大仏、鎌倉の大仏を見せたらキリストは御止めならん。この人々は必ず大仏を見て恐怖して、仏はえらいと云うならんのみ。終には、キリストは御忘れなさるべし」。

「田村氏牧師としては日本一の賢者なるべきも、鉱毒問題中人道を専らにせるの外は、田村氏の如きは無用の長物たり。……今にして人道を度外視する（キリスト）の仮面の輩、最初より断然たる停止論を主張する能はざるを見てしるべし。已に今回の大激変にも来り見ず、数十回の請求を用へず、国民の悲むも国の亡びるも来り見ざる、（キリスト）もまた信ずるに足らざるなり。また二度せざるべし」。

四　関東大洪水の余波

明治三十五年八月九日、渡良瀬川が氾濫し、谷中村の堤防は決壊した。人々は急水留（仮堤防）を造るのに懸命であった。ところが、翌月八日にまた渡良瀬川が氾濫した。逆流水による氾濫であった。打ち続く逆流水の氾濫による渡良瀬川の洪水は、利根川の河水の一部を江戸川に流し込んでいた関宿口をいっそう狭めてしまったからだった。鉱毒水が江戸川を通して東京に侵入してくる事態を防ぐために、明治政府は今まで以上に関宿口を狭めてしまったのだ。

元々、利根川は江戸時代以前は東京湾に流出するのが主流だった。それを、現在のように関東平野を横切り銚子口に流出する流れに変えたのは、江戸時代になってからだった。徳川幕府は、利根川の流路を変更して、常陸や下総地方の舟運に、あるいは灌漑用水に利用したかったからだ。しかし、そのためには、利根川と江戸川の合流するところにある関宿口をできるだけ狭めておかない限り、銚子へ流れる水量を確保することは難しかった。関宿は、歴史的にそのような役割を担っていた。ところが、鉱毒事件が発生すると、明治政府は鉱毒水が江戸川を通して東京に侵入してくる事態を防ぐために、さらに関宿口を狭めてしまったために、上流からの水流が増加した場合、利根川の河水は逆流し、渡良瀬川を氾濫させることになった。

さらに、追い討ちをかけるように、九月二十八日にもまた渡良瀬川が氾濫したのである。八月九日と九月八日の洪水で堤防が決壊し、すでに大きな被害を受けていた谷中村は、それに追い討ちをかける氾濫に甚大な被害を受けた。家屋は氾濫水の中に沈み、納屋は流出し、どす黒い鉱毒水は稲の穂を腐らせ、いつまでも堤内に留まった。

奇しくも、この九月二十八日に、正造は暴風雨の荒れ狂う最中の下都賀郡部屋村の知人宅にいた。この時の様子を、正造はこう記している。「埼玉県川辺村の惨は筆舌すべからず。一例。暴風に家倒る、逃げんとせば水深く、船あれども波荒く進退極まり、木によじ登る。木また倒る。一夜木により、小児は木に縛り付けて水の上に浮かし、夜の明くるを待ちたる如く、産婦分娩二日めにして木に登り、産後七日めのもの竹を捕へて水中にあり。その船あれども風あらく波高くして、木竹により生命を得たり。天災人為並び来り、風水毒三被害及虐待飢餓これに加わり、水来て逃ぐる能はずせば名状するものなし」（明治三十五年十月三日、原田定助宛）。

一方、三十五年三月十五日、東京控訴院において川俣事件控訴審判決がなされたが、その二日後の十七日、内閣に鉱毒調査委員会が設置された。政府は、正造の直訴をきっかけに高まる鉱毒世論、特に相次ぐ学生運動に対応するために、やっと足尾鉱毒事件解決を検討しようとしたのである。この鉱毒調査委員会は新しい問題、すなわち谷中村問題を生み出すのであるが、九月二十八日の関東大洪水のときには鉱毒調査委員も多毒（へドロ）等に驚き帰る始末だった。三十四年五月二十一日に、有力新聞社主・記者、貴衆両院議員、キリスト教徒、仏教徒ら五十一名が参加して結成された東京鉱毒調査有志会の会員も一人も現地に来なかった。だが、十一月十七日、足利町において開かれた鉱毒救済演説会には、講演者として正造をはじめ花井卓蔵、高橋秀臣などの弁護士、それに新井奥邃も参加して盛況だった。翌日には、彼らは正造の案内で被害地を視察した。また、十二月二十七日には、有志会の会員である内村鑑三に連れられて学生七人が被害地を訪れ、そのあまりの悲惨さに落涙した。

三十五年八月九日と九月八日の大洪水、そしてそれに追い討ちをかけた九月二十八日の関東大洪水は、谷中村だけでなく、先の正造の手紙にもあるように、隣村の川辺・利島両村にも甚大な被害をもたらした。この大洪水による被害の傷跡のまだ生々しい十月、埼玉県が利島と川辺の二村を買収して、その跡地に遊水池を造るという噂が流れ出した。埼玉県は、利根川火打沼の決壊堤防を放置し、北埼玉郡川辺・利島両村の買収に乗り出した。県の計画は、両村を潰して遊水池を造り、そこに鉱毒水を貯め込むというものだった。つまり、それは、鉱毒は渡良瀬川の洪水とともに田畑などに被害を与えるものだから、治水対策をすることこそ緊急であるという考えだった。県は、鉱毒事件を治水対策によって解決しようとしたのである。

正造は、この埼玉県による川辺・利島両村の買収及び遊水池計画を耳にすると、早速、両村民に対して県の買収に反対を説いた。また、この年の一月に利島村に結成された相愛会に結集していた鉱毒反対派の農民たちは、川辺村に働きかけて、十月十六日、両村合同村民大会を開き、もし埼玉県庁が利根川火打沼の決壊堤防の補修工事を施工しないときは、〈一、我等村民にて修復する。一、従って、断然、国家に対して納税と兵役の二大義務を拒絶する〉ということを決議したのである。この強硬な決議に驚いた埼玉県庁は、早速、堤防の修復工事に着手した。そして十二月二十七日、埼玉県は利島・川辺両村の買収計画を断念した。

一方、同じ頃、栃木県でも谷中村を買収して遊水池にしようとする計画が進められていた。正造がこれを知ったのは、十二月に入ってからだった。谷中村の土地買収及び遊水池化の計画が表面化したのは、翌三十六年一月十日の臨時県会であった。しかし一月十六日、栃木県会は谷中村買収の県原案を否決した。谷中村買収が県会で否決されたことは、足繁く谷中を訪れて買収反対を説いていた正造には、ひとまず安心というところだったが、その後も警戒を怠らず、買収計画の調査を続行した。三十六年二月五日の手紙に、こう書いている。

「谷中村事件、東部の難題悪政なれば、尓来この方面にあり、毎日雪中の旅行、不幸一文なしの境遇にも有之、……谷中問題は漸ゝ西遷して越名、高山、羽田、川さき、大久保、狭間辺に及ぼすのその第一着にてはありしものなり。乱暴狼藉の極に候。この義は篤く御塾考を要するまでもなく、政治上の一大悪事に候へば、この処普通小理屈小役人もしくは三百的法律解釈は三文の価なし。只憲法と人道とを以て大見識大主義の外、決して区々迷うべきものには無之候。小事小理屈のために大義大本を忘るゝ事なかれ。……過般足利にて正造の演舌の大結末の一言は、政治にてこの激甚地を捨れば、予等は之を拾って一つの天国を新造すべし、と云へたるもの之なり。今政府は鉱毒地を買収して、纏めて一万町計りとして市兵衛に払下る悪計のしれたる事……谷中村事件は、栃木県会一月十六日にありと、正造赤麻村にて八ヶ村の惣代に対して已に此くの如きありと明言せしはその十日なり。十日は県会の開けたる日に当たれり。凡此くの如し」（原田定助宛）。

五　谷中村の廃村への道

正造の谷中村買収反対運動は極めて困難なものであった。次の手紙に、それがよく現れている。「被害地の人民は小生の運動方面及心中を察せるもの稀なるべし。……可憐、風声鶴唳徒に人心また沈淪為すなきものいよいよ為すなきに陥りて、古河のために呑噬を免ぬかれざらんか。小生尚帰国、この貧弱窮乏の良民と枕を同うせん。嗚呼、天地は広し」（明治三十六年二月二十六日、新里龍三宛）。

また正造は、この頃の自分をこう歌っている。〈降る雪きも止みなかりせばつもれかし道はふみ分け蹴分け行くなり〉。谷中村買収反対運動の極めて困難ななか、正造は憲法と人道に確固と立って、政府・県に独り立ち向かうのである。

一方、三十六年三月、第二次内閣鉱毒調査委員会は「足尾銅山に関する調査報告書」を政府に提出した。そして五月二十八日、第十八議会における島田三郎の足尾銅山鉱毒に関する質問演説に対する答弁に代えて、六月三日、政府は鉱毒調査委員会の調査報告書を発表した。この調査報告書の胆は、たとえ鉱毒があったとしても、それは渡良瀬川の洪水とともに流出するのだから、治水対策こそ緊急というものだった。そして、そのためには、渡良瀬川、利根川及び思川の三川が合流する付近に渡良瀬川の流量の一部を遊水させ、本川の減水をまって、これを排出する遊水池を設けることが必要であるとした。

政府及び埼玉県は、先に言及したように、まず川辺・利島両村を買収、廃村し、そこに遊水池を造ることを計画したが、両村農民の強硬な反対によって断念せざるをえなかった。そこで浮上したのが隣村の谷中村であった。この谷中村も、川辺・利島両村と同様に、次々襲来する大洪水によって堤防が決壊し、水没するほどの被害を受けた。周囲を堤防で守られた輪中の村・谷中村の農民は、土地があっても、堤防がなければ生きられなかった。正造の弟子島田宗三は、故郷谷中村をこう語っている。

「谷中村は栃木県の南端、群馬・埼玉・茨城三県の県境にある。草創は文明年間（一四六九－八七）で、その後寛永年間（一六二四－四三）にはじめて堤防が築かれたと伝えられている。明治三十七年買収着手当時は、土地千二百町歩、戸数四百五十、人口二千七百を算し、そのうち約千町歩の土地と三百八十の世帯は、周囲約三里半の堤防と約一里の高台を以て囲まれ、地勢平坦、渡良瀬川は、村の西南を流れていた。東北に思川、巴波川のふたつの川、西北

には赤麻沼を控えていたが、たまたま洪水があれば山間の肥土が流れ込むので、無肥料で作物

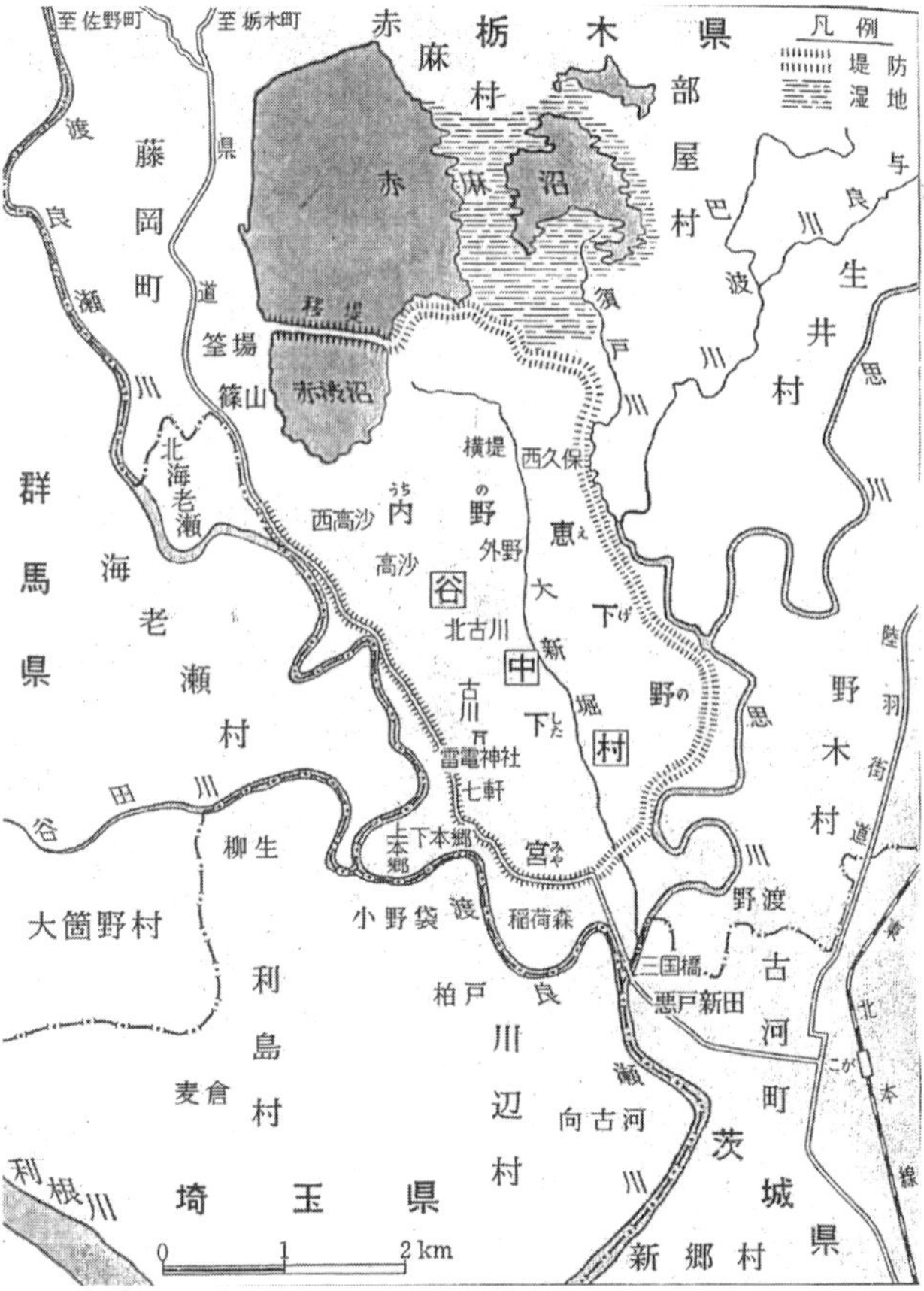

谷中村要図（1907年前後）

図2 『田中正造全集』第17巻

が倒れるばかりに繁茂し、その上漁獲の収入も多く、実に豊かな村であった」（『田中正造翁余録』上）。

ところが、ここ二十年、洪水は鉱毒土を運び続け、沿岸地域に甚大な被害をもたらすようになった。今や、渡良瀬川は「活ける川」から「死せる川」へと一変したのである。かつては数年ごとの洪水によって土地肥沃で天産豊かであった谷中村も、鉱毒のために困窮化が年ごとに進み、明治二十八年にすでに戸数三八五のうち約半数が公民権停止となり、衆議院議員選挙権を有する直接国税納入者は僅かに一名という状態であった。

さらに、谷中村は厄介な問題を内部に抱えていた。それは、埼玉県北端に位置する利島と川辺両村のほとんどの村人たちが自作農であったのに対して、谷中村の約半分が不在地主によって占められていたことである。自作農は自分の土地を自分で耕して暮しを立てていたので、その点で彼らの利害は大局において一致していたが、しかし、谷中村に土地権利を持っているが、そこに住んでいない不在地主たちの利害は一致していなかった。この利害の不一致が谷中村に混乱をもたらし、その混乱を最大の原動力として村は破局、廃村への道をひた走りに走ることになるのである。

こうした鉱毒のための困窮化の年ごとの進捗と不在地主たちの利害の不一致による混乱のな

か、谷中村には元下都賀郡長の安生順四郎のような他村の地主が増えつつあった。栃木県知事も、こうした村の実状から、買収容易と見たのであろう。だから、三十五年八月の大洪水で決壊した谷中村北方の僅か八十五間（約一五五メートル）の堤防を修築しないで、放置したのであった。そして三十六年六月三日、政府が鉱毒調査委員会報告書を第十八議会で発表すると、買収計画はよりいっそう露骨に進められるようになった。

ところで、谷中村が破局、廃村への道をひた走りに走るようになったのは、実は、すでに明治二十四年から村の内部で始まっていた。その始まりは、谷中村の西北にある赤麻沼の堤防を全面的に造り変えたことだった。この堤防は、二〇〇年ほど前に儒者の熊沢蕃山が築造したもので、人々は蕃山堤とよんでいた。それは、一定の洪水までは堤内を守り、それを越えた場合は、堤防が破壊されないように河水を溢れ出させるという、自然の理にもとづいた日本古来の伝統的な築造方法（低水式）によるものだった。この蕃山堤を、当時下都賀郡長だった安生順四郎が谷中村の大地主大野孫右衛門と組んで、全面的に造り変えてしまったのだ。安生順四郎は、正造が議会において農商務大臣陸奥宗光の責任を執拗に追求した際の当事者で、栃木県会議長から下都賀郡長に転じた後、古河市兵衛と共に足尾銅山近辺の官有地と官有林一一、三〇〇町歩を僅かに一一、〇〇〇円という破格の安値で払い下げを受けた人物である。

安生と大野孫右衛門は、新しい堤防を赤麻沼寄りに造ることによって生ずる堤内地を、自分たちの土地にしようと企んだのである。彼らは全くの私利私欲から堤防の改築をしたのである。ところが、この新堤防は完成直後の二十五年六月六日の洪水でたちまち決壊し、谷中村がすべて水没してしまうほどの出水をもたらした。その後、新堤防の決壊箇所は修復されたが、また洪水が襲ってきて再び決壊し、鉱毒水が村を覆った。蕃山堤を改築することによって、谷中村は以前よりいっそう水に苦しめられるようになった。その頃、安生順四郎は下都賀郡長を辞めて、谷中村の大地主（不在地主。安生の住所は上都賀郡清須村だった）になっていた。

だが、安生の利欲の魔手はそれに終わらなかった。今度は、水で苦しめられる谷中村の人々に対して、安生は排水器設置をもちかけた。資金は自分が立て替えて、これを村人たちが土地一反歩（約一〇アール）につき玄米一斗一升八合（約一七・七キログラム）の割の年賦で弁済するという条件だった。村人たちは、栃木県会義長や下都賀郡長まで勤めた安生の言を信じて賛成した。しかし、この排水器は最初から役立たずだった。その排水器は七〇馬力の中古品で、谷中堤内の排水には少なくとも四〇〇馬力の排水器を必要としたからである。安生によれば、この排水器設置に要した資金は四万二〇〇〇円ということだった。村人たちも、また谷中村周辺の資産家たちも、排水器の能力について全く無知であった。だが、彼ら資産家たちは排水器が設置されると聞くと、争って谷中の土地を買い求め出した。修復と決壊をくり返す堤防を抱えたうえ、鉱毒水に浸され続ける谷中の人々は、土地を売って村を立ち退こうにも立ち退けず、窮境にあった。そこに、思いがけなく土地に価値が出てきて、買い手が現れてきたのである。小作人に転落することを承知のうえで、土地を売る者も少なくなかった。

かくして、安生順四郎による排水器設置は、谷中村を不在地主の多い村に変えたのであった。三十八年元旦に正造が調査した記録によると、谷中全村一二〇〇町歩（約一二〇〇ヘクタール）のうち耕地が約一〇〇〇町歩、その約半分に当たる四八〇町歩が他町村に住む地主たちによって占められている。不在地主にとっては、小作地のある村は単に利益をもたらす場所でしかなかった。

間もなく、安生と村人たちの間に、効果のない排水器をめぐって争いが生じ、栃木県会にまでもち出された。結局、両者の間に交わされた弁済契約書の「不可抗力で排水不能の場合は、村民が弁済責任を負う」という契約条件によって、村人たちは安生に対して、排水器設置資金を支払わなければならない立場に追い込まれた。これに付け込んだ安生の利欲の魔手は実に巧妙だった。安生は谷中村に村債を発行させて、日本勧業銀行から五万円を借りさせ、その五万円を排水器設置資金四二〇〇〇円に利息四割の一六八〇〇円を加えた五八八〇〇円の内入れ金とし、残り八八〇〇円は安生に対する借金としたのである。結局、谷中村民が手に入れたのは廃品同然の排水器一台だけだった。谷中村の人々にとって、全く踏んだり蹴ったりだった。

このように、買収案が出る以前に、不在地主と在村地主が大部分を占める谷中村は、この点で、村のほとんどが自作農であった北埼玉の利島・川辺両村とはひどく大きく違っていた。この点が、これらの村の明暗を分ける結果となった。

六　鉱毒被害民の運動の停滞

明治三十六年一月十日開会された臨時栃木県会において谷中村買収計画が表面化することによって、渡良瀬川沿岸全域の鉱毒被害民の運動は停滞し、多くの農民が運動から離れていった。それを象徴するかのように、雲竜寺の鉱毒事務所も、三十五年九月の関東大洪水が利島・川辺両村、谷中村外村々、群馬県海老瀬村等、渡良瀬川下流に大きな被害をもたらし、被害の中心が下流に移ったため、空寺同様となった。それは、「地方数回の集会も活気なく、不寄不寄にて延会し、終に結局は出来また出来で畢る」（三十六年七月十日、大出喜平宛）と正造を嘆かせるほどの衰退であった。また、三十六年八月一日には、東京芝区愛宕下町の東京鉱毒事務所も明治三十年以来の請願運動の中心としての歴史を閉じ、廃止された。

だが、運動停滞の原因はそれだけではなかった。被害民中の貧農層の経済的困窮による運動からの離脱、指導層の川俣事件終結（三十五年十二月）後の活力の消耗が運動停滞をもたらす原因となった。そしてそれらに加えて、三十五年九月の関東大洪水が渡良瀬川上流の山を崩し、大量の肥沃土を沿岸一体に運び込んでくれ、それが毒土を深く埋め尽してしまったため、翌年秋の収穫期には稀にみる豊作をもたらしたことが、政府や古河のいう予防工事は効を奏したという宣伝を信じ、治水によって鉱毒被害を防げるかのような幻想を抱く被害民を生み出したことも、その原因となった。

正造は、渡良瀬川上流の山岳が広く崩壊し、大量の肥沃土を沿岸の被害激甚地に布置して毒土を深く蔽い、稀にみる豊作をもたらした出来事についてこう語っている。

「汝が大君の宝の土地は破壊されたるよ。只その山土の新に流れ来りたるの多きは破壊なり。破壊の山土が新土であるから、今年の気候に一時を富まして作毛計りは繁りても、実は破壊の前兆ぞ。五度新土の来るあらば、一丈川は高くなり、毒地は左右に広がりて沿岸村々埋められる。早く急げよ、鉱毒停止」(三十六年九月十七日、大出喜平宛)。

「人は何が仕合、何が不仕合となるか、天は人を病にして、また人を救う。鉱毒地の復活の如きもこの類に候。可恐は天なり」(同年十月十一日、石川半山宛)。

「停止論は地勢上の天然力より主張するは天道なり。果して然りです。本年の鉱毒地の豊作豊作、無害地より上出来。無害地の稲作に比して凡五倍の豊作となる割合なり」(同年十月十一日、原田定助宛)。

一方、新聞などによる鉱毒世論も次第に鎮まっていた。その背景には、満州・朝鮮をめぐる日本とロシアの対立の激化という国際情勢があった。今や、日露の開戦必至という緊迫した状況のなかで、一部の知識人やキリスト教徒などを除いて、世論も日露問題へと移っていっていたのである。因みに、この年の四月五日、古河市兵衛が死亡している。正造は彼の死について、日記に次のように記している。

「古河市兵衛は三十六年四月五日頃病死せりと。彼は安心して死したり。何を安心せしか。被害地の人民中の悪漢と地方官を生擒りして安心せり。中央の官吏当局を生擒りして安心して死したり。有志を入獄せしめ、学士を生擒し、正義の学士あれば、之を洋行させて安心せり。彼の安心は悪事を遂げて安心せるものなり。凡人神を信ぜざれば、死して帰する処なしと。彼はしからず。彼は悪事、社会の方向に同志を得て帰する処あり。何んの迷う事かあらん」（三十六年四月十日）。

明治三十七（一九〇四）年二月十日、朝鮮・満洲の支配をめぐってロシアと対立していた日本は、ついにロシアに宣戦布告し、日露戦争が始まった。世界史の舞台に登場して間もない日本にとって、それは挙国一致、国の命運を賭けた戦いであった。谷中村からも少なくない若者が召集され、この戦争に参加した。正造は、すでに前年の二月十二日、選挙応援演説の途次の静岡県掛川において非戦論を主張していた。「鉱毒問題は対露問題の先決問題なり。鉱毒問題を後ちにして戦わば失敗す。理想は非戦なり」(三十六年十月、日記)。

日清戦争のときは戦争に肯定的であった正造が、今回は非戦論を唱えたのはキリスト教の影響によるものであるが、彼にとって鉱毒問題は亡国の大問題であり、したがって対露問題よりも先決問題であった。日露戦争最中の手紙に、こう書いている。「正造は今日と雖非戦論者なり。倍々非戦争論者の絶対なるものなり。然れども同胞の海外に暴勢の下と国法上の出兵あり。何んぞその悲惨なる死して法に尽すのとき、小生等の兵のために寄する同情はまた非常に厚つし、依って我々内地に居るものは、内地の悪魔を正し、悪魔を一掃して、以て内外相応ずるに至るものなり」(三十七年四月六日、原田定助宛)。

七 谷中に入る

日露戦争たけなわの三十七年七月三十日、正造は遠い満州の地で戦う兵士と内外相応ずべく、「内地の悪魔を正し、悪魔を一掃する」ために、谷中村に入った。谷中村買収を阻止するためには、村に移住して徹底的に戦わなければ難しいと判断したからである。正造は、川鍋岩五郎方を寄留先とした。すでに六十四歳になっていた。

しかし、世論の動向は、挙国一致、日本の命運を賭けた日露戦争に集まり、鉱毒問題から世論の関心も疎遠になっていった。こうした間隙を狙って、栃木県は谷中村買収案を県議会に提出した。白仁武知事は、宵のうちから県会議員たちを宇都宮の料亭に招いて、酒で丸め込んでおいた後ちに開いた夜の県会で、災害復旧費四八万円によって全村を買収するという県の案を可決させた。三十三名の議員のうち、この県の案に反対した議員は十二名であった。それにしても、災害復旧費という名目での買収、しかも四八万円という極めて安い金額での買収は腑に落ちないものであった。これを、正造は後ちのちまで問題にした。日露戦争で苦戦を強いられていた二〇三高地を、やっと日本軍が占領して、日本中が驚喜している最中のことだった。そして、政府も十二月二十四日の第二十一回議会で、災害土木補助費の名目で谷中村買収費の補助を与えることを可決した。日露戦争が日本の有利のうちに進み、国民の戦争熱が高まっていくなかで、谷中村は廃村への道の歩みをいっそう速めていった。

しかし、谷中村の買収・廃村を阻止するために村に移り住んだ正造には、それは容認し難いことであった。彼は入村早々、谷中の青年たちに呼びかけ、「谷中村悪一洗土地復活青年会」を組織して調査に乗り出した。入村時の谷中村の実状を、彼はこう記している。「谷中村の惨状は中々世上に決してない事にて候。三十五年より洪水六回入りて三年食物なし。さなきも已住十年余の窮乏言語に絶せり。村中には古河市兵衛の奴輩多くて、この惨状を利用し、旧知事、郡長等は人民を苦めて私用をむさぼるなり」(三十七年八月十八日、原田政七外宛)。このような惨状の中に身を置いた正造は、銭・食・衣の窮乏という「乞食半渡世」の身となって、「谷中学初級生」として「谷中の戦争」、その「難戦」を戦うのである。

正造は、たとえ独りになっても、古河鉱業を庇護する明治政府と一身を賭して戦う覚悟であった。正造にとって城、楯は、ただ天、天賦天道のみであった。正造は若き弟子黒澤酉蔵にこう書き送っている。「一人の人道は世界の総ての山岳よりも大問題なり。人あり、一室に流す涙は天下をも潤すなり。貴下谷中の御救済尽力は遼陽の大捷利よりも重大なり」(三十七年九月六日)。正造にとって何よりも貴重なのは人権であり、人道であった。それゆえ、彼にとって真の勝利とは、徳・道徳において勝利することであり、天の命に従って人の道を尊び歩むことであった。

「たとえ戦に勝つとも徳に勝たざれば即失敗なり。スイス国は戦わずして全社会に勝ちほこりつゝあるにあらずや。……日本今や内治の堕落、腐敗の極なり。……もし夫れ日本を見んとせば、谷中村に来り見よ。……国家を見るは一郷を見ば足れり。……県下の谷中村は人生の地獄なり。而も県民及び議員来り見るものもなく。人民官吏の虐待を受るも、対岸の火災ほどにも見ず。これ決して人類の生息する国家とは云わざるなり。国家は己に死したり。……遼陽、奉天何物ぞ。旅順何物ぞ。これを得たりとて快楽とするに足らず。……正造の快楽は徳の勝利にあり。……戦は徳の勝利を期すべきのみ。……只天の命に従うにあるのみ。……日本道を尊んで最後の勝利を得んには、天を怖るゝにあり、人道の強弱にあり」（三十七年八月三十一日、原田定助宛）。

正造は、自分の主義である無戦論を、〈戦は悪事なりけり世をなべてむかしの夢とさとれ我人〉と歌にしているが、彼にとって、戦争ほど悪で、人権及び人道に反するものはないのである。正造の希望、祈りは世界各国皆海陸軍全廃であり、人類が平和の戦争に常に憤闘することであった（三十七年九月九日、佐藤良太郎長女宛）。

正造は、「人道地獄の真実」であり、「亡国の模範」（三十七年九月九日、原田金三郎外宛）である谷中の問題の第一問題を土地回復、人道復活に見ている。正造は、この人道及び亡国の大問題に対して、「五十余日間一銭なし、未だ十銭の融通なし。田中は食われぬから谷中食つぶし客人なりとの風評悪党派にて唱う」（同年九月二十八日、黒澤酉蔵宛）のものともせず、「平常出兵軍人」（同年十月三十日、大出喜平宛）として谷中の「平常の戦争」（同前）を戦うのである。

しかしながら、正造を嘆かせたのは、谷中村民の無知愚鈍であった。「谷中村の騒動は鉱毒以来近年になき非常の出来事にて候。小なりとも一村の占領問題、悪人等の権謀、人民の至愚、実に筆舌に尽せず」（三十七年九月二十四日、原田定助宛）。特にそれは、安生順四郎による排水器問題において顕著だった。しかし正造は、村民の無知、無能、愚鈍に嘆かせられながらも、入村の半年ほど前の日記に、「人にしてあともどりすらせねば、天はますます解決に尽力して被下さる」と記したとおりに、「人民を以て是非せずして、只天の命によりて救う事に尽さんとする」（同年十二月十六日、森鴎村宛）のである。

だが、正造の身命を賭した不退転の尽力にも拘らず、先にも述べたように、栃木県第八回議会で堤防修築費名目で谷中村買収案は可決され、そしてそれを待っていたかのように、政府も年末の第二十一回議会で、災害土木補助費の名目でそれに補助を与えることを可決したのであった。

こうして、明治三十八年を迎えた。雪の満州では、昨年末の二〇三高地占領に勢いづいた日本とロシアの間で激しい戦いが続いていた。谷中村からも三十人以上の若者が出兵していた。正造も「平常出兵軍人」として、谷中村強制買収に関する陳情書を内村鑑三に送ったり、「谷中短信」を毎日新聞に寄稿するなどして、世論の喚起のために戦った。正造は、有志たちの一人にこう書き送って励ましている。「人民は四面よりの離間にて、正造等の申す事も今はまた中々半信にて候。利島、川辺にも多くの中傷者入り込み候。生井、野木、赤麻よりも請願人出京すべし。但し藤岡、新郷等には離間者沢山入込み、人民は是非善悪の区別をしるなし。只志士仁人は是等の愚民をば眼中に置くの用なし。只天地の神明の使として働くのみ」（三十八年一月三十一日、菊池茂宛)。

谷中村では、二月に入ると、村民たちは自力で堤防修築に取り組みはじめた。昨年の七月以後、栃木県は谷中堤防の復旧工事を完全に放棄していたのだ。三月に入ると、隣りの利島・川辺両村の村人たちも応援に駆けつけてくれた。白仁知事は、谷中村民の堤防修築の取り組みを見て、三月十七日、告諭第二号により谷中村土地被買収者には補償と代替地の貸与(将来は移譲)、非土地所有者には別途救済を約束した。因みに、この告諭の出た直後の二十四日、原敬が株式会社となった古河鉱業の副社長に就任した。

六月下旬、谷中村民による破堤所急水留工事が完成した。しかし、その喜びも束の間、翌月、栃木県は遊水地用測量のため谷中村内立入りを通告してきた。ここから、谷中村の崩壊が現実に始まっていった。先にも言及したように、谷中村は不在地主と在村地主が大部分を占めていた。彼らは、自作農に比べて、いつでも土地を手離し得る存在であった。まず不在地主たちが県の買収に応じ、それに続いて在村地主たちも応じた。一般の村民たちも、県の陰陽織り混ぜた攻勢によって、次第に村を立ち退かなければならない状態に置かれていった。正造は、満州に出征中の甥の原田定助に次のように書き送っている。

「谷中買潰問題中々勢力ありて、示威運動は警官数十人官吏と合計四、五十人づゝ、毎日村中大運動をなして老弱を脅す。三年の被害村民は他に出稼ぎして、健康者家にあるもの少く且つ出兵壮丁は一村五十人以上遠く満州に行けり。残る老弱を侮りて、この地を奪わんとす。この盗賊召捕は正造の天職なり。その多忙多端筆舌に尽せず」（三十八年八月二十六日）。

明治三十八年九月五日、日露講和条約が調印され、約一年半にわたった戦争は終了した。谷中村では、秋冷の増し加わる十一月になると、一般の村人たちが村を去り始めた。一方、県の斡旋に従って、いち早く村を去って那須山麓に移住した人々は、そこが不毛の地で、とても人間が住めるような土地ではなく、買収に応じたことを後悔した。この人々について、正造は政府・県に対して怒りをもって、こう言っている。「谷中の運命……困難には相違なきも、未だ人民の生命をば保持し得申候。尤多人数の中には悪魔の誘拐によりて、この天産地を捨て、不毛砂漠の那須のケ原に移り行くもの小々はありますけれども、是以忽ち乞食となるの外有之間敷、実にこの無識を欺きて生命財産を併吞するとは」（三十八年十一月十五日、原田定助宛）。

買収に応じた村人たちには、ともかく県の斡旋に従うほかなかったのである。というのは、栃木県の買収費があまりにも安かったからである。県の谷中村買収総予算四八万円から、かの問題の排水器に七万五千円が割かれた金額が村買収に振り向けられた。それは、一反歩（約一〇アール）当りの平均価格は田が二〇円、畑が三〇円、家屋は移転費共で一坪（約三・三平方メートル）当り八円、墓所は坪当り一円という哀れな金額だった。近くの古河や藤岡の田畑が、反当り一〇〇円から二〇〇円したのに比べて、いかに安かったかがわかる。そんな金額では、どこかに新しい土地を買うことなど到底できなかったのだ。

　そうした状況のなか、この一年、正造は貴衆両院議長への請願書、栃木県知事や県議会への上申書、幸徳秋水たちの週刊平民新聞への寄稿など忙しく立ち働らいた。特に力を入れたのは、手紙によって同志、友人、知人、親戚など多くの人々に実状を詳細に知らせて、世論を盛り上げることだった。彼は、実に夥しい手紙を書いている。正造は、同志の野口春蔵に、「実は鉱毒問題も、三十年の頃の事は今更に忘れたる人々のみとなり、谷中村にても免租当時の尽力家の名すら記憶なきを見て、小生等も呆れ居り候。……歳月はドンドン先に進み、年はよる、時勢は動く、沿岸の人気も今は無事泰平の如きなり」（三十八年九月三日）と書き送っているように、鉱毒問題・谷中村が世間から忘れられつつあるのに強い危機感をもっていたのである。

八　キリスト教信仰の深まり

　明治三十八年十一月三十日、正造は前年七月に谷中村に移住するようになってから現在にいたる一年四か月間の自分を回顧して、次のように語っている。これは、正造理解のうえで極めて重要である。

「生も以御蔭、人道の戦争対陣以来一勝一敗。一年有半未だ決定せず。只真理上においては全くの勝利もとよりなれども、形は或は敗に畢らんもしれ不申候。兎に角非常の学文には相成申候。回顧三十ケ年中、昨年来の研究は二十九年と一年とにて候。正造も決して三十七年の正造には無之候。依之明日死すとも毛頭残り無之候。只聖書の研究なくして畢るを遺憾に存候。昨年来は聖書の実行のみならん。けれども無学の聖書は過誤多くして見るべきなし。所謂泥棒押へて縄、泥棒に逃げられ候まゝ失敗となり畢らんのみ」(原田定助宛)。

正造は、明治七年春に岩手県の盛岡監獄から無罪釈放されて、故郷小中村へ帰ってきて以来の三十年間を回顧して、昨年(三十七年)一年間が、それまでの二十九年間に比べられるほどの生の新しい変革の年であったことを述べている。いうまでもなく、この生の変革は「地獄地」谷中に移り住み、そこで「谷中学初級生」として人道の戦争に対陣して、聖書の言葉・教えを実行していくことによってもたらされたものである。しかも、それは、昨年三十七年の谷中入村以前の自分とは全く違う自分になるほどの、自己の生・実存に一大変革をもたらすものであった。

正造は、巣鴨の獄中で初めて新約聖書を一読した際に、すでに、その「肝要の要点」を握んでいた。それは、前にも言及したように、聖書の中で我々に向かって語るのは神であり、神がこの言葉の中に生きていて、その言葉を神の言葉として聞くとき、神の言葉は深く我々の心の中に蓄えられて、神の言葉の目的に沿った信仰心、真に活ける信仰をもつことができるということである。それゆえ、我々が聖書に現実の問題を問う場合にだけ、神を尋ね求めるときにだけ、聖書は、神は、我々に向かって語りかけてくるのである。正造が自己の生・実存に一大変革を惹き起こすことができたのも、神の言葉を思考の対象とすることを許さない「地獄地」谷中に身を置いて、ただ真剣に聖書に「現実の問題」（鉱毒問題・谷中問題）を問いかけ、神を尋ね求めたからである。だから、聖書の言葉は、神の言葉は、正造の心の中に――知性の中にではなく――蓄えられ、心の中でそれ自体が躍動するようになったのである。そして、この言葉の中に生きている神は、キリストは、正造の生・実存のうちに住むことになったのである。それは、正造が内面的に造り変えられること、心が新たにされることであった。

正造は、「地獄地」谷中に入り、「谷中学初級生」としての戦いの中で初めて、生の新しい変革、すなわち自分自身の自己変革＝実存・人格の再生更新――キリストと共に十字架に死に、キリストと共に復活して新しい命・生を生きる（これは「自分自身になる」こと、「人間になる」ことである。これこそ創造者である神の望みであり、キリスト教信仰の目標である）――の緒についたのである。それだけに、聖書をより深く研究したいという切実な思いを抱くに至ったのである。正造の聖書の研究に専心従事したいという切実な思いは、死後信玄袋の中に新約聖書が遺されていたように、その後も消え去ることはなかった。先の手紙の一か月半ほど前の十月十七日、島田三郎にこう書き送っている。「谷中の顚末を付けての上は、尚進んで宗教の研究専心に従事せんと欲します」。だが、現実は正造の思ったとおりにはならなかった。

九　強制破壊の前兆

明治三十九年早々、第一次西園寺公望内閣が誕生した。その内務大臣は古河鉱業副社長の原敬だった。一方、三月に入ると、谷中に居残った数十人の村人は、再び、県庁不認可の下で破堤所の急水留工事に着手した。それを知った県庁は、三月二十七日、谷中村内官有地の借用者に対し、四月十七日までに立ち退きを通告してきた。しかし、彼らが通告期限までに退去しないのを見ると、県は再び四月二十五日までに立ち退き戒告命令をした。また急水留工事中の谷中堤防に対し、河川法違反として原形回復を命令した。そして、ついに、県は四月三十日、多数の警官の護衛の下に急水留工事中の谷中堤防を破壊してしまった。「苦心惨憺、漸く堤防の形が見えはじめたとき、殊に八十八夜を数日後に控えて、麦の穂も出揃って、あと三十日も待てばその収穫を見られるという大事な時に、県の土木吏はこの急水留をわざわざ破壊してしまった」（島田宗三『田中正造翁余録』上）。

輪中の村の谷中村で堤防が失われることは、耕作が不可能になることであり、それは即、村民たちが飢えることであった。その飢えることへの抗議として、谷中村民が自費で着手した食料麦取急水留工事中の堤防を、県は河川法にふれるという理由で強権的に破壊してしまったのである（河川法の谷中村堤内への準用は明治四十一年七月二十五日）。こうした谷中村において国家権力が強権的に推し進める施策による事態の急迫化で、正造は、治安警察法の監視下にありながらも、その悪辣・非道なやり方を、三十九年四月二十二日の新紀元社例会における講演で、「土地兼併の罪悪」として詳細に訴えた。以下は、その極々一部である。

「人民の愚かなものがあるところ、知識の低いところ、天産に衣食するがため、経済その他法律上権利の研究ということの乏しい人民であるから自由自在になる。この土地をここで買収と称してフンダクッてやろうという悪党奴らの挙動が詐偽にあたっておるぞ、盗賊の所為にあたっておるぞ。ほとんど戦争をするごとく、谷中村を攻め取るがごとき行為をなす。この悪業が悪いというのでございます。これが問題である。……谷中村は今日打ち壊しにかかっておるから田地の価もない。人間を価のないごとく、禽獣に等しい扱いを受けている。虐待、侮辱、悪い文字をこうむらぬものは一つもない。政府のほうからみましたならば、何んとみえるか知らんが、侮辱、虐待、嘲弄、瞞着、すべてのことをやられておる。いろいろなめにあっておる。こういうめにあっては人間も価値がない。……いろいろ申し上げたいことは限りございませぬが、もう如何にも胸が張り裂けるばかりでございます」。

さらに、県のやり方は悪辣であった。それは、七月一日、谷中村村長職務管掌鈴木豊造が、村会の決議を無視して同村を藤岡町に合併したことである。谷中村は、三十七年九月から下都賀郡書記が村長を代行するという管掌村長の村になっていた。藤岡町との合併により、谷中村は行政上消滅したのである。この合併について、正造はこう主張している。「潰れたりとおもふものはその人々の心の潰れたるのみ。心すら潰れざれば一人にても二人にてもその心の潰れざる限りは谷中は潰れざるなり。谷中は今よりも盛大の村方となり、田畑は一反七、八百円の価に登るべし」（三十九年七月十三日、茂呂松右衛門外宛）。今や、鉱毒問題の中心となり、変態となり、同問題の模範地となり、亡滅地の第一着となった谷中を復活させようとする正造の決心が、いかに固いかがわかる（同年八月二十五日、大出喜平外宛）。

一方、この年の六月八日、正造は栃木県知事白仁武より予戒令を受けた。予戒令とは、不穏な行動を起こす恐れのある者を警官の監視下に置く制限命令である。だが、それだけではなく、谷中村管掌村長の鈴木豊三に官吏侮辱罪で訴えられたのである。正造は七月四日から十二日まで、未決監ではあったが拘留された。正造五度めの入獄であった。十月五日、この事件で、正造は重禁錮一か月十日、罰金七円の処分を受けたが、ただちに控訴した（翌四十年六月十三日、正造の無罪が確定した）。

　正造が未決監から出た四日後の七月十六日、渡良瀬川が大洪水を惹き起こした。栃木県による破壊後に谷中村民が施工した麦取り堤防急水留は流出してしまった。しかし、正造は界村の有志たちへの手紙で、「今回は沿岸皆泥海となりて候。たとへ泥海となりたりとて決して失望すべきものにはあらず。却てまた復活の機運は、昨今漸く近かづけりと存候。ただ一、二の志士あれば足れり」（三十九年八月十七日）と述べて、谷中村の復活への希望をすてていない。

　また、この頃、郷里の有志たちより、六十六歳になった正造を安蘇郡の一隅に隠居させようとする勧告があった。しかし、次のような手紙を書き送って固辞した。

「正造は決して退隠主義を取るものにあらざるは御承知被下候處なり。正造は老へたりとて運動に怠りを来すものにあらず。夕べに死するのその夕までは盡したき心掛に候。只壮年者の如く進退奔走の里数の減ぜしのみに候。奔走は毎日ゆるみ不申候。一昨三十七年七月三十日以来谷中に来り、最初五十日許りは一ヶ所に居りたりしも、かくては下情に通ぜず、誤り多きを知りてより、村中を巡回すること満二ヶ年、この間病気の外一ヶ所に泊せし事なし。……旅僧乞食、而も最初四百五十戸のものは今は堤内二十戸、堤外四十戸斗りとなり候。これにより小生は寄留籍を携へ来り所有地を持申候。今より復活させせんとするの決心に候。……正造性百難は怖るゝにあらず。然れども活動力の減少は年令のなせる事、肉体機関の頽廃なり。精神の変動にはあらざれば、クレグレこの点は、御喜び被下度候」（明治三十九年八月二十五日、大出喜平外宛）。

ところが、年も押し迫った三十九年十二月、正造にとって予期しない、それも手痛い出来事が起こった。それは、谷中村に踏み留まろうとする人々の指導者ともいうべき川鍋岩五郎が県の買収に応じたことであった。正造が谷中入りしたとき最初に寄留先としたのが、この川鍋岩五郎の家であっただけに、少なからぬ衝撃を正造に与えた。「川鍋氏の如き正直な者を欺くは欺く人に非あるのみ。欺かるゝ人に罪なし。只々憐れと云ふの外無之候」（三十九年十二月二十六日、野口春蔵宛）。「昨日の善人川鍋も今日は悪人の面を被りて悪人の仕事を為すに至りたり」（四十年一月四日、野口春蔵宛）。因みに、川鍋岩五郎は、後ちに栃木県の土木吏になった。

明治四十年になると、すぐに谷中残留民は、前年流出した麦取畦畔の自力復旧工事に着手した。その最中の一月二十六日、政府・県は谷中村に対して土地収用法適用認定公告を出した。今や、政府はいつでも谷中に居座る人々を立ち退かせることができるようになった。この政府の法的対抗措置に対して、正造は次のように主張して、これを拒否した。「総理大臣の認定書門前払にいたし度決心にて候。……我々はこれを以て土地収用法を直ぐに行わするものにあらず。行政者の認識の奈何には関係なき我々正当の解釈を以て、護身の覚悟なかるべからず。谷中人民死すとも之に甘んずるもの一人もなし」（四十年二月一日、福田英子外宛）。

　二月十二日と十三日、正造は谷中残留民二十二名と共に総理大臣、大蔵、農商務各大臣に土地収用法適用認定公告の取消しを請願した。また、残留民は栃木県知事に土地収用法適用不当の意見書を提出したが、すぐに却下された。正造は、政府に対する義憤からこう主張する。

「我が日本政府は暴逆非道で内務省も農商務省も何もあれども無きが如き無政府の有様です。そして谷中村をいじめいじめて、どうにかして亡ぼそう亡ぼそうとかゝって居る。谷中村が亡びたら、それは政府の非道が成功したわけで、これが成功する様では日本の国は非道です。無政府です。谷中村の亡びるのは、つまり日本国の亡びるのと同じ事になります。然し一人でも谷中村を捨てぬ限り谷中村は亡びないわけですから、どうか政府の非道を通させない様にしたいものであります」（四十年三月八日、島田政五郎外宛）。

　同じ頃、二月四日から七日にかけて、足尾銅山では苛酷な労働条件に耐えかねた鉱夫たちが暴動を起した。鉱夫たちの怒りは凄まじく、鉱山施設のほとんどを破壊、あるいは焼失させるほどで、軍隊の出動によってようやく鎮圧された。いわゆる足尾銅山暴動事件である。

　正造にとって、谷中問題は人道問題、憲法問題、経済問題、国家社会の問題、歴史問題、国体問題であった。それゆえ、谷中村を売ることは邪道以外の何ものでなかった。正造の方針は、まず谷中村を売らないことであり、「人権を永遠に保ち、主義をもって法律上の争いをなさず、社会的制裁によって他日谷中の復活を図る」（四十年三月十四日、島田栄蔵外宛）ことであった。谷中を復活させようとする正造の決心、それは百難をも怖れない決心であった。正造は言う。「谷中も忍耐さいあれば必ず復活します。今より新らしき国、新らしき社会を作り出します。面白く面白く」（同年三月十六日、島田栄蔵外宛）。正造にとって、「一村を亡ぼすは、一国を亡すに同じ」（同年三月、日記）であり、それゆえ「谷中の外に日本なし。日本の外に谷中なし。谷中人民は亡民なり」（同年五月、日記）なのである。

十　キリスト教信仰の更なる深まり

ところで、正造は、これらのこととほぼ同時期の三十九年十一月二十六日の手紙で、正造をより深く理解するうえで非常に大切なことを語っている。

「我日本国の中に此くの如き魔境ありて正造は茲にあり。去る三十五年より堤防は破れたるまゝ、水浸五ヶ年に及び、穀実を得るなく、常に船にて村中を歩行く。何ともかとも人間居住すべき処でない。而しも天災にあらで悪人のためにこの災害を受けつゝあり。この窮民の一人を救へ得ば、正造はこの処に死して少しもうらみなし。誠に道のためなればなり。人生苟も道

により て死すは、死するにあらず生きるなり。天は屢ゝ正造に神の道ちを教へたるは正造の歴史なり。若きより屢ゝ牢獄に入りたるは、皆之厄を以て悔を改めさせる神の道なり。故に正造は難に逢う毎に精神をば磨けて候。かくして幾回も厄に逢ふて幾回も神に近くなり、老てますます精神は若きに復し候」（原田勘七郎宛）。

かつて、正造は日露問題との関連で、「一人の人道は世界の総ての山岳よりも大問題なり」（前出）と言ったことがあるが、今や、道のために谷中の窮民一人を救うことができれば、この地に死しても少しも恨みはない、と確固たる決心を表明する。すなわち、正造においては、道のために逢う苦難は、自分を悔い改めさせる神の道であり、その度に神に近くなることであった。それゆえ、人生において道＝神の道に死すのは、死するのではなく生きる、すなわち復活の生・新しい生を生きることとなのである。いうまでもなく、ここで語られているのは、キリスト教信仰の要であるキリストの十字架の死と復活である。

正造は、新井奥邃から、「夫れ道は神と偕にして、道は即ち神也。故に道を履むとは、生命の活神を履む事にして、道を伝ふとは、生命の活神をその身に体して、進んで以て伝うる所の人の心と身とに授ける事也」という人格の再生更新の信仰を学んだが、それはキリストと共に十字架に死に（古い人間の死）、キリストと共に復活して、新しい命・生を生きることである。神の道は、神から人間にいたる道である（神の子の受肉）。そしてそのようなものである時にこそ、神の道は、人間から神にいたる道である（十字架と復活）。その道とはイエス・キリストのことである。――「私は道、真理、命である。私を通さずには、誰も父のもとに行けない」（ヨハネ福音書一四・六）。神の道は、神自らが通って行った道であり、今や我々が神（イエス・キリスト）と共に歩んで行くべき道なのである。

正造は、すでに三十八年一月の手紙にこう書いている。我れは苦しむを以て楽む。キリストの危険を侵すも覚悟なり」（一月三十一日、菊池茂宛）。これは、自らの十字架（苦しみ）を負って、キリストの十字架への道を歩むことの決意の表明である。そして、前に引用したこの年の十一月三十日の手紙で、これまでの三十年間を回顧して、昨三十七年七月三十日に谷中村に移住してからの一年余りが、いかに自己の生・実存に大きな変革をもたらしたかを述べている。

かくして、キリストの十字架と復活の信仰によって、自己の生・実存に大きな変革をもたらせられた正造は、翌三十九年一月、キリスト教徒でもある盟友島田三郎に、こう書き送るのである。

「正造は、この無人国たる下野の悪魔にせめられつゝ、知らず年をば越えて六十六歳となりました。今この肉体の苦痛こそ、正造同士の身にとりてはいかなる幸福なるべきか。人或はこの佳味佳境に入るを知るもの少なからん。本年一月、二月は谷中村落滅亡の期に迫まれり。宗教の真理として、我等は蘇生して、今の世の人道の開拓をなす人々のために一部の働きとせんのみ」。

ところで、正造がここで、「我れは苦しむを以て楽む。キリストの危険を侵すも覚悟なり」、また「人或はこの佳味佳境に入るを知るもの少なからん」と言っていることは、キリスト教の信仰にとって非常に重要である。というのは、キリスト者となるということは、この世の苦しみの中で神の苦しみに与ることによってだからである。自分の困窮や自分の問題、自分の罪や不安をまず考えるのではなく、イエス・キリストにおける神のメシア（救い主）としての苦しみの中に自分も入っていって、神の苦しみに与ること、これこそが悔い改めであり、信仰なのである。

今や、正造は、イエス・キリストにおける神のメシアとしての苦しみの中に引き入れられていくのである。そして、この年の五月二十日、自分の心境をこう告白するのにいたるのである。「谷中を離なる、能わず困り入候。病人の看護のために医師の迎に出る事も出来不申候。嗚呼、この下野はいかなる亡国にや。いかにも三十三年二月、正造が政府質問せる題目に、亡国に至るをしらざれば是則亡国なりと。国民その処に居てその処をしらず。可憐かな。故にキリストの言は皆予言となれるものなりと信ず。正造も近日中に洗礼を受けんと祈り居候」（原田定助宛）。

正造は、「魔境」谷中のただ中にあって、かつて「我れは苦しむを以て楽しむ。キリストの危険を侵すも覚悟なり」と言った、そのキリストの危険を侵す覚悟を実行に移つそうとするのである。すなわち、キリストの十字架と復活の道（神の道）を歩むために、洗礼を受けることを祈り願うのである。イエス・キリストの名による洗礼こそが、人間に死（古い人間の死）と生（神にあってキリストと共に生きる新しい生）とをもたらす。そして、このキリストの招き、洗礼が、キリストを信じる者を罪と悪魔に対する戦いのただ中に立たせるのである。正造は、まさに、「地獄地」にして「魔境」の谷中のただ中で、これを悟ったのである。

翌四十年一月二十六日の手紙で、正造はこう述べている。「年は年々老へて、精神は年々若くなります。肉と交換です。奇妙です。肉に別かる丶を悲むものは愚なりですから、只社会に別かる丶を悲めるならん。キリストも死にのぞみて曰く、神よ神よ何とて我れをすて賜ふやと。これ死を悲むにあらず、社会を悲みたるに過ぎず候」（原田勘七郎宛）。十字架上において義を求める絶望的な叫びこそ、イエスの最後の叫びであった。弟子はその師に優ることはない。師の歩みは、また弟子の歩みでもある。正造も、師キリストの歩み（十字架と復活の道）を歩み始めるのである。

正造は、その願いをもちながらも、最後まで洗礼を受けることがなかった。しかし死の直前に、正造は次のような言葉を残している。「悪魔を退くる力らなきもの丶行為の半はその身もまた悪魔なればなり。已に業にその身悪魔の行為ありて悪魔を退けんは難し。茲に於てざんげ洗礼を要す。ざんげ洗礼は已住の悪事を洗浄するものなればなり」。そして、この数行の絶筆の最後の途切れた一行は、キリストの十字架上の最後の言葉「わが神、わが神、何とて我を見捨て給うや」（マタイ福音書二七・二六）を踏んだ「何とて我を」（大正二年八月二日、日記）であった。

この死の一か月前の数行の絶筆は、イエスの「わたしに向かって、『主よ、主よ』と言う者が皆、天の国に入るわけではない。わたしの天の父の御心を行う者だけが入るのである」（マタイ福音書七・二一）という言葉を想い起こさせる。すなわち、たとえ、この世で洗礼を受けることがなかったとしても、神の意思を行う者は、かの日（最後の審判）には、キリストは天の父（神）の前で、その人を「わたしは知っている」（マタイ福音書一〇・三二～三三、二五・三一～四六）と言って、受け入れるのである。

イエスは、たとえ彼のみ名を告白することに繋がらなくても、正しい事柄のために苦しむ者を受け入れるのである。イエスは、彼らをも自らの保護、責任、要求の中に入れるのである。こうして正しい事柄のために迫害される人は、苦しみを受け責任を負う時に、キリストのもとへと導かれ、キリストに訴え、自らをキリスト者と告白するのである（ボンヘッファー『現代キリスト教倫理』）。それは、正造の戦いの生涯、とりわけ谷中入村後の戦いの生涯を顧りみたとき、内的な必然性をもつことであった。それゆえ、死の一か月前に記した数行の絶筆の最後の途切れた一行、キリストの十字架上の最後の言葉を踏んだ「何とて我を」こそ、正造が自からをキリスト者と告白するものであった。すなわち、この瞬間に初めて彼がキリストのものであるということが明らかにされたのである。

こうして正造は、谷中人民と日本国民の救いを求めて、次のようにキリストに訴えるのである。

「今この地方人民を見る。徳川氏の温和的圧制に慣れ、二百余年の遺伝性となり、一に畏敬、二に恐懼、三に畏怖、四に謹慎、五に、卑屈、六に堪忍、七に忍辱、八に依頼、九に官尊等の文字より生ずる消極的謙遜、形容的礼節、終無精神となり、偽善的忠義、吝ショク的節倹等、以て頗る非なる性となりて、終に徳川二百年の余弊は四十五年をへてますます甚しきに到れり。而もこの弊より発する悪徳なるもの、これを道徳と誤解するに到らしめたり。この時に当りては断じて古きをすて丶、新鮮なる宗教キリストの曰く、一切をすて丶我れに従へよ、とのたまへしを以てせるの外この国民を救い出すべき道なし。今の日本豈尋常無力の宗教を以て救うべからざるなり。キリスト今何処にあるか」(四十五年三月、日記)。

また、徳川二百年の余弊による日本人の気風についても次のように言う。

「日本人の気風は下より起らず上よりす。民権も官よりす。……日本の民権は民人より発揚せるにはあらざるなり。憲法すら上よりせり。嗚呼、一種不思議の気風なり。日本今君主専制国の如く、又立憲の如く、盗賊国の如く、此三種を以てせり。危し危し」（四十四年十一月、日記）。

正造は、こうした徳川二百年の余弊、そしてそれからくる日本人の気風をキリストに訴え、国民の救いをキリスト教に求めるのである。

十一　谷中村の強制破壊

さて、栃木県が遊水池を造ろうとして買収対象にしていた谷中村の堤内地区には、今なお十六戸、一〇〇余人が残っていた。これに、提内に土地を持つ堤外居住の三戸も加わって、合計十九戸が最後まで立ち退きを拒絶していた。

明治四十（一九〇七）年六月十二日、栃木県は、この残留民十九戸に対して、六月二十二日までに立ち退きのない場合は、強制執行するとの戒告書を手交した。実は、これに先立つ五月二十九日に、県は谷中残留民が受領拒絶した買収金を宇都宮本金庫に供託したために、事実上の買収は成立していたのだ。しかし、立ち退き期限の二十二日になっても残留民は立ち退かなかったため、県は二十八日までに立ち退くようにとの再戒告書を手交した。もはや、立ち退き強制執行は時間の問題だった。

六月二十九日、ついに、正造の強制破壊の中止や延期の嘆願もむなしく、残留民は強制破壊の日を迎えた。この日の早朝、県警の植松部長に率いられた警官五十数名と人夫数十名は、正造や都下の新聞記者の見守る中で、佐山梅吉宅から破壊を始めた。そして、七月五日には全家屋が破壊され、用材は雷電神社跡に野ざらしのまま棄て置かれた。祖先伝来の家屋を失った残留民たちは、各々破壊された用材で仮小屋を建てて雨露を凌いだ。それは、正造も予想していなかったことだった。彼は、残留民たちの行動に大きな衝撃を受けた。また、鉱毒問題について、すでに沈黙してしまっていた各新聞も、強制破壊については大きく報道した。

強制破壊後間もなくして、川俣事件を担当した花井卓蔵ら弁護士と島田三郎、日本キリスト教婦人矯風会の矢島楫子などが、谷中の悲惨な状況を見て、東京に谷中救済会を結成した。そして、救済会は、強制破壊を受けた残留民から不当買収価格訴訟を起こしてはどうかという提案をしたのである。もっとも、残留民たちは強制買収そのものを不当として、破壊を受けてもなお居座っているのだから、それはそもそも矛盾した提案だった。

谷中救済会と正造及び残留民との間には、初めから考えに違いがあった。救済会は、県が谷中永住を認めない場合、残留民を堤外地の恵下野へ暫定移住させるよう県と交渉することを活動の主目標としていたのに対して、正造たちは、残留民が谷中内の所有地を耕作しながら谷中復活まで長期間住める場所を求めていた。残留民は、救済会の不当買収価格民事訴訟の提案と時を同じくして、救済会に、谷中村破壊の不法不当性を二十六か条にわたって列挙した「憲法及び国民の生命権利に対し安全保証を与えられ又人道のために臨時救済の方法を立てられ併せて谷中村の土地復活を期せられたき請願書」を提出したが、それに表明された彼らの基本的立場にも拘らず、結局、残留民は救済会の勧告に従い、やむなく栃木県に対する土地収用補償金額裁決不服の訴えを宇都宮地方裁判所栃木支部に起こしたのであった。

しかし、双方の間に初めからあった考えの相違は、その後も埋まることなく、結局、救済会側は訴訟から手を引いてしまった。後には、やむなく受け入れた訴訟だけが残り、訴訟費用の負担も含めて、正造と残留民は非常な苦労をしなければならなかった。救済会は自然解消し、ひとり裁判だけが正造の死後も続けられ、ようやく大正八（一九一九）年までかかって残留民の勝訴となった。この谷中救済会について、正造はこう述べている。

「実に救済会は正造の奔命に苦しめ、幾多の苦痛を与えて、却て人民救済の証蹟なし。人道を解せぬ県吏の中条をその儘に耳にせる人々のために、何ともかくもこの八か月間の苦痛。正造の出京は全く五、六回以上に渉りたり。抑も救済会は何人の発起せるものか。社会的行動にはじまり虐待に畢らんとす。……残留民の移転仲裁は移転にあらず。恵下野六ケ月もしくは一ヶ年とは旅舎の周旋なり。救済会は何んのために移転説を以て残留民に対せざるか。県吏の引出し説、旅舎説の外思慮なきか。移転と旅舎とは区別あるものに候。救済会死してこの旅舎説を以て残留民を苦しめ、以て社会をも欺かんとするものに候」(四十一年四月十三日、逸見斧吉・木下尚江・安部磯雄宛)。

十二　谷中の人民の中に入る

強制破壊後間もない八月二十五日、前日より急速に水嵩を増していた渡良瀬川が氾濫し、大洪水が谷中を初め、利島、川辺など沿岸諸村を襲い、甚大な被害をもたらした。正造は、ちょうど古河町に滞在していて、この大洪水に遭った。正造は、翌日、二〇〇石の船で仮小屋の残留民を収容しようとしたが、彼らは病人すら収容に応じようとしなかった。こうした谷中残留民の姿を見て、正造は大きな衝撃を受けた。その衝撃がいかに大きなものであったかは、次の逸見斧吉への手紙を見ると明らかである。

「只関心なのは谷中人民の忍耐にて候。我々の考えの上にてありし。但し、これは種々原因によりて候。研究々々。精々研究いたし可申、真相未だ相分り兼候点有之候。要するに信の一字に帰しましょう。或は生活上より割り出したのも多い。但し、その信や何んの信にてもです。信の力は非常ではあります」（四十年八月二十九日）。

「人と人との争い計りでは解決せぬ問題も、天の神様は必ず解決します。人と人との争いを解決するは戦争と裁判、議会の狭き内に無理押付けの解決のみ。自然の解決は天の業ならざるなしで。正造がぬれたきもので病人の資格に欠乏して困りて苦痛を忍ぶは忍ぶの難儀あり。谷中の人々水野、間明田二人もと病人できものぬれたはもとより、而も水の中に安座して怒涛をさけるまで殆ど平気、これは自然にて正造ほどに深く苦痛ともおもわざりしならん。この点は、この人々の自覚は神にも近き精神となり、正造の方は止むなくしてこの境遇なり。故に及ばざる遠し。それ神あり。人これを見止める事茲にあり。只神となりても自身これをしらざるあり。神に遠き人にしても神を見るときあり。及ばざるもの必しも愚にあらず。智者必しも智ならざるも亦茲にあらんか」（同年九月一日）。

強制破壊後も仮小屋を建てて、なおも残留し続ける谷中残留民に大きな衝撃を受けた正造であったが、さらに、八月二十五日の渡良瀬川大洪水によって、一面濁浪怒濤の海となり、悉く水没した自家の水塚の上に、水に浸かりながら平然として耐え忍ぶ彼らの姿に、「神にも近き精神」を見て、自己の存在が根底から揺さぶられる激しい衝撃を受けたのであった。強制破壊とそれに追い討ちをかけるように襲った渡良瀬川大洪水を境にして、正造は全く別人のように変わった。正造は、この時の心境の変化をこう記している。

「人類のためとなるには、先づその人類の中に入りてその人類となるなり。魚をあさるものを見よ。先づ自ら魚のむれに入りて魚の生活のありさまをしりての上に魚を得る。人のためをなすには、その人類のむれに入りてその人類生活のありさまを直接に学んで、又同時にそのむれと辛酸を共にして、即ちそのむれの人に化してその人となるべし。而して、そのむれの人類が皆我同志となり、これを人を得るの法と云ふ。魚は籠に入れて持ち帰る。人は持ち帰る事を得ず。玄徳の孔明、文王の大公望の如き、持ち帰りたよふ、皆各王人類のむれに入りて、この人類中の偉物を得たので持ち回ったのでない、これに師使したのである。又人は銭で買ると云ふ。買るけれども売りに来たのを買えば腐れたのをはめられる。人は魚の如くならず。魚は魚屋がもって来る。腐れた腐れぬかは下女の鼻一つでしれる。人は下女の鼻一つではしれない。又今魚を取る人に獣を取れとは無理なるに、況んや、人類が人類以外に立ちて人のためにすとは、木により魚のるいよりも甚」(明治四十年十月、日記)。

明治三十七年七月三十日、正造は谷中村買収を阻止するために、同村の川鍋岩五郎方を寄留先として移り住み、「谷中学初級生」として、「谷中の戦争」、その難戦を戦うのであるが、下層人民の真相を知ることの難しさを嫌というほど思い知らされた。しかし、今や正造は、強制破壊後も谷中に踏み止まり、しかも大洪水によって濁浪怒濤の海となっても耐え忍ぶ残留民たちの姿、その精神に大きな衝撃を受け、彼らと「辛酸を共にし」、谷中の「むれの人に化してその人となる」ことを決意したのである。すでに、大洪水の十日前の八月十五日、それを予示するかのような手紙を、キリスト教徒でもある逸見斧吉に書き送っている。「予は人を見んとするために見へず。人となりて見ることをしらざりし（人を見るは非なり。人となるは是なり）」。

まさに、四十年八月二十五日の渡良瀬川の大洪水は、正造の存在を根底から激しく揺り動かし、彼が「人となる」決定的な契機となった出来事であった。残留民たちの姿、その精神は、一方で自己を固執しながら、その姿勢のまま、人を教えるとか人を救うとかいう正造の思い上がり、正造自身の言葉で言えば「知識の軽便者流」を、木端微塵に打ち砕いたのである。そして、互いの間にあった垣根が取り払われ、正造をして「むれの人に化してその人となる」べく、神を失った世界に対する「神の苦しみ」に共に与ろうとするのである。今や、正造はイエス・キリストにおける神のメシアとしての苦しみの中に引き入れられていくのである。それは、自分の十字架を負ってキリストと共に苦しむことであった。神なきこの世の苦しみの中で神の苦しみに与ることによって、人はキリスト者に、すなわち人間になるのである。

一方、四十年十月七日、宇都宮地方裁判所栃木支部において開廷された不当買収価格訴訟第一回公判後、東京救済会弁護側は示談解決を薦め、残留民を驚かせた。結局、先に言及したように、救済会は残留民との間に意見の相違が決定的になり、訴訟から手を引き、自然解消した。その根本的原因は、救済会の百姓の暮しに対する無理解にあった。都会生活者とは、そもそも百姓の暮しは違うのである。

十三　辛酸佳境に入る

ところで、この頃、谷中から移住した村民のうち復帰する者が出現し始めた。正造は、彼らを心に留め、こう言っている。

「上本郷、下本郷に帰せる移住人凡四十八人あり（十二戸）。先頃の洪水に付、俄に米及金を貰ふに付、寄留籍を入れたのですと、そして帰参は大体本年春二、三ケ月の頃です。さすれば一方には帰参をゆるし、一方は家屋を破りたのです。一方は救助米を与えて、一方には与へず、且つ破壊後に至りて県税戸数割を取り立てたのです。実に滑稽茶番です」（四十年十一月十八日、逸見斧吉宛）。

「イカナレバ前に示談で売りたる三百人以上の移住民が土地を失ってより、今那須にて不作飢喝して県に押込んだる出来事のあるほどで、各所の移民皆生業の変遷になやみ来り、飢へんとするもの多くなりましたとのよし」(四十一年八月一日、逸見斧吉宛)。

移住して間もないのに、かなりの人が帰参しているのに驚く一方で、悲惨極わまりない仮小屋生活をする残留民に、最初の冬が訪れようとしていた。最初の冬を前にした残留民への正造の心配は、今や、「田中も谷中の人民に付」(四十年十二月三日、島田栄蔵外宛)と記しているように、「むれの人に化してその人となる」ことからくる心底からの心配であった。「只この冬は如何にして凌ぎ得るか。已に今仮小屋の夜の寒さは堪へがたく候」(同年十一月二十六日、逸見斧吉宛)。「とに角この寒さのふせぎ大切々々。出来得る丈けの御用意いたさせ度候。毎戸の台所を掘りて、その土を四囲の廻りに置く事。又蔑芽をかり取り、その囲にきせかける事その他いろいろ御教訓被下度候」(同年十一月二十六日、島田栄蔵外宛)。

明治四十一年二月十三日、谷中残留民の竹沢友弥が死んだ。我れは死すともこの地を去らず、無法無政府の現在、何れの地に至るも人民の保護なしと信ぜり、救済の名の下に人民の家屋を破壊するの強勢に対しては、死すともこの処を去らざるなりと、頑強に踏み止まっていたが、ついに病没した(六十一歳)。竹沢友弥の死は、権力が人間の生きられないところにした、その土地で生きるという道を選択した残留民の戦いを象徴するものだった。まさに、「人外境」谷中で生き、そして死した竹沢友弥の晩生は、谷中の戦いの核心をさし示している。

竹沢友弥の死、そして翌年の五月二十六日に「今死するは残念」といって四十五歳の若さで死んだ水野彦一、この二人の死は正造に大きな衝撃と影響を与えた。「吾人もし衷心より喜んで主に従えば、また首を枕する所なからんも、必ず所なきに非ざるなり」（新井奥邃）という「辛酸入佳境」の精神をもって谷中に入り、神に救われるか、悪魔にさらわれるかの絶対の分かれ目を、裸のまま風雨に晒されている残留民の中に、とりわけ竹沢友弥と水野彦一の二人の姿に強く魂を揺さぶられ、正造は神を見たのである。正造は、その時の衝撃的な心象を、荒野で飢えて悪魔に誘惑されたイエスに関して記したマタイ福音書四章一～一一節を念頭において、こう言い表している。「いかなる人にても、野に裸体のまゝ風雨にさらさば真面目となれり。この時の一瞬間、神に救わるゝなり。又悪魔にさらわるゝなり。石をパンにせよとはこの時にあり。人はパンのみにて生きるものにあらずと答えしはこの時なり」（四十二年五月二十八日、日記）。

この「荒野の誘惑」で語られているのは、私が試みを受ける場合に、イエス・キリストの受けた誘惑そのものが私の助けになるということ、すなわちキリストがかつて受けた誘惑に与ることが、私の今受けている誘惑の唯一の助けであるということである。それゆえ、我々は、自分が今受ける誘惑を、イエス・キリストが受けた誘惑として受けとめ且つ理解しなければならない。正造は、今まさに、「人外境」谷中で試みを受けている竹沢友弥と水野彦一の姿を、その生死を、荒野でイエス・キリストが受けた誘惑として受け止め且つ理解したのである。その時、正造の「目にある梁」（マタイ福音書七・三）が取り除かれ、その魂、実存に劇的な変化が起こったのである。やっと、正造の目が開かれ、事の真相が見えてきたのである。と同時に、己れの愚、盲を悟ったのである。

時の過ぎるのは速い。正造もすでに六十八歳になろうとしていた。自分より若い者が先に死んでいくなか、老境に入った自分を深く凝つめ、心の内を正直に告白した手紙を、キリスト教徒の逸見斧吉に書き送っている。

「古人曰く、三人行けばその必ず我師ありと、《予は思ふ、三人行けば》三人皆師、社会億万の同胞皆我師たりと自覚いたし候。如何可有之か。只老へて下級の学び何んとも埒明《不申候》。不幸三十年《政治方面の野》心家と交りて野心を空ふし、野心の中に野心を挿まざるのみにて寸功なかりしは又不幸この人情に丈けたり。今老て野心少なき農商の人情に《投ず。身を此》人情の中に投ず。老へて冷水を学ぶの愚、愚は即ち愚なり。車上貧民の巣屈を訪ふ。功少なく労費多し。《食は甘きを欲し、衣も》はやわらかきを欲するの老体を以て、この不便の地に入りて悲惨と飢餓とのむれに入らざれば、《近》き学びに至らず。《老生の》窮迫は誠にこの一事にて候。何も政治の虐待は今として正造の苦とするに足らず。獄に《死するは苦にあら》ず。只老へては学べざるもの多きに苦む。麁衣麁食して破屋に臥して、而してその人民の苦痛に学んで、《救へ》と云ふ思想の当然に発覚せるものならんか。もしそれ啻に見て以て憐れなりと思へ、聞へて《以て憐》れなりとせば、皮想に過ぎざるものあらん。身自ら寒く飢へるをしるに至るべきに、老へたる身はこれに背反《せる、困窮す》。一身の自由よりせば、ますます暖く甘く《やわらかき》を好めり。断じて云わば、貧は老の《敵》の強きものなり。《まずき》は老への敵のつよき《ものなり》。寒きは老への敵の強きものなり。老へてこの強き敵に付て学ばんとせば、而も我師は多し。この多き《我師は》。皆我強き敵なり。この点においてしらずしらずも汝の敵を愛するの一端にたどりつくものにはあらざるか」（明治四十一年六月十五日、逸見斧吉宛〔原本破損により《　》内は写本にて補ったもの〕）。

もうすぐ六十八歳になろうとする正造にとって、谷中残留民と「人外境」で辛酸を共にし、「むれの人に化してその人となる」ことがいかに大変なことであったか、己れの老いとの戦いでもあったことがひしひしと伝わってくる。地上における人間の生命は、ただ身体を備えた生として存在するが、その身体は年月とともに衰え、やがて滅びる（肉体の死）。特に老いは厳しい。正造が直面し、窮迫したのも、この如何んともし難い老い・老生であった。それは、信仰にとっても難敵である。特に、身体の衰えた晩年の正造の谷中の戦いは、日々自身の老いとの厳しい戦いでもあったのだ。

一方、明治四十一年七月二十一日、栃木県は谷中堤内に河川法を準用することを告示し、残留民の追い出しを図った。さらに、同月二十八日には、河川法準用地域内占用土地及び建造物は九月十日までに許可を得るよう通達したのである。これにより、残留民の仮小屋も谷中堤内の耕作も県の許可が必要となった。正造はじめ残留民たちは、ただちに谷中堤内への河川法適用反対運動を行い、知事や内務大臣に対して不当処分の取消訴願書を提出した。また、正造は谷中復活に深い理解をもつ碓井要作ら五県会議員に熱心に働きかけ、彼ら五県議は十二月十四日に河川法準用告示取消の意見書を栃木県会に提出し、賛成多数によって可決された。しかし、県会の決議にも拘らず、県当局は国の意向そのままに、残留民の追い出しを迫り、残留民が流失した麦取畦畔復旧工事に着手しようとすると妨害したり、仮小屋を建て替えた者を河川法違反で起訴し、罰金を課したりした。こうした国の意向そのままの県当局の不当なやり方を、正造は憤りをもって木下尚江にこう書き送っている。「谷中人民いよいよ嬲(なぶ)り殺しにされる幕は開けたのです」（四十一年九月二十五日）。

今や、正造は、「夜は夢に谷中に帰らざるの夜は一夜もなし。毎夜谷中に帰る」（四十一年十月十四日）と谷中残留民に書き送るほど、「むれの人に化してその人となり」つつあった。自からの老いとの厳しい戦いでもある谷中の戦いの中で、夢に毎夜谷中に帰るほど、正造はイエス・キリストにおける神のメシアとしての苦しみの中に引き入れられていくのであった。

前にも言及したように、四十年十月頃から、谷中から移住した村民のうち復帰する者が出現し始めていたが、その年の暮れ頃には、移住民五十戸計り帰村し、堤内は六、七〇戸となっていた（四十年十二月十四日、碓井要作宛）。この事実は、国・県の移住政策がいかに「まず追い出しありき」の無謀なものであったかを証拠立てている。移住政策とは名ばかりで、実際は棄民政策にほかならなかった。

十四　広き憲法の構想

明治四十二年三月二十日、正造は「破憲破道に関する請願書」を栃木県議会に提出するとともに、島田三郎らに依頼して同じ内容の質問書を第二十五回帝国議会に提出してもらった。正造は、その冒頭でこう言う。「凡そ憲法なるものは人道を破れば即ち破れ、天地の公道を破れば即ち破る。憲法は人道及び天地間に行わる、渾ての正理と公道とに基きて初めて過甚少きを得べし。現政府が栃木県下都賀郡元谷中村に対する行動は日本開国以来未曽有の珍事にして、人道の破壊、憲法の破壊、蓋しこれより甚しきはあらざるべし」。

これは、正造の憲法観の集約的到達点であり、後ちの「広き憲法」の構想に通じるものである。政治を捨てた正造ではあるが、しかし憲法や立法機関としての議会の重要性については変わらず保持していた。正造にとって何より肝心なのは、人道・天権を憲法や議会の基礎として捉え、したがって議会を人道・天権の運行場として、そしてそれら天権・人道から憲法及び法律を解釈し、運用することであった。これにより、官吏の法の技術的解釈による人民抑圧を妨止することができると言う。

立法議会を人道・天権の運行場として捉え、憲法を人道及び天地の公道、正理に基づくものであるとする主張は、「広き憲法」の構想へと展開していく。すなわち、晩年の正造にとって、国家の破憲・破道の行為は、それどころか天地を砕く行為（自然破壊）であり、創造の神を怖れない、神への挑戦以外の何ものでもないのである。それゆえ、彼は「天地より、その形勢より改革新築する」（四十二年八月、日記）課題を自己に課し、国家、社会、人類の生命を永続させるためには、「憲法、法律、教育の渾てを全廃して、更に天神を基とせる方法、すなわち広き憲法を設くべし」ことを最重要な事業とするにいたるのである。なぜなら、「誠に天則によらば即ち憲法の天にかのふ」からであり、「真理を中心とする憲法」であるからである（四十五年一月、日記）。

正造にとって、谷中問題の如く、官吏が土地収用法の適用や河川法の準用といった法律の理屈をもって凶暴なやり方をすることは、まさに、法の乱用、憲法の破壊、そして何よりも人道の破壊にほかならなかった。正造は言う。「今の法律は矢玉の如し。遮らざれば必ず人を射殺す。民声叫べ。……法のために人民あり、人民は的の如し。法律は矢の如し、法律は弾の如し、人民鳥獣の如し。但し命令の力は法律より強くして、訓示の力は命令より強し。今の政治は訓示を以て憲法、法律の上に置けり」（四十二年八月、日記）。

薩長藩閥政府の専制とその下における官僚による憲法よりも法律を、法律よりも命令・訓示を上に置く法の運用は、憲法を蔑ろにしたものであって、人民の命と生活を重視したものではないことを、正造は厳しく批判する。正造にとって、憲法は人道及び天地の公道・正理に基礎づけられたものであり、それは法律の根本であり、したがって行政は憲法・法律の理念に基づいて行われなければならないものである。そして、憲法の理念は、人民の命と生活を第一とし、その天賦の権利を保障することにあるのである。我々人間の生命は、ただ身体を備えた生として存在する。ゆえに、我々人間の身体は維持される権利、天賦の権利をもっているのである。

このような憲法観に立って、正造は政府を批判し続けたのである。だから、谷中復活のために議会への請願など政治的手段を捨てようとしなかったのである。「憲法擁護とは衣類にショウノウの薬の如し。虫防ぎなければ衣類の織目正しき虫食へ、着るときばらばらにきれなん。憲法正条ありとも、虫食へぼろぼろとして用へられず」（四十二年八月、日記）。

また、政治非認者をもって自認する木下尚江と逸見斧吉にも、正造は次のように言っている。「政治非認者よりせば、破憲も亦常の事なりと云わんか。御尤千万なり。但し此くては余り一足飛びでありはせぬかと奉存候。今の政治非認の極端を云はば泥棒の来るのは道理である。今日の世に泥棒はけして無理のない仕事とは信じますけれども、亦一方防ぎ得る丈は防ぎて多く取られぬよふにせねばならぬ。左れば泥棒も御尤千万、これを防ぐも亦御尤千万でしょうと存じますけれども、神はいかにこれを教て両者を救ふや」（四十一年十一月二十二日）。

さて、正造はすでに六十九歳になっていた。この頃の自分について、このように言っている。「只神の命によりて肉体の斃る丶までの働きを為さんのみ。老生今や肉老へたり。進退いよいよ遅緩、常に俗機に後る丶が故にまたこの俗事何んの為す処なし」（四十二年一月二十一日、碓井要作宛）。ところが、この僅か五か月後には、こう言っている。「老生もこの谷中地方の水害中に起臥満五ケ年、未だ定めの家なし。毎日巡回、至る処に枕して虱子と同行、蚤蚊と苦楽を共にす。時に風月は高く、清風は徐に来り、波間魚躍るを見、村歌辺に耳を喜ばしむ。我人生無限の快。神とも縷々感ずるあり。人には逆境はなきものなり。皆楽みなり」（同年六月二十三日、原田たけ子宛）。

一年前には、谷中残留民と「辛酸を共にし」「むれの人に化してその人となる」ことが、老体の自分にとって如何に窮迫であるかを正直に告白していた正造であったが、しかし今では、「我人生無限の快。神とも縷々感ずるあり。人には逆境はなきものなり。皆楽みなり」と言うに至っている。驚くべき変化である。これは、日毎に老いてゆく我が身の一方で、彼の信仰の戦いがいかに壮絶であったかを示している。翌年七十歳のとき、このように揮毫している。

世の人の順境なるものは
　予の逆境とする処
世の逆境とする処は
　即ち予の順境也

四年半前には、正造は「我れは苦しむを以て楽しむ。キリストの危険を侵すも覚悟なり」、また「人或はこの肉体の苦痛こそ佳味佳境に入るを知るもの少なからん」と言っていたが、今まさに、その言葉どうり苦しみを楽しみ、神をしばしば感じる境地に入ったのである。この世の苦しみの中で、すなわち「魔境」・「地獄地」・「人外境」谷中の残留民において苦しんでいる神の苦しみの中に自から入っていって、神の苦しみに与ったのである。人は、イエス・キリストにおける神のメシアとしての苦しみの中に入って行き、キリストの苦しみを共に苦しむ――自分の十字架を負う――とき、神を身近に感じるであろう。

正造は、マタイ福音書一一章二八～三〇節のイエスの言葉、「疲れた者、重荷を負う者は、だれでもわたしのもとに来なさい。休ませてあげよう。わたしは柔和で謙遜な者だから、私の軛を負い、私に学びなさい。そうすれば、あなたがたは安らぎを得られる。わたしの軛は負いやすく、わたしの荷は軽いからである」に、どれほど慰められ、勇気づけられたことであろうか。このイエスの招きの言葉が正造の心の内に深く宿り、「人外境」谷中の苦難の中で、研ぎ澄まされ、躍動し、ついに光（キリスト）を放つようになったのである。

十五　谷中代人生として

明治四十二年九月、明治政府は渡良瀬川の改修工事を発表した。この内務省起業による全面的な渡良瀬川改修工事は、谷中村の西側を流れる渡良瀬川の河筋を変更して、藤岡町の高台を開削して新しい河筋を造り、渡良瀬川を一挙に谷中村の中を南下させて利根川に合流させるというものだった。しかも、谷中村を中心にして、先の買収には含まれていなかった谷中村堤外地や部屋村、赤麻村などの一部（赤麻沼）を加えて、そこに一大遊水池を造ろうというものだった。政府は、渡良瀬川氾濫の際の遊水池による水量調節及び群馬・栃木両県境を屈曲して流れる渡良瀬川河身の直線化による河水の流れ方の円滑化を図れるということを、この改修工事の理由とした。

政府は、栃木・群馬・埼玉・茨城四県に渡良瀬川改修工事費分担（渡良瀬川等の河身変更、谷中堤内外を中心に遊水池化）を諮問した。正造は、谷中残留民と共に、この渡良瀬川改修工事案に対する反対の陳情書を栃木県会や埼玉県会などに提出し、反対運動を続けた。しかし、群馬県会は九月十日、この改修案を可決、栃木県会も同月二十三日に可決した。茨城県会と埼玉県会は、一旦はこの改修案を否決したが、結局、茨城県会は十一月二十八日に、埼玉県会も翌年二月九日に、それぞれ可決した。これを受けて、四十三年三月二日、政府は渡良瀬川改修費を四十三年追加予算として総工費七五〇万円、十四か年継続事業として、第二十六回議会に提出し、二十三日に可決した。もし、この渡良瀬川改修工事が実施されれば、谷中村復活の望みは完全に絶たれることになる。

正造は、第二十六回帝国議会閉会の四十三年三月二十三日を目して、「谷中代人生」の名で、若き盟友島田宗三に、次のように書き送っている。

「議会は、明二十三日を以て議事終了するとの事、多分七百万円の詐欺的国費負担せられて遊水池は出来て鉱毒の沈殿池となり、毒水を飲みて魚も人も死する場合に至らん。但し数年間は余地あるものなれば、我々諸君の決心、即ち憲法と人権とによりて前途ますます正しき道をふめば一同は少しも困難なく、却て浮き上る事に相違なし。然れども例の考も無く浅き心、小さな慾心より又々だまさるれば、夫れ大へんな損となりてこの上生きる道なき深き地獄に落ち入るのですから、早々皆々に明日議会成行、明二十三日ののちに集会して御申合わせ可被成、正造も帰ります。……是より国家の方を心の内にすてゝ、すべて社会の人々に請願するの方針に改める事をよくよく御はなし可被下候。……兼々申上候今日は日本全国、国家と申す方面は亡びてないのです」（四十三年三月二十二日）。

正造は、渡良瀬川改修工事が実施されるまで、まだ数年間の余地があることから、これまでの国家から社会の人々に請願するの方針に改めて、憲法と人権に基づいて、あくまでも渡良瀬川改修案反対を主張する。ここで正造の言う国家とは、町村役場及び町村会、郡役所及び郡会、県庁及び県会、政府及び帝国議会のことであり、社会の人々とは、役人や議員でないただの人のことである。

ところで、この手紙で、正造が「谷中代人生」と自分を称していることは、キリスト教の信仰にとって、したがって正造理解のうえで非常に重要である。

イエス・キリストの誕生は、すべての「肉」（人間）の救いのための神の子の受肉である。神の子でありながら人間となったイエスは、我々に代わって生きた。イエスは、すべての人間の「私」を受け入れ、担う方としてのみ生きたのである。彼の生活、行為、努力全体は代理であった。この真実の代理的行為によってこそ、イエスは、まさに、責任を負う者そのものなのである。イエスの生涯が教え示していることは、代理は、そしてそれゆえに責任は、ただ自分の生活を他の人間のために捧げ尽すところにのみ存在するということである。しかも、ただ自分を無にする者のみが、責任をもって生きることができるのである。つまり、責任を負うためには、完全な無私性が必要なのである。そうでなければ、自己絶対化や他者絶対化という二つの危険に陥るからである。前者の場合には、責任関係というものが暴力的抑圧や独裁を生み出すことになり、後者の場合には、自分が責任を負っている他の人間の幸福が絶対化され、その他のすべての責任が無視されてしまう。神は、イエス・キリストにおいてすべての人間の神なのであり、責任を負われるのである（ボンヘッファー『現代キリスト教倫理』）。

正造が「谷中代人生」と自分を称している。「わたしのために光陰を費さず、わたしのために心配せず。……只少しもわたくしを以て公共〔人民〕のためを中止するものにあらず。……ただ少しもわたしのためにせざるのみ。天のためにせるの光陰は多い事にせねば天に仕ふ人にあらず。必ず私を捨てて天に仕ふべし」（四十四年七月、日記）。

まさに、正造は、自分の困窮や自分の問題、自分の罪、自分の不安などを先ず考えるのではなく、神の道＝イエス・キリストの道に、メシヤの出来事に、自分も入って行って、その結果、イエスにおける救いの業が成就されるように献身したのである。そういう意味で、正造はマタイ福音書八章一七節の「彼はわたしたちの患いを負い、わたしたちの病を担った」という言葉を、特別な思いをもって読み、受け止めたに違いない。それは、この旧約のイザヤ書五三章四節からの引用の言葉に明瞭に示されているように、キリストは自分の全能によってではなく、自分の弱さ、無力と自分の苦難によって人間に助けを与えるからである。正造は、まさに、この無力な弱い、苦しむ神、イエス・キリストを谷中残留民のうちに見たのである。彼は、四十三年八月の日記に、こう記している。「窃に思ふ。予の多年のたのしみは何かと思うに、……最弱を以て最強に当るにあり」。

かくして、正造は、ついに、一つの悟りに、すなわち虚位の境地に立つにいたるのである。「ア、うれしや、我は虚位と云う事をさとれり。ア、今にして漸く之を自得せり。我誠に虚位たらば零点なり。我又何物か一物なし。田中正造なるものなし。身もなし。身なければ形なし、心なし。是誠虚心なり。世の所有なる文字は更らなり。自他も又なし。誠に虚位にして貧しかれ。貧しと云ふ文字もなくならん。茲においてはじめて天国は皆我物たりと云う事をさとれり。うれしき御事にて候」(四十二年九月、日記)。

今や、三十七年七月三十日の谷中入村後の、とりわけ強制破壊(四十年六月二十九〜七月五日)後の正造の生活、行為、努力全体が「代理」＝「谷中代人生」としてであり、そしてそれゆえに、彼は「責任」を負う者となっているのである。我々がもし自分自身のことを完全に忘れ、自分自身のことをもはや意識しなくなるならば、その時にこそ、キリストのために十字架を負う準備ができたことになるのである。今や、正造は、まさに、十字架を負う準備ができたのである。

十字架を負うということは、キリストの苦しみに与ること、キリストと共に苦しみ、そして捨てられることである。捨てられるということは、苦しみが最後のところでなおもっている人間の最高の宝、すなわち自分の尊厳と名誉をも奪われるということである。〈人々に苦しめられ、排斥され、侮辱を受け、捨てられる〉ということ、これこそが、十字架の苦しみが本質的にもつ特徴である。正造は、「人外境」谷中で苦しむ残留民たち、特にそこに踏み止まって、まさに〈人々に苦しめられ、排斥され、侮辱を受け、捨てられ〉ても、最後まで戦うことを止めなかった竹沢友弥と水野彦一の姿に、苦しむキリストの姿を見て、自己の存在が根底から激しく揺さぶられたのであった。正造は言う。「キリスト何とて我をすて賜ふやと云へるなり。神に尽くせる事此くの如し。信仰の厚き玆に至る。信仰の完からぬものにて、此言の出るなし」(四十二年十一月、日記)。正造が死の直前に書き残した最後の言葉も、この「何とて我を」であった。

十六　河川調査行脚・治水観の成熟

ところで、正造たちの反対運動にも拘らず、渡良瀬川の河身改良と広大な遊水池造設の工事は、この川の鉱毒水に痛めつけられている上流被害民を非常に喜ばした。彼らは、この工事によって鉱毒被害から逃れることができると、双手を上げて歓迎したのである。四十二年九月から翌年二月にかけて、渡良瀬川上流沿岸被害民は、この渡良瀬川改修案成立のために積極的に運動したのだった。

先にも言及したように、谷中村強制破壊直後の四十年八月二十五日、渡良瀬川が氾濫し、大洪水が利根・渡良瀬両川の下流域に大きな被害を与えた。谷中、川辺、古河町を中心として東西八〇里、また南利根川より南北五里半、この区域町村四十八が皆、一面白浪怒濤の海となった（四十年八月三十一日、島田三郎宛）。正造は、この大洪水の核心的原因について、こう主張する。

「さて又洪水の一方、この人造の天災は利根川逆流町村四十五ケ町村です。……已にして谷中の瀦水が無効無用無益有害の甚きは、今回世上皆之をしれり。しると同時に、谷中と同一の運命に陥る村々数十の多きに至りたるほどの大問題にて候」（四十年十月八日、蓼沼丈吉外宛）。「関宿、関宿、関宿なる哉です。他は語るの用なしと云ふも可なりです」（同年十月二十日、碓井要作宛）。

そして、それから二年後、渡良瀬川の河身改良と広大な遊水池造設計画が浮上する中で、正造は谷中問題の核心と治水の大要について、次のように主張する。

「谷中問題は関宿にあり、関宿は鉱毒にありと云ふ事、及三十五年調査会は折角にも雲龍寺、川俣の産み出したる結果、その末が遊水池を瀦水池と変名して、今は亦改修と仮名して、下都賀に一大毒海凡四か五か六千町か計りかの確然たる自分の調査もなし。……治水は天の道なり。我々の得てよくする処にあらず。只謹み謹みて他を害さざらんとするのみ。流水の妨害をなさざらんと欲するのみ。苟くも流水を汚さざらんとするのみ。清浄に流さんとするのみ。村々国々郡々互にこの心にて水に従わば、水は喜んで海に行くのみ。我々只山を愛し、川を愛するのみ。況んや人類おや。これ治水の大要なり」（四十二年九月二十四日、山本栄四郎宛）。

正造は、すでに渡良瀬川下流域の水害が、渡良瀬川の合流する利根川から分岐して江戸川となる、その江戸川流頭の関宿の石堤を狭めたことからくる利根川の逆流水にあることを指摘していた。それゆえ、谷中村の遊水池化は全く無効であると、結論していた。今や、正造にとって、関宿石堤取り払いによる利根川逆流阻止こそが、谷中復活の最も重要な要因となるのである。

かくして、利根・渡良瀬両川改修工事の反対運動は、もうすぐ七十歳になろうとする正造最後の戦いとなった。正造の反対の根本理由は、関宿の石堤にあり、その石堤を取り払い、流下水量を増大させることであった。正造は、その反対運動の一環として、その反証として、老軀に鞭打って利根・渡良瀬水系の河川調査に取りかかり、そして治水論を展開していくのである。

正造の河川調査行脚は、四十一年六月の渡良瀬・思両川の調査から始まる。その動因は、「利根川統一問題外江戸川、渡良瀬川、思川、中川、荒川等の東京以北関東五州治水問題が谷中問題と大関係ある一昨々年（三十九年）発見した」（四十一年六月三日、逸見斧吉宛）ことにあった。これを機に、正造の河川調査は頻繁になっていく。

「谷中を中心に渡良瀬、思、利根三河川逆流問題、五十ケ村のために奔走罷在候。本年も早く北方生井外数ケ村よりも早復活請願を急候。復活とは関宿の口を広げて五十ケ村の復活を期するにあります。藤岡町よりも復活請願運動中に候。茨城全県下治水会は関宿切り広げ運動中々盛んに着手いたし候。埼玉同断、群馬も同断に候。只下野人がグッグッするに困ります。谷中十六人の破屋小屋居住の諸君はますます正義の精神すら動かざれば、追々回復にいたる事疑へなしです」（四十一年七月二十一日、島田栄蔵宛）。

正造は、関宿解放への思いを、こう歌に表している。

関宿のさまたげなくば波静
　むかし思ば川水ひくし
（四十二年五月、日記）。

明治四十三年八月十一日、関東大洪水が起きた。この関東大洪水を機に、正造は河川調査によりいっそう力を入れていく。関東大洪水後の八月二十一日には、谷中残留民と海老瀬・利島村などの水害を視察し、九月には、関宿・境町付近の被害地や利根・渡良瀬・江戸川沿岸被害地を相継いで視察した。さらに、十一月から十二月にかけて栃木・群馬・茨城・埼玉四県の水害を見舞い、渡良瀬・利根・鬼怒・思川などの関係河川を調査した。そして、この調査にもとづいて、「下野西部の地形」について次のように論じる。

「治水は自然の地形及び地勢を愛すべし。山河川を愛すべし。而して地勢は水勢の大則也。況んや地形をや。地勢は多少の人意を加へ得とするも、地形は毛頭動すものにあらず。況んや古来その地形によりて村落を造り、数百年人民の生命茲に存在せるものなるをや」（四十三年十一月、日記）。

「むかしは水害浅く、堤み低くして深く憂へとするに足らざればなり。後ち河川法又改めりで、築堤学進んで堤高くなり、一朝の破堤、水害むかしに数倍す。……妄りに新川をほり山をきり、流水を左右せんとせば、一つの利を見て百の災害に及ぶものなるなり。治水は歴史的変化を鑑みざるべからず。妄りに天然の遊水池を塞ぎて、又妄りに遊水池を造るは傍若無人の考へなり。治水の何たるをしらざる近眼近慾流の悪事と云ふの外なし」（四十三年十一月、日記）。

正造は、西洋の高水工事方式と日本古来の低水工事方式とを対比して、こう歌に表わしている。

た丶いつ丶堤みを高く願ふなよ
　水はむかしの流れにせばや
（四十一年七月二十五日、逸見斉吉宛）。

そして、このように言う。「日本河川の自然に背ける堤防に付ては、又非常の罪悪と不経済の極度により尓後の革命を要せん。而も考案未だ熟せずとい丶ども、竊に思う。日本全国中過半の堤防はすべて皆有害なり、無益なり、とみとめました」（同年八月九日、逸見斉吉宛）。

明治四十三年十二月十九日から翌四十四年一月にかけて、正造は再び栃木・群馬両県の河川を踏査している。利根川・渡良瀬川・鬼怒川の中流及びその上流の枝川にあたる諸河川（那須・芳賀両郡を除く栃木県のほぼ全域及び群馬県東南部）を視察し、「河川巡視日記」に詳細に記録した。四十四年は、ほとんど河川調査に明け暮れた。

これらの河川視察を通じて、正造は、洪水を実際に体験した住民の口から、洪水時の水位、その変化の状態、出水の模様、堤防破壊・橋梁流落の状況などを詳細に聞き取った。特に正造が重視したのは、四十三年八月の関東大洪水時の水位と、二十九年、三十五年、三十九年、四十年など、それ以前の洪水の水位との比較であった。その結果、「天明以来の大洪水」といわれた四十三年八月の大洪水のとき、調査した諸河川の上流及び最下流では、意外に水位は低く、関宿以西の中流が高い水位を示していることがわかった。このことから彼は、洪水そのものとしては中等規模であったにも拘らず、大きな被害を出した最大の原因が、水源保護を顧みない山林乱伐に加えて、関宿の石堤や栗橋鉄橋など鉄道用鉄橋の橋脚など数々の流水妨害工事がもたらした流水の停滞及び逆流の影響によるものである点を指摘した。

こうして、四十三年八月の大洪水以降の関東一府五県にわたって、諸河川を精力的に跋渉踏査したことにより、正造の治水観は成熟していったのである。彼は、その治水観を次のように語っている。「古への治水は地勢による、恰山水の画を見る如し。その山間の低地に流水あり。天然の形勢に背かず。もし之に背、山水として見るを得ざるなり。治水として見るを得ざるなり。然るに今の治水は之に反し、恰も条木を以経の筋を引く如し。山にも岡にも頓着なく、地勢も天然も度外視して、真直に直角に造る。之れ造るなり、即ち治水を造るなり。治水は造るものにあらず。治とは自然を意味、水は低き地勢によれり。治の義を見れば明々たり」（四十四年八月三十日、日記）。

ところで、明治四十三年十一月頃から、各村役場は遊水池敷地内村民に北海道移住を勧めはじめた。これについて、正造はこう述べている。「旧十月新十一月、部屋村役場より命あり、先月二十四日の頃役場に人民出頭せし処、北海道庁の役人より説諭あり。北海道行きをすゝめたりと。よりて行くもの石川より瀬下氏先達して多数参ると云ふ」（四十三年十二月十一日、日記)。「近頃大島、西谷田へんにては天災説を主張して北海道移住をすゝめ、已に数十人の移住者出来に付」(四十四年一月八日、大出喜平宛)。

やはり、四十三年八月の関東大洪水が遊水池敷地内村民の北海道移住の大きなきっかけになったのである。谷中村の遊水池化を企図する政府・県は、明治三十七年十月施行の北海道移住促進政策の中に、この関東大洪水を機に谷中村民の移住問題も組み入れたのである。しかし、それは過酷な気候風土の地への事実上の「棄民」政策であった。この移住が、谷中村民を中心とする「水場」の窮民の棄民であったとは知らずに、彼らの多くは一旗あげて故郷に錦を飾ろうと思って移住していった。しかし、その夢は元々無理なことで、その過酷な気候風土に、彼らの多くはすぐに逃げ帰った。

正造は、北海道移住が谷中村民の土地復活の意欲をなくするための政府銅山党の奸策として反対した。「北海道より来た大山師又何者か。遊水池の村と人民人心を買収して誘惑して居る。中に村役人なぞ大だまされになり、甚だしきなり。第一、北海道移住すすめの急なるは天災々々の声である。人造水害と云わせぬ考である。実に困った事」(四十四年三月十六日、竹沢房蔵宛)。「被害地人民を北海にやるは、衣を汚したるため虱わく、これを拾ふて捨てるが如し」(同年五月、日記)。

前にも述べたように、正造は四十四年のほとんどを河川調査に費やしたが、それは利根川全流、那珂川、箒川、小貝川、鬼怒川及び印旛沼・手賀沼、東京洲崎沿岸など、そして人家なき深奥の水源地までも隈なく跋渉踏査するという広範囲のものだった。河川調査は、翌四十五年に入っても継続された。こうした広範囲にわたる河川調査をとおして、正造は大洪水が人災であることを確信し、関宿石堤解放、渡良瀬川改修の無効、足尾銅山の鉱業停止、谷中村復活を叫び続けた。

「実に谷中問題は鉱毒の沈澱池問題なり。谷中瀦水の問題は瀦水の問題にあらず。遊水池も亦遊水池の問題にあらずして、遊水池、鉱毒沈殿池の変名にして実用鉱毒の沈澱池の問題なり。その名渡良瀬川改修にして治水の事業なりしも、その実用は沈澱池の外ならずして、皆足尾銅山の御用なり。谷中一ケ村の如く見せて、その実一府五県沿岸滅亡の悪問題なり。故に関宿石堤の流水妨害を併せて、憲法破壊は勿論、天理及人道の渾て破滅の問題なり。今や足尾銅山人道に回り自ら震って鉱業を停止せば、これ国家社会の幸へなり。……谷中は一府五県の中心たり。谷中を回復せるは一府五県の回復なり。これを回復して国家に何んの害ありや」(四十四年十一月三日、糸井藤次郎外宛)。

正造は、河川調査の一帰結として、下野治水要道会の結成を呼びかけたりしたが(その具体的な活動については定かでない)、とにかく足尾銅山の鉱業停止、谷中村の復活、これこそが正造にとって、渡良瀬川改修問題・治水問題の根本的解決策であり、一貫した姿勢であった。

それゆえに、正造はどんなに多事多端であっても谷中残留民を激励し、支え続けた（谷中復活のための数多くの陳情書の起草や土地収用補償金額裁決不服訴訟など）。

さて、正造が河川調査に精力的に取り組んでいた最中の明治四十四年一月十八日、天皇に弓を引いた逆徒とされた被告二十四名に死刑の判決が下された。そして、その内の十二名は即刻死刑に処せられた（残り十二名は無期懲役に減刑され、その内五名は獄死した）。この中には、正造が天皇への直訴文の執筆を依頼した幸徳秋水も含まれていた。いわゆる大逆事件である。

明治四十五年一月一日、正造は島田栄蔵宅での谷中新年会に出席した。正造をはじめ谷中残留民にとって、「水中十一ケ年目の谷中新年会」（四十五年一月三日、逸見斧吉宛）だった。正造はすでに七十二歳になっていた。老友大出喜平にこう書き送っている。「わたくし事はイヤイヤ呆れたる身の上に候。然れども更に御心配は被下間敷、空気の中に生活して風とともに飛び廻るのです。山を見たり川を見たりしてはたのしみと又かなしみと取りまぜて皆この眼中に落ち込みます。長き天め土の大寿命のその中に生れ出でゝも、人生命みぢかで風前の燈火又朝露の如し。虫としてはぶよの命の朝に生れて夕べに死するもしらず、人生の私慾は何んの必用あるか」（四十五年一月十六日）。

七十二歳になった正造は、己れの死をそこはかとなく感じながら、命の短かさ、儚さを覚えつつも、人生の私欲から、自己追求的な欲望の苦しみから解放されている喜び、魂の自由を、正直に語っている。このような人間の心の暗い濁った衝動と欲望から解放された心には、「長き天め土の大寿命」から共に命を受けたものとして、眼前の山川草木もそのまま眼中に落ち込んでくるであろう。すでに、二年近く前から、それまで定期的に仕送りしてくれていた甥の原田定助からの経済的援助も、彼の事業の失敗により跡絶え、正造は貧窮の淵にあった。だが、それをものともせず、自分の困窮や自分の問題、自分の不安などを先ず考えることなく、イエス・キリストの道に、メシアの出来事に、自から入って行くのである。それは、正造をして「我人生無限の快、神とも屡々感ずるあり。人生には逆境はなきものなり。皆楽みなり」と言わせる道であった。イエス・キリストの道を歩む者は、貧しさと苦しみとによって、この世の不正を力強く証しするのである。これは決定的なことである。死の七か月ほど前、正造は打ち沈む若き弟子島田宗三に、こう書き送っている。

「谷中に貴下が生まれた天与少なきように思うは大誤り。又損のようでそうでない。なかなか有難いです。神のなさることは至妙です。正造も谷中に入りたのが大幸福です」（大正二年一月）。

「谷中代人生」正造は、谷中残留民に向かって言う。

「陳ば正造事去々年八月已来洪水視察一ケ年と六ケ月にわたりて東西奔走、一日半時のひまなし。谷中に帰る事も少し。諸君の生活に困難なる事非常なり。然れども人道、憲法を守る忍耐には多感余りあり」（四十五年二月九日）。
「水防妨害を憂るなかれよ。谷中人民は天に尽すものなり。天に尽すものは必ず天より食を賜ふなり。その賜ふや汝の働きよりも大へなり。たとい小善を働くとも、天の報酬は小ならずして必ず大へなり。憂るなかれ。信じて疑ふなかれ」（同年四月二日）。

十七　天地を砕く行為

明治四十五（一九一二）年七月三十日、明治天皇が死去し、大正と改元された。それは、封建世に直接する一つの時代の終焉を告げるものであった。

広範囲にわたる河川調査によって、渡良瀬川改修問題及び治水問題の根本的解決策が、やはり、足尾銅山の鉱業停止、谷中村の復活にしかないことをより強く確信した正造は、谷中村復活のための数多くの陳情書の起草や、土地収用補償金額裁決不服訴訟の公判に出廷、陳述したりなどに、老軀に鞭打って奔走して、谷中残留民を激励し、支え続けた。

自己の死をそこはかとなく感じはじめている正造が、自己に課した最後の課題は、先にも言及したように、国家の破憲・破道の行為は、それどころか天地を砕く行為（自然・環境破壊）

であり、天地の神（創造の神）を怖れない、神への挑戦以外の何ものでもなく、それゆえ「天地より、その形勢より改革新築する」ことであった。そしてそのために、「憲法、法律、教育の渾てを全廃して、更に天神〔創造の神〕を基とせる方法、すなわち広き憲法」を設けなければならないことを最も重要な事業とするにいたるのである。

「今の政治に今の国民を見る、恰も下野の岩舟山の如し。岩舟山は奇景の独立山なり。此山より石材出ず。全山皆岩山なり。営業者争って石材を伐る。山の風致を破るに頓着なし。政治亦然り。争って天然に疵け又人心を破るなり。曰く法律、曰く納税、曰く兵役、曰く学文、皆国其物を破りて其物を造ると云ふ。本末を誤りて憚らざるは現今政治関係の通弊たる当世の大悪事なり。国家、社会、人類の生命を永続せんとせば、断じて此大誤りを根底より改め天然の良能を発起せしむるの外、果して之を実行断決するに於ては、憲法、法律、教育の渾てを全廃して、更に天神を基とせる方法、即ち広き憲法を設くべし。誠に天則によらば即ち憲法の天にかのふを云ふなり。真理を中心とする憲法なり。組織的を法とせるものにあらず。今の如きは岩舟山を崩して千万年の天然力をこぼちて、一時の利を争ふに過ぎず。人生の惑茲に至って極まれり」（四十五年一月、日記）。

さらに、正造は言う。

「神聖にして犯すべからざるは、山岳山河の形勢なり。故に崩ると云ふ。……山河川海は連帯なり。……天は之を総裁す」（四十五年四月、日記）。

そして、このような天地を砕く行為に対して、次のような辛辣な言葉を投げつけて批判する。「谷中皆県の失態と錯誤、怠慢、憲法無視、法律不実行、人道全滅。天をも怖れず、神も仏も侮り、人を軽んじ、人民眼中になく、法律亦眼中になく、終に国も社会も眼中になく、あるものは眼中只豪商藩閥の迎合、団体の強欲、我欲、愛憎、偏頗のみ」（同年四月、日記）。

すでに、正造は七十二歳になろうとしていた。顧り見れば、正造が「政治への発心」を決意し、政治改良の事業に一身を投じたのは三十八歳のときであった。それから三十年余り、「天は即ち我が屋根、地は即ち我が牀なり」と言明して、公共＝人民に一身をもって尽すために、「野垂れ死に」をも本望とした正造は、それを最後まで貫いたのである。死の二年前の日記にも、こう記している。「天地山川皆我に同じ。我に同じに到ふざれば止まず」（四十四年八月）。

また、死の床で、正造の若き弟子島田宗三に、苦しい息のなかで次のように語っている。「この正造はな……天地と共に生きるものである。天地が滅ぶれば正造もまた滅びざるをえない。今度この正造が斃れたのは、安蘇、足利の山川が滅びたからだ――日本もいたるところ同様だが――。故に見舞いに来てくれる諸君が、本当に正造の病気を直したいという心があるならば、まずもってこの破れた安蘇、足利の山川を回復することに努めるがよい。そうすれば正造の病気は明日にもなおる」（島田宗三『田中正造翁余録』下）。

かつて、正造が一身を投じた政治改良の事業は、今や、国家、社会、人類の生命を永続させるために、天則（創造の秩序）に基づいた、真理を中心とした憲法、すなわち「広き憲法」を設ける事業へと発展したのである。

正造は、天地を砕く行為が、事実として行政権力と企業との癒着によるものであることから、このような激烈な言葉を投げつけてさえいる。「天は人の左右するものにあらず。然るに虫の如き小人輩出して、天に傷け、地を災へす。恰も耕作に虫害の如し。人類を駆除せざれば、天然を全ふし真神の御心を痛ましめざるを得じ」（四十四年八月、日記）。まさに、天地と共に生き、そして天国へゆく道普請に励む正造にとって、天地を荒すものは天地の罪人であり、その最たるものが人類なのである（四十二年十一月、日記）。

正造は、すでに明治三十四年三月二十二日の最後の帝国議会で、鉱毒問題を自然破壊の問題として捉え、こう警告していた。

「鉱毒の害というものは、他の損害と違い、元金が亡くなってしまう。地面が亡くなると同時に人類も亡くなってしまう。永遠にかかわる損害。これをそのまま置けば、人民は死に、国家は亡くなってしまう、ということを、くりかえし怒鳴るに過ぎない話でございます」（因みに、この質問演説に対する政府の答弁は、「質問と認めず、故に答弁せず」であった）。

正造が警告するように、「人は天によらずして片時も生息するを得ず、衣食住みなこれを天に受く。いわんや生命をや」（四十三年八月、日記）。人間が生きる絶対の条件である天地を、自然を破壊することは、自からの生存を危うくすることでもある。

旧約聖書が語るように、「主なる神は地のちりで人を造った」（創世二・七）のである。人間は一塊の土からできたのである。「大地は人間の母」であり、その胎から人間は生まれた。人間の肉体は、人間自身である。我々人間は、それ自体、地の一部にすぎないが、それは神によって人間存在へと呼び出された「地」である。土との結びつきは人間本性の一部である（ボンヘッファー『創造と堕落』）。我々の肉体に宿る生命は、元々、それ自身の中に「生命を維持する権利」（天賦の権利）をもっている。そもそも神が、〈地上における人間の生命は、ただ身体を備えた生として存在する〉と意図したゆえに、人間の「身体が」全体として人間のために維持される権利をもつことになったのである。したがって、我々人間が結びついている大地を破壊することは、その身体を、その生命を危うくすることでもあり、その生きる権利を奪うことである。

正造は、おそらく、旧約聖書を読んだことがなかったであろう。しかし、新約聖書のパウロ書簡などや新井奥邃をとおして、旧約聖書の創造物語についてかなり知っていたと思われる。

十八　正造の文明観

ところで、正造の戦いを理解するうえで必須なのは、当時の歴史的な時代状況である。日本の歴史の中でも、この当時ほど激変した時代はなかったであろう。そういう意味で、まさに歴史的な時代であった。

明治日本は、イギリス、フランス、アメリカなどの欧米先進資本主義国の軍事的な威圧下で、政治的及び経済的従属（治外法権、関税自主権の喪失）を強いられる中で、国家の主導によって強権的且つ急激な近代化＝資本主義化を推し進めなければならなかった。明治新政府の至上目的は、一日も早く欧米先進資本主義諸国と肩を並べる近代国家の建設であった。明治国家による富国強兵、殖産興業政策がその中核であった。

その強権さと急激さにおいて他に類を見ない明治日本の近代化＝資本主義化は、ドイツ人医師ベルツをして、「このような大跳躍の場合――これはむしろ『死の跳躍』というべきで、その際、日本国民が頸を折らなければ何よりなのですが」（トク・ベルツ編『ベルツの日記』）と危惧させたほどだった。なにしろ、十年にもならぬ前まで、ヨーロッパ中世と同じ文化状態にあった日本が、「昨日から今日へと一足飛びに、われわれヨーロッパの文化発展に要した五百年たっぷりの期間を飛び越えて、十九世紀の全成果を即座に、しかも一時に我が物にしようとしている」(同前)からである。ベルツの眼には、非常な驚きとともに、無謀に映ったのである。

ところが、驚くことに、田中正造もまた、明治日本の強権的且つ急激な近代化を、ベルツと同じように見ていたのである。正造は、明治日本を兎に例えて、こう言っている。

「我文明観
　さかさまに一足飛にはね廻る
　　うさぎめのみ〔蚤〕の間似を
　　　するとは」

(明治三十六年七月、日記)。

ドイツ人医師ベルツと全く同じように、明治日本の強権的且つ急激な近代化を見ていることに驚かされる。当時の日本人の中で、これほど日本の強権的且つ急激な近代化を客観的にみていた人間は、内村鑑三や夏目漱石など極く少数であった。正造をはじめ彼らは、むしろそれに「亡国」をみていたのである。

資本主義の法則が自己の足で立ち、経済制度として自立するためには、それに先立つ先行的蓄積、すなわち資本の原始的蓄積（封建的所有関係の下にあった生産手段・生活手段としての土地からの農民層の分離とその賃金労働者への転化、土地の私的所有の解禁とその集積・集中、その資本への転化など）が早急且つ強力に行われなければならなかった。資本主義的生産・取得の前提条件を創出するための資本の原始的蓄積が、明治国家の主導の下に疾風怒濤のごとく推し進められていく中で、三井、三菱、古河などの日本特有の財閥の形成、地主ー小作関係を基軸とした地主制の形成がなされ、日露戦争（明治三十七〜八年）を契機として、ついに資本主義は自立し、資本主義の法則は日本社会を貫徹していくのである。

また、これに伴って、市場競争の原理が社会に浸透し、すべての責任を自らの努力の不足と見なす自己帰責の原則（優勝劣敗の論理）に自分を順応させ、そのようなものへと自分を訓練してゆくほかない、抑鬱的で緊張に満ちた〝近代〟が、人々の生を全面的に規制し始めたのである。

近代日本は、西欧近代の啓蒙思想に基づく文明開化の論理（この代表的人物が福沢諭吉であった）と、民衆的な通俗道徳の論理（この最も良質な部分を受け継いだのが、田中正造や内村鑑三などであった）の二重構造で推し進められ、これら二つの論理が拮抗・対抗する中で、天皇制イデオロギーが、まさにこうした両者の構造を統轄する天皇権威の共同幻想の下に構築され、その支配を法制化した明治憲法と、道徳規範化した教育勅語とを二大支柱として確立し（明治二十三年）、巨大な支配力を発揮するに至った（ひろた・まさき『文明開化と民衆意識』）。そして、実に、無限の利潤の追求と資本の蓄積の極大化を至上目的とする資本主義の法則は、日本ではこの体制、すなわち天皇制絶対主義体制と適合することによって初めて、仮借なく日本社会を貫徹したのである（日本型資本主義の確立）。

　こうした歴史的時代の激流の中で、殖産興業と富国強兵の文明開化の論理に国家的運命の共同幻想を見ることなく、むしろ「亡国」を見て、薩長藩閥政府の主導する明治国家を超えたところに自己を定立して（人民主権の国家への道）、古河鉱業を庇護する明治国家と戦ったのが、田中正造であった。正造は、その壮絶な戦いをこう歌に表している。

　大雨にうたれたたかれ行く牛の
　　車のあとのあはれなりける
　　　（大正二年三月、日記）

　正造は、明治国家によって強権的且つ急激に推し進められる西欧近代の啓蒙思想に基づく文明開化＝近代化を、次のように批判する。

「物質上、人工人為の進歩のみを以てせば社会は暗黒なり。デンキ開けて世間暗夜となれり。然れども物質の進歩を怖るゝ勿かれ。此進歩より更に数歩すゝめたる天然及無形の精神的の発達をすゝめば、所謂文質彬々（ひんぴん）〔文物のさかんに起こるさま〕知徳兼備なり。日本の文明今や質あり文なし。知あり徳なきに苦むなり。悔改めざれば亡びん。今已に亡びつゝあり。否已に亡びたり。予の眼を以て今の国を見る、実に済度救護のみちなきなり。人心已に亡び形亦亡びたればなり。……日本を見よ。一つも天然を発起せしものなく却て天然を破る事に汲々して、其間僅に物質の力をかりて小利を得るもの多し。天然の大なるをしらず。有限物質の仮力を借りて辛らき小利に汲々たり。其小利亦私利、自然公共の大益をしらざるなり。之れ現今現在のありさま」(大正二年七月、日記)。

「さて今日の日本の、日本の惨状に至りたるも決して一朝にあらず。……種々の亡国に至るの原因はあれども、国民として国土の天産と自国の長所をすてゝ一も二も何もかも附加随心、長も短も皆西洋にかぶれ、終に畳の上に泥靴にて駆け上る滑稽の有様より災の入り来りたるものにて、早くも一の秩序は破り、甚易く破り尽して、未だ第二の秩序は毫も備へざるもの。……日本の亡国は我れをしらずして只舌噬(ぜつぜい)〔食いつく〕を事とする亡国なり、即ち馬鹿の弱者の舌噬(ぜつぜい)主義なり。頗る警誡を要し候」(三十六年八月十三日、原田定助宛)。

十九　天国にゆく道普請

　さて、今や正造にとって、「砕けたる天地」（人類及びその他の生命の滅亡に繋がる自然破壊・環境破壊）の回復（復活）をめざす戦いは、私的企業である古河鉱業と行政権力との癒着——ここに公害の原因がある——に対する戦いであると同時に、「天国にゆく道普請」の戦い、信仰の戦いとなった。天国に通ずる道は、疑似天国で探り当てられることは決してないのである。すなわち正造は言う。

「物質進歩の力は人の力を造り又天国をも造る。然れども此天国は多くの人を殺して造る天国なり。むしろ地獄を造るものなり。物質の進歩は人を殺し、人を殺して天国にのぼるなり。真実の天国は人を愛し、人を助けて其身ともに天国にのぼるなり。而も無形の富、無形の快楽限りなし。天地万物皆我ものならざるなし。物質の極度は地に入るの外なきものなり」（大正一年八月、日記）。

「世界人類の多くは、今や機械文明と云ふものに嚙み殺さる。文明は汝ぢを食うの悪器たり。……人として機械文明に強迫せられて、共に此悲境に陥りたるは如何。孟子時代は云ふ、獣を以て人を食ましむと。今は汝ぢの製する機械を以、汝ぢ自身其機械に噛まる。文明とは之等の悪鬼をさして云ふの時代とはなれり」（四十四年八月、日記）。

　飽くなき利潤の追求と資本蓄積の極大化を至上命令とする資本主義は、大量生産と大量消費という物質主義的な文明をもたらすが、しかし、それが造る「天国」は「疑似天国」であって「真実の天国」ではないことを、正造は見抜くのである。しかも、この文明は天地を破壊して止むことがない。しかしながら、正造にとって、あくまで「天国はこの世に在り、この世の外、別に天国はない」（四十五年一月、日記）のである。今や、正造において「日本の地獄」である谷中は、逆に「地獄の桃源」となり、そこに天国にいたる門、道を見出すのである。

「天国は何れに在るや。天国はこの世に在り。この世の外、別に天国なし。若し好んで地獄に落ちば、これを如何ともすべからざるのみ。陥らざる者は、皆天国に居るなり。皆といえば多くの人の皆か。否、少しの人の皆である。真に天国に行く人の皆である。真に極めて少数の皆である」（同前）。

正造は、おそらく何度も読んだであろうマタイ福音書七章一三～一四節の「狭い門から入りなさい。滅びに通じる門は広く、その道も広々として、そこから入る者が多い。しかし、命に通じる門はなんと狭く、その道も細いことか。それを見いだす者は少ない」というイエスの言葉を、特別な思いをもって聞き、心の内に宿したであろう。イエスが「私は道であり、真理であり、命である」）（ヨハネ福音書一四・六）と言ったように、イエス・キリスト自からが、まさに、「道」そのものなのである。彼こそが狭い門であり、細い道なのである。我々はイエス・キリストの十字架という狭い門を経て、細い道を歩み、命にいたるようになるのである。十字架という狭い門を経ることなしに、いかなるキリスト者も命にいたることはないのである。だから、イエスは言われたのである。「だれでもわたしについてきたいと思うなら、自分を捨て、自分の十字架を負うて、わたしに従ってきなさい。自分の命を救おうと思う者はそれを失い、わたしのために自分の命を失う者は、それを見いだすであろう」（マタイ福音書一六・二四〜二五）。

すでに、「虚位の境地」＝「零点」に立つに至り、今や自分自身のことを完全に忘れ、自分自身のことをもはや意識しなくなって、十字架を負う準備ができていた正造は、キリストと共に己れの十字架を負って、細い道を命（永遠の命）へ向かって歩むのである。神の道は、神が人間になった（神から人間への道＝クリスマスの出来事）イエス・キリストが通って行った道（人間から神への道）であり、今や我々がキリストと共に歩んで行く道である。地上における神の子の道が、キリストを信じる者もまた、二つの世界に属する者として、この世と天の国（神の国）との間の境界を歩む時に通らなければならない道である以上、どうしてそれが広い道であるはずがあろうか。イエスは「何よりもまず、神の国と神の義を求めなさい」（マタイ福音書六・三三）と言ったが、神の国と神の義を求める道、正しい道は細い道でなければならないのである。

死の半年ほど前の大正二年二月十二日、天国に行く道普請の実最中にあった正造は、この世と天の国との間の境界を歩みながら、こう叫ぶ。

「見よ、神は谷中にあり。聖書は谷中人民の身にあり。苦痛中に得たる智徳、谷中残留人の身の価は聖書の価と同じ意味で、聖書の文章上の研究よりは見るべし。学ぶべきは、実物研究として先づ残留人と谷中破滅との関係より一身の研究を為すべし。徒らに反古紙を読むなかれ。死したる本、死したる書冊を見るなかれ（聖書にくらべて谷中を読むべき也。）生きたる汝の心、生きたる残留民の経験、歴史をくり返しくり返し熟思熟考、去る三十一年関宿、三十五年以来の事より今日に到りしまでを暗記暗称してこそ又新しき発明を得るなり。之れを天国に到るの道としるべきなり」（島田宗三宛）。

聖書全体にとって重要なのは、キリストが「御国が来ますように。御心が行われますように、天におけるように地の上にも」（マタイ福音書六・一〇）と祈ったように、世界が「よい」（創世一・四）という神の意思、神の国が地上に到来するように、そしてまた神の意思が地上に行われるようにという神の意思が実際に行われること、そのような意思が実際の状況となること、そのような意思が受肉するということである。世界は神のものであるので、それゆえにこそ世界は「よい」のである。世界の創造者である神が、よい世界、よいわざを望むのである。神は自分のわざを見て、それを愛し、「よい」とよび、それを保持しようとしているのである。

かくして、正造は言う。「真の文明は山を荒らさず、村を荒らさず、人を殺さざるべし。古来の文明を野蛮に回らす。今文明は虚飾虚偽なり、私欲なり、露骨的強盗なり」（四十五年六月十七日、日記）。

正造にとって、啓蒙された近代文明（＝機械技術文明）は、物質的豊かさをもたらし、この世に進歩と力と未来を夢みさせるが、その一方で、深刻且つ大きな害をもたらすものであった。「文明悪政の下、此二つより来る災は実に僧侶の頭の如し。支那の山岳の如し。……野蛮の行動を為す、其害辛酷なり。故に野蛮の害は小なり。文明の害は大へなり」（四十五年一月、日記）。

さらに、天国へ行く道普請の最中にあった正造は、この世に進歩と力と未来を夢みさせるこの文明に、むしろ終末と裁きとを認識するのである。だから、死に瀕した正造の最後の祈りが、キリスト教の復活及び終末信仰から湧き出た「現在を救い給へ、現在を救い給へ、ありのままを救い給へ」（島田宗三『田中正造翁余録』下）であったのである。この時、きっと、その脳裏には「義の宿る新しい天と地」（Ⅱペトロ三・一三）が、谷中の毒野を夢のように駆け廻っていたに違いない。

ところで、正造の文明論及び文明批判は、明治三十年前後の明治新政府の国策と深く関係していることである。それは、明治三十年前後は、河川法（二十九年）、森林法（三十年）、砂防法（三十年）のいわゆる治水三法が成立し、また農業では耕地整理法（三十二年）などが制定された時期であるからである。矢つぎ早やに制定されたそれらの基本立法によって、今日の国土の状況はほぼ決定づけられたのである。それは、日本人がそれまで培ってきた「水系一貫の思想」の伝統を放棄することであった。この乱暴な政策こそ、明治国家にとって富国強兵・殖産興業への近道であったからである（富山和子『水と緑と土』）。

正造の文明論、文明批判は、まさに明治国家が放棄した伝統的な「水系一貫の思想」に基づくものであった。彼は、自然を水系全体で捉えようとするこの思想に基づいて、人間が自然法則を出し抜こうとすれば、常に自分を養ってくれる自然環境を破壊することになり、自己の生存・命を危うくさせることを訴えたのである。河川調査もこのゆえであった。

日本古来の伝統的な「水系一貫の思想」に確固として立ち、「天を我が屋根、地を我が牀」とする正造にとって、天地が砕けること、滅びることは、自分自身が砕けること、滅びることでもあった。それゆえ、彼は言うのである。「文明悪政の下、此二つより来る災は実に僧侶の頭の如し。支那の山岳の如し。……野蛮の行動を為す、其害辛酷なり。故に野蛮の害は小なり。文明の害は大へなり」（前出）。

古来の文明を野蛮＝未開と見なし、近代の啓蒙された文明こそが、人類に進歩と力と未来を約束するものであるとする文明観に対する、正造のこのような見方は、今日の我々に預言者的な響きをもって聞えてくる。というのは、正造の死（一九一三年）から僅か数年後（第一次世界大戦）、そして二十数年後（第二次世界大戦）に、人類は、これまでの戦争とは全く様相を異にした、とてつもない破壊と殺戮を目の当たりにしたからである。人々は、このとてつもない破壊と殺戮を前にして、何故に人類は、真に人間的な状態に踏み入っていく代わりに、このような一種の野蛮状態へ落ち込んでいくのかと、理性の世界支配と進歩を約束すると信じられていた啓蒙主義の理念を深刻な疑問にさらしたのである。人類史的過程を貫く「文明化＝啓蒙」の過程は、通常「進歩」という形で捉えられていたのが、今や啓蒙された文明が現実には未開・野蛮への復帰、自己破滅へと向かう傾向をそれ自身のうちに有していることを、白日の下に露呈したからである。啓蒙的理性の止まることを知らない「進歩」のもたらす呪いは、実は止まることを知らない退歩であったのである。その極致がアウシュヴィッツにおけるユダヤ人等の大量虐殺（ホロコースト）であり、広島・長崎への原爆投下であった。それは、理性による「外的な自然」の支配と道徳の根源的基盤としての「内的な自然」の叛乱の宿命的で緊密な結合を悪魔的な仕方で示している（ホルクハイマー／アドルノ『啓蒙の弁証法』）。

啓蒙された近代文明＝機械技術文明は、自然を破壊することによって自然の強制力を打破し、自然を搾取することを試みてきた。この文明は〈自然－人間搾取系の文明〉と称することができる。しかし、それはいっそう深く自然の強制力の中に落ち込んでいくだけなのである。この啓蒙された近代文明が辿ってきた軌跡は、まさしくそのことを示している。足尾銅山の鉱毒、渡良瀬川の氾濫と大洪水、谷中村の遊水池化なども、私欲にまかせた自然の搾取の結果、いっそう深く自然の強制力の中に落ち込んでいく姿を如実に示している。正造は言う。「天の力に対して、人力の勝は勝にあらず。人力は仮の力なり。天力は千万年の後ちに朽ちざるなり」（大正一年八月、日記）。

明治国家によって富国強兵・殖産興業が国策として強権的且つ急激に推し進められていく中、それが依って立つ〈自然−人間搾取系の文明〉に抗して、〈自然−人間循環系の文明〉に確固として立つ正造は、マタイ福音書五章四節の「悲しむ人々は幸いである。その人たちは慰められる」というキリストの言葉を特別な思いで聞き、心に留めたであろう。悲しむ人たちとは、この世が幸福とか平安とか呼んでいるものを放棄して生きる用意のある者、この世と対等の立場に立つことのできない者のことである。彼らが悲しむのは、この世と、その罪悪、その運命、その幸福のことである。彼らは、物質的豊かさや祝宴の歓喜に湧きかえる舟がすでに浸水しているのを知っているのである。この世は進歩と力と未来を夢みるが、イエスの弟子たちは、そして正造も、終末と裁きを知っているのである（ボンヘッファー『キリストに従う』）。

「天地を汚し、神の作れる山河を荒し、人類万物の生存せる地上を毒せば怒る。此怒は神の怒りである。天地の如くたるものたとへば空気の如し。風雨の如し。至らざるなし。満れば喜び触れば怒るけれども、天理も人道も行わるれば天地を汚すものなし。なければ怒る用もなし。怒りも起らず」（四十四年五月十八日、群馬県新田郡九合村における演説草稿）。

今日汚れて　明日清しと云ふなかれ。

（四十二年三月、日記）。

二十　神を見る

天国へ行く道普請にひたすら励む正造は、ついに、安心立命の境地に至り着くのである。――「徳義の本は神にあり。人は自身を以て修むるを得ず。病の如し、一切を医に委す。人事一切を神に委す。神を知らざれば、人は失望す。予が倦める時は、神を知らざればなり」（四十三年五月、日記）。これは、彼のいわゆる信仰告白ともいえよう。

人事一切を神に委ね、その恵みに依り頼んで、神のために身も心も、名も財も奪われ尽くし、神自らの働きの場（虚位＝零点）とされることに勝って人間にとっての光栄はないであろう。イデオロギーに基づいて行動する者は、その観念によって自己を正当化するが、それはやがて人間を見捨てる。しかし、責任ある行動をする者は、その行動を神の手に委ね、神の恵みと憐れみによって生きるであろう。

正造は、いわゆる「洗礼」を受けることは生涯なかったが、しかし、その晩年は神の恵みに依り頼む従順な人間であった。キリストは言う。「わたしに向かって『主よ、主よ』と言う者が皆、天国に入るのではなく、わたしの天の父の御心を行う者だけが入るのである」（マタイ福音書七・二一）。

イエスは、たとえ自分の御名を告白することに繋がらなくても、正しいことのために苦しむ者を受け入れるのである。正しいことのために迫害される人は、苦しみを受け責任を負う時に、キリストのもとへと導かれ、キリストに訴え、自らをキリスト者と告白することになるのである。これこそ、キリストの恵みに対する正しい謙遜、正しい信仰、正しい信仰告白なのである。まさに、イエスの「義のために迫害されてきた人たちは、幸いである。天国は彼らのものである」（マタイ福音書五・一〇）という言葉は、正造にこそ相応しい。

おそらく、正造も何度か読んだであろう「ファリサイ人と徴税人の譬え」（ルカ福音書一八・九～一三）で、イエスが、自分は正しい人間だと自惚れて他人を見下しているファリサイ人ではなく、ただ神の憐れみを乞うた徴税人を義とし、救われたように、神は憐れみによって我々を救われるのである。神の憐れみによる恵みは、人間の側に信仰と謙虚さを要請するのである。谷中人民の外に立って、一方で自己を固執しながら、その姿勢のまま人を教えるとか人を救うとかいう――正造は、これを「知識の軽便者流」という。――正造の高慢な心に、この譬えは痛烈に突き刺ったに違いない。

信仰とは、神の憐れみの下に身を置くことであり、神の憐れみの下にある者として自分を認識することである。それゆえ、キリスト者とは、一切を神に委ねて、神の憐れみの下で、神の恵みに応答して生きる者のことなのである。正造にとって、このような信仰こそが人生の根本義であった。「希くは人生の根本義を確守せよ」（四十二年八月、日記）。

今や、正造の天国へ行く道普請は、「日本の地獄」＝谷中に天国へ行く門、道を見出したことによって「地獄の桃源」となったその地を復活させ、新天新地を造ることであると同時に、それは「神のみ顔を見る」ことでもあった。神の顔を見るということは、すべての生の目標であり、永遠の命をもつようになるということである。正造は、十字架につけられたイエス・キリストに見出す神の顔を、顔と顔とを合わせて見ることを熱望しつつ、その細い道を勇躍歩むのである。

正造は次のように言う。

「人の一生は神秘を研究するが終身の業務であり、又神秘をしるは人の天職也。天より命ぜられたる公務であり、人は神秘をさぐり研究し感心するために生る。人の生るゝはもと此公用を帯び生れたのである」（四十二年七月、日記）。

「人の生れて来た上最上の天職は神秘の発明である。……予の神秘の要領は神を見るにあります」（同前）。

「人は何んのために生れたるかと云はば、万物に秀で、神の次ぎにありて神の存立をしり、其内にいと尊き神秘をもさぐり得るの天職を帯びたり。其他の物、他の性に秀でたるなり。……人は進んで止むべき性にあらず。進んで早く神に近付くを以て、最上有効として日夜此方面に向って片時も怠るを許さず。是神の人を造れる所以なり」（同前）。

正造は、人の生れてきたのは「神秘を知る」ため、すなわち「神を見る」ためであると言う。しかも、それは天より命じられた公務、天職であると言う。神は、土のちりから自分にかたどって人間を創造した。人間は、それ自体、地の一部にすぎないが、それは神によって人間存在へと呼び出された「地」である。そして、神は人間の体に、自分の霊＝命を吹き込んで、人間を生きたものとした。他の生き物の場合には、神はその言葉で創造した。ところが人間の場合は、神は自分の霊＝命を与えたのである。人間の肉体は、それがこの地に属するものであるという点では、他のあらゆる生き物と変わらない。ただ、神の霊が吹き入れられた存在であるという点においてだけ、人間以外のあらゆる「肉体」から区別されるのである（創世一・一〜二・七）。

正造の言うように、神は人間を「他の物、他の性」（他の生き物）より秀でたものとして、神よりも僅かばかり低い者として、神の次にあるものとして造ったのである。そして、神が人間をそのようなものとして造ったのは、神から委任と力（権威）を受けた者として、神の被造物を支配するためである。さらに、正造の言うように、地の一部にすぎないものが人間存在へと呼び出されたのは、また人の生れたのは、創造者である神の存立を知り、神を見るためであり、そしてその神の内の「いと尊き神秘」、すなわち創造の秘儀を探り知り、この神の創造された世界に対する支配、責任を担うためである。

いうまでもなく、そのために、神は人となられた（受肉＝イエス・キリスト）のである。この世界の中に、神の道が入り込んできたのである。今や、正造はこの神の道を、神の子イエス・キリストが歩いた道を、天国へ行く道普請をしながら歩むのである。

「神は我目前にあり……天の神、心を尽し身を尽し、身を殺して見んと欲せば、必ず神は見るなり」（四十二年八月、日記）。

「人は神の如くならん事をねがうべきなり、つとむべきなり。神に到らざれば止めざるべし」（四十四年九月、日記）。

人間は確信をもって信じるなら、同時に、確信をもって望むだろう。いつの日にか神を見ようと望むからこそ、神について語れるのである。自分が新しい世界と新しい人間とに与るようになることを望むからこそ、それについて語ることができるのである。人間は望めば望むほど、己の生の目標である神を見ようと熱望すればするほど、その希望とともに大きくなる。人間は希望とともに成長するのである。たとえ、谷中問題のように、解決を見出すことのできないような状況や不明瞭で罪悪に満ちた状況のただ中にあっても、希望をもっているということが、人間をすべての被造物から区別する点である。神が自分にかたどって、そして霊を吹き込んで人間を創造された所以も、まさに、その点にある（ボンヘッファー「説教」一九三四年十一月四日）。正造も、神の顔を、顔と顔とを合わせて見る、すなわち永遠の命をもつようになる、その希望に最後まで生きたのである。「わたしたちは、今は、鏡におぼろに映ったものを見ている。だがそのときには、顔と顔とを合わせて見ることになる。そのときには、はっきり知られているようにはっきり知ることになる。それゆえ、信仰と、希望と、愛、この三つは、いつまでも残る。その中で最も大いなるものは、愛である」（コリント人への第一の手紙一三・一二〜一三）。

二十一　我々を見捨てる神

正造は、当時、日本の社会で一定の影響力をもち始めていた社会主義については、肯定的に評価しつつも、その理論にはほとんど関心を示していない。「今の社会主義は時勢の正気なり。

当世の人道を発揚するにあり。其方法の寛全ならざると寛全なるとに論なく、其主義に於て此堕落国に於ては尤貴重の主義なり」（三十六年十月、日記）。

これは、日露戦争頃（明治三十七〜八年）から木下尚江や逸見斧吉などのキリスト教社会主義者と係わりをもち、彼らに反鉱毒・谷中復活の運動を助けられていただけに、以外な感じを受ける。むしろ、社会主義を、自分の考えである「今日は今日主義」と対比させることによって、その違いを明確にするのに用いてさえいる。すなわち正造は次のように主張する。

「正造は政治上、憲法のためには一身を犠牲にすとも、苟くも国に政治の存在せる限り国の大法〔憲法〕をして成就せしむるのみ。但し他の新主義〔社会主義〕のありて革正の至るは別段として、今日は今日、未来は未来、先ず今日は今日の考にて候。明日の考を以て今日を等閑にすべからず。今日は今日にて足らしめんとす。之れキリストの教なればなり。又予の自らの信仰にて候。此義に付ては追て諸君の教を乞はんとはするもの也しも、予は今日は今日主義、明日は明日の学びとして、先此義有体に申上候次第也」（大正二年三月十八日、木下尚江宛）。

ここで、正造は「今日は今日主義」という信仰こそが、自らの行動の原則であり、それは、「明日のことまで思い悩むな。明日のことは明日自らが思い悩む。その日の苦労は、その日だけで十分である」（マタイ福音書六・三四）というキリストの言葉に教えられたものだと言う。

しかし、前にも言及したように、彼がキリスト教の信仰に入る前の名主時代から、すでに萌芽のかたちでもっていたのであり、それが「キリストの教え」によって熟成して、深い思想的・信仰的意味をもつものになったのである。正造にとって、何によりも「今日は今日主義」という自らの信仰、自らの行動の原則に従って、高遠な明日の思想（社会主義）よりも、目前の毒を浴び水に溺れて死ぬ農民の現実を直視し、農民の現在の事実が要求する問題の解決のために、自己の全存在を賭して行動することが責務であり、急務であったのである。今そこに苦しみ、斃れかかっている一人の人間の命・人権が何によりも貴重だったのである。

ところで、政治の腐敗に絶望して「政治非認者」となり、一切の社会運動から身を引き、群馬県の伊香保に隠棲していたキリスト教社会主義者の木下尚江に宛てた正造の手紙がある。これは、正造の晩年の信仰を知るうえで極めて重要である。正造は次のように言っている。

「夫れ山に入りて仙となるも世に何の益かあらん。社会紛擾の中にあり、若くは争闘苦戦の中に立ちながらに、即ちキルが如く、ミガクが如く、トグが如くして此苦中にあって仙と化するを得ば、自然社会に益あらんと存候。之は即ち浅学なる不肖目下の信仰にて候。如何可有之」（四十三年六月六日）。

ここで、正造は伊香保に隠棲している木下尚江と対照して、自分の「目下の信仰」について述べている。彼は、それを日本刀に例えて、対立や争い、苦しみなどが渦巻く社会のただ中に身を置いて、それらと争闘苦戦することによってこそ、研ぎ澄まされ、刃先鋭くなり、「仙と化する」のであると言う。言い換えれば、この世の生活において神の苦しみに与ることによって「仙と化する」、すなわちキリスト者となると言うのである。ここには、強制破壊後の谷中残留民のただ中にあって、「むれの人に化してその人となる」という体験があることはいうまでもない。

我々は宗教的行為や世俗的生活から離れることによってキリスト者となるのではなく、この世の苦しみの中で神の苦しみに与ることによってキリスト者となるのであり、神がイエス・キリストにおいて「人間」となったように人間となるのである。キリスト者であるとは、イエスが人間であったように、宗教的人間ではなく、単純に人間であることなのである。まさに、正造の言うように、この世のただ中にあって神の苦悩を真剣に考え、それに与って——自分の十字架を負って——生きる者こそが、「キリスト者」となり、「人間」となるのである。

正造は、晩年に至って、深いこの世性の信仰こそが、まさにキリスト教の信仰であることを認識するのである。いうまでもなく、キリスト教のこの世性とは、正造の谷中の戦いが物語っているように、平凡な浅薄なこの世性ではなく、規律に満ちた深いこの世性であり、またそこで死（十字架）と復活が常に認識されるこの世性である（ボンヘッファー『獄中書簡集』）。

ところで、我々と共にいる神とは、我々を見捨てる神である。十字架につけられたキリストが「わが神、わが神、なぜわたしをお見捨てになったのですか」（マタイ福音書二七・四六）

と叫んだように、我々も、神の前で、神と共に、神なしで生きるのである。この世性の信仰に生きるとは、たとえ見捨てられても、神がいなくても、この世のただ中で生きていかなければならないということである。

十字架の本質は、ただ苦しむということだけではなく、苦しみを受け、その上で捨てられることを意味する。「人々に苦しめられ、排斥され、侮辱を受け、捨てられる」（マルコ福音書八・三一、一五・二九〜三二、三四）。十字架による死とは、排斥された者、捨てられた者として、苦しみ、そして死ぬことである。捨てられるということは、苦しみが最後のところでなおもっている尊厳や名誉が奪われるということである。捨てられるということは、名誉が決して与えられることのない苦しみを意味する（ボンヘッファー『キリストに従う』）。

正造は、死の一年九か月ほど前の日記にこう記している。「予の幸へは捨てらる、にありて、捨てられてはじめて人事の何たるを少しにても知れり」（四十四年十一月）。また、このちょうど二年前の四十二年十一月の日記にこう記している。「キリスト何とて我をすて賜ふやと云へるなり。神に尽くせる事此くの如し。信行〔仰〕の厚き茲に至る。信行の完からぬものにて此言の出るなし」。正造は、十字架につけられたキリストの最後の言葉に完き信仰の姿を、信仰の成就を見るのである。正造にとって、キリストが十字架の死までその信仰を貫いたように、「貫かざるの信仰は未だ信仰とするに足らざるなり」（四十五年五月、日記）なのである。

　正造は、かつて、強制破壊後も仮小屋を建ててなおも残留し続ける谷中残留民を大洪水が襲ったにも拘らず、その惨禍に平然として耐え忍ぶ彼らの姿に、「神にも近き精神」を見て、自己の存在が根底から揺さぶられる激しい衝撃を受けた。「人外境」に留まり続ける残留民たちの姿、その精神に、一方で自己を固執しながら、その姿勢のまま人を教えるとか人を救うとかいう正造の思い上がりが打ち砕かれたのである。この衝撃的な出来事をとおして、正造の生のあり方は大きく変わった。すなわち、残留民たちと「辛酸を共にし」、その「むれの人に化してその人となる」ことを、改めて心底から決意したのである。

　キリストは、自分の死（十字架）と復活を予告した際、弟子のペトロが諫めたのを怒って、弟子たちにこう言った。「だれでもわたしについてきたいと思うなら、自分を捨て、自分の十字架を負うて、わたしに従ってきなさい。自分の命を救おうと思う者はそれを失い、わたしのために自分の命を失う者は、それを見いだすであろう」（マタイ福音書一六・二四～二五）。

　ペトロをはじめ弟子たちは、すでにキリストに従っているのであるが、その服従のまっただ中で、キリストは「だれでもわたしについてきたいと思うなら、自分を捨て……」と、もう一度改めて決断を促したのである。

　谷中残留民の衝撃的な出来事によって、自己の存在を根底から揺り動かされた正造の心に、このキリストの「だれでもわたしについてきたいと思うなら、自分を捨て……」という言葉は、もう一度改めて決断を促す言葉として突き刺さってきたのである。この時、正造は改めて心底から知ったのである。すなわち、キリスト者であるとは、あるいは「だれでも」人間であろうとする者は、一切を神に委ねて、神の憐れみの下で、神の恵みに応答して生きる者のことであることを。

かくして、正造は「キリストの危険」、すなわちイエス・キリストにおける神のメシアとしての苦しみの中に改めて引き入れられて行くのである。この世の苦しみの中で神の苦しみに与ることによって、人は「だれでも」キリスト者になるのであり、人間になるのである。これこそが「悔い改め」なのである。まさに、谷中残留民の衝撃的な出来事のただ中で聞いたキリストの言葉は、正造にもう一度改めて決断を、すなわち「悔い改め」を促すものであったのである。

今や、正造は再度、しかも決定的な「召命」を、〈全くわたしのものとなるように〉というキリストの招きを受けるのである。「召命」とは、イエス・キリストが招く場所で、キリストからその人間に与えられる要求であり、したがって、キリストに対して責任をもつということである。そのキリストの「召命」を、正造は「日本の地獄」・「人外境」谷中において受けたのである。そして、キリストは正造に、自分自身のことを一切忘れ、自分自身のことを意識することなく〈自分を捨てて〉、キリストにおける神のメシアとしての苦しみに与り〈自分の十字架を負って）、キリストに従い歩むことを要求するのである。

キリストの言う「自分を捨てる」ということは、ただキリストだけを知って、自分をもはや忘れることである。ただ、「わたしについて来なさい」（マタイ福音書四・一九）と言って、我々に先立ち行くキリストだけを見て、我々にとって歩むことが困難と思われる道を見ないことである。自分を捨てる者は、〈キリストが先立ち行く、このキリストにしっかり結びつこう〉と言うことができるだけである（ボンヘッファー『キリストに従う』）。正造は、キリストの再度の召命に従順であった。

二十二　無力で弱い、苦しむ神

我々の神は御自身をこの世から十字架へと追いやる。

「人の子は、祭司長たちや律法学者たちに引き渡される。彼らは死刑を宣告して、異邦人に引き渡す。人の子を侮辱し、鞭打ち、十字架につけるためである」（マタイ福音書二〇・一八〜一九）。

また、神はこの世においては無力で弱い。

「他人を救ったのに、自分は救えない。イスラエルの王だ。今すぐ十字架から降りるがいい。そうすれば、信じてやろう。神に頼っているが、神の御心ならば、今すぐ救ってもらえ。『私は神の子だ』と言っていたのだから」（同前二七・四二〜四三）。

しかし、神は、この世においては無力で弱い方としてのみ、我々のもとにおり、また我々を助けるのである。それは、マタイ福音書八章一七節に、「彼は、わたしたちの患い〔弱さ〕を負い、わたしたちの病を担った」（旧約聖書のイザヤ書五三章四節の引用）と言われていることからも明らかである。

この無力で弱いという点において、あらゆる宗教との決定的な相違点がある。我々人間がもつ宗教は、人間が困窮に陥ったときに、この世において神の力を示す。ところがその場合の神とは、人間の陥っている境遇に無理やり引き寄せられた「神」にほかならない。それは、いわば人間自身によって創られた「神」にほかならない。しかし、聖書はイエス・キリストにおいて、人間に神の無力と弱さ、そして苦難とを示す。この苦しむ神こそが、人間に助けを与えることができる神なのである（ボンヘッファー『獄中書簡集』）。

ところで、正造は、明治四十二年三月二十三日の日記で、次のように言っている。

「予は宗教に近きて漸く政治の趣味をしる。宗教に入らば宗教の趣味を得るか。否ゝ神に近くなりてののち漸く宗教の趣味をしるなるべし。神となりてののち、宗教の趣味に深くなるものたるをさとる」。

また、その二年余り後の四十四年六月の日記では、次のように言っている。

「政治の害は形に見るもの多し。宗教の害は無形にして見へざるもの多し。政治の害は金品及土地荒亡の害多し。概ね有形より推して精神を亡す。宗教の害は精神より出で、精神を亡すなり。故に宗教の金は小にしても、もし害ありとせば其深くして根底に達す。即ち永遠の生命に害あり」。

正造は、明らかに聖書の神を信じる自分の信仰と、我々人間がもつ宗教とを区別して考えている。聖書の神は、我々の弱さを負い、我々の病を担う、苦しむ神である。これに対して、人間が困窮に陥ったときに、この世において神の力を示す人間の宗教は、人間の陥っている境遇に無理やり引き寄せて、人間自身が創った「神」である。

聖書の神を信じる者は、宗教的行為によってではなく、イエス・キリストにおけるメシアとしての神の苦しみに与ることによってキリスト者になるのであり、人間になるのである。この無力で弱い、苦しむ神こそが、我々人間に助けを与えることができる神なのである。

ところが、人間が困窮に陥ったときに、その境遇に無理やり引き寄せて、人間自身が創った「神」は、その陥った境遇に対して何らかの力を発揮することを願望する人間精神の所産である。それゆえに、正造は「精神より出で、精神を亡す」、また「その害は深くして根底に達す。

即ち永遠の生命に害あり」と言う。これには、この後に述べる幼少年時の宗教体験が少なからず影響しているように思われる。いずれにしても、これを、正造は天国＝永遠の命へいたる道普請の実最中で悟ったのである。

正造は、名主になる前の十五、六歳頃まで、小中村一帯に盛んだった富士浅間信仰（富士講）の影響を強く受けていたことが、『田中正造昔話』や『奇談随筆』、さらに『回想断片』で知ることができる。それらには、「予は此の如く記憶力に乏し、左れば予も自ら憂憤して独り富士浅間を信仰し、厳冬堅氷を砕き水中に投じて記憶力を強からしめむ事を祈れり」とか、分家のおなみという女性が大病に罹ったとき、病気平癒祈願のために「毎朝寒天水を浴し」、一里ほど離れたところにある浅間神社に裸足で三十七日の参詣をした結果、おなみの病気が全快したことなどが語られている。

しかしながら、十七歳で名主になってから以降は、富士講はもとより、世の宗教というものに関心を寄せたり、あるいは係わるといったようなことはほとんど見受けられない。特に、キリスト教に関心をもつようになってからは、そうである。

二十三　「何とて我を」

死の四か月余り前の大正二（一九一三）年四月十三日、正造は赤麻村で開催された下都賀南部危急存亡問題政談大演説会において演説した。それは二時間にも及ぶ大演説で、最後の演説となった。すでに言及したように、彼はその演説会において、帝国憲法発布の勅語を「奉読」して（島田宗三『田中正造翁余録』下）、人民の権利否実質上の人民の主権を主張した。

その後、正造は大正二年四月から六月にかけて、安蘇、足利、下都賀の三郡で、大小河川の調査を行った。それは「殆んど危態の健康」（大正二年五月二十七日、島田宗三宛）下にあった、その体に鞭打っての最後の河川調査となった。彼は、この最後の河川調査の結果を「苗代水欠乏農民寝食せずして苦心せるの時安蘇郡および西方近隣の川々細流巡視の実況および其途次に面会せし同情者の人名略記　内報其一号書」と題した報告書にまとめた。

正造は、七月十五日、その報告書の印刷代など運動費を調達するために、再び安蘇足利方面に出かけた。七月三十日には甥の原田定助方に泊り、翌三十一日には原田政七方に立ち寄り、その日に郷里の旗川村（現佐野市）へ行き、花岡の田村悠蔵方に泊った。翌八月一日の朝、同村役場で村長の五百郡角太郎と会談、同席の農会書記石井鶴吉と共に同村の小学校を訪ね、校長の鈴木清太郎を招いて治水及び教育に関する話をした。その後、佐野に行き、その日は津久居彦七方に泊って負債整理その他のことを相談した。そして、この夜、津久居彦七宅で、正造は、彼にとって最後となる日記を記した。

己の死の近いことを知った正造は、その日記の最後にこう記している。

「悪魔を退くる力らなきもの、行為の半は其身も亦悪魔なればなり。已に業に其身悪魔の行為ありて悪魔を退けんは難し。茲に於てざんげ洗礼を要す。ざんげ洗礼は已往の悪事を洗浄するものなればなり。何とて我を」。

正造が記した数行の絶筆の最後の途切れた一行は、キリストが十字架上で最後に叫んだ、義を求めてやまない絶望的な願いの言葉、「わが神、わが神、何とて我を見捨て給うや」（マタイ福音書二七・二六）を踏んだ「何とて我を」であった。

だが、なぜ絶筆の最後が「何とて我を見捨て給うや」の「見捨て給うや」を欠いた「何とて我を」で途切れているのであろうか。ここで力尽きたからであろうか。この四年四か月ほど前には、正造はこう言っていた。「キリスト何とて我をすて賜ふやと云へるなり。神に尽くせる事此くの如し。信仰の厚き茲に至る。信仰の完からぬものにて此言の出るなし」（四十二年十一月、日記）。また、その二年後にも「予の幸へは捨てらるゝにありて、捨てられてはじめて人事の何たるを少しにても知れり」(四十四年十一月、日記)と言っていた。

　正造は、十字架につけられたキリストの最後の言葉に完き信仰の姿を、信仰の成就を見ている。正造も何度か読んだであろうヨハネ福音書一九章三〇節には、こうある。「イエスは、このぶどう酒を受けると、『成し遂げられた』と言い、頭を垂れて息を引き取られた」。正造にとって、キリストが十字架の死までその信仰を貫いたように、「貫かざるの信仰は未だ信仰とするに足らざるなり」(四十五年五月、日記)であった。

　悪魔とは、神の被造物として神の造られた世界に生きるべき「私」が、そのように生きようとしない時に必ず現れるものなのである(ボンヘッファー『創造と堕落』)。信仰は神を神とすることであり、それゆえ、信仰は神によって、ただ神によってのみ生きる。信仰をもたずに生きるということは罪である。

　迫りくる死を前にして、正造は、明らかに「イエスの荒野の誘惑」を念頭において、「悪魔を退くる力らなきもの丶行為の半は其身も亦悪魔なればなり。已に業に其身悪魔の行為ありて悪魔を退けんは難し。茲に於てざんげ洗礼を要す。ざんげ洗礼は已往の悪事を洗浄するものなればなり」と、自分に向かって言うのである。

　我々と共にいる神は、我々を見捨てる神である。キリストがそうであったように、我々の信仰は、神に見捨てられてはじめて「成し遂げられた」と言えるのである。正造は、十字架につけられたイエス・キリストに見出す神の顔を、顔と顔とを合わせて見ることを熱望していたがゆえに、己に対して厳しかったのである。だから、「……何とて我を」まできて、そこで筆が止まったのである。止めたのではなく止まったのである。

さて、翌八月二日、印刷代などの調達の目的を果たした正造は、谷中への帰途についた。津久居家から借りた褞袍を着て、人力車に乗り、いつも寄る松本紺屋の前で車上から、「今日は寄らずに行きます」と声をかけると、紺屋の母子は車のあとを追いかけ、「それじゃ又お出でください」と言うと、翁は、「もう来られないよ」と返事して走り去って行った。途中、元の植野村庚申塚の金子楼で、法雲庵の鷲見師と会い、そのあと元の渡瀬村早川田の雲竜寺に立ち寄ったが、生憎住職が不在のため、近くの吾妻村（現佐野市）下羽田の庭田恒吉宅を訪ねた。ところが、これまたみな出払っていたので、西隣りの庭田清四郎宅に、車から転げ落ちるように降りて、縁側に身を横たえた。途中で、体の具合が相当悪くなっていたのである。梅雨上がりの夏の強い日差しが、蝉時雨とともに縁側に降りそそいでいた。

エピローグ

大正二（一九一三）年九月四日朝、木下尚江が正造の枕辺へ行くと、正造は尚江に苦しそうな呼吸の間から、「おれの病気問題は片づきましたが、どうもこの日本の打ち壊しというものはヒドイもので、国が四つあっても五つあっても足りることではない」（最後の語、木下尚江筆）と言って、長大息を漏らした。自分の死を覚った正造は、その日の昼頃、岩崎佐十を枕辺に呼び寄せ、こう明言した。

「同情と云ふ事にも二つある。この田中正造への同情と正造の問題への同情とは分けて見なければならぬ。皆さんのは正造への同情で、問題への同情では無い。問題から言ふ時はここも敵地だ。問題での同情で来て居て下さるのは島田宗三さん一人だ。谷中問題でも然うだ。問題の本当の所は谷中の人たちにも解かっていない」（同前）。

こう言って間もなく、正造の容体が急変し、木下尚江に背後から抱きかかえられ、端坐したまま息絶えた。時に午後十二時五十分、享年七十三であった。間もなく、正造の死を告げる雲竜寺の鐘が一帯に物悲しげに鳴り響いた。その夕刻、天も正造の死を悲しむかのように、雲天を掩うて雷鳴物凄く、雨は恰も瀑布の如く、雹もパラパラ降って真っ暗となった。その夜遅く、急報に接した谷中残留民も、雨後の泥深い四里の道を草鞋穿きで歩いて来た。皆顔色を失っていた。

枕頭には菅の小傘と一本の杖、それに繻子の信玄袋が遺されていた。それが、正造がこの世に遺した物のすべてだった。信玄袋には、新約聖書、帝国憲法とマタイ伝を白糸で綴じ合わせた小冊子、「苗代欠乏、農民寝食せずして苦心せるの時、安蘇郡及び西方近隣の川々細流巡視の実況及びその途次に面会せし同情者の人名略記内報その一号書」と題された草稿、日記帳三冊、それに石ころ数個とちり紙が少々あった。

枕頭に遺された新約聖書には、かつて日記に、「神もし我に三年の寿を以てせば、新約聖書を読畢らんか。わが身の願は誠に深き御願なり」（明治四十三年七月）と記したように、――その願いは聞き届けられることはなかった――その願いを常に心に抱いてもち歩いていたことを窺い知ることができる。正造にとって、とりわけ直訴後、聖書は無くてはならないものであった。なぜなら、早く神に近づくこと、神を見ること（永遠の生命をもつようになること）

に、彼の生の目標があったからである。枕頭に遺された新約聖書は、永遠の沈黙の中で、このことを我々に語りかけているのである。

枕頭に遺された帝国憲法とマタイ伝を糸で綴じ合わせた小冊子は、まさに、その生の目標への歩みの具体化したものにほかならない。正造は憲法を政治的武器に、キリスト教の信仰を生きることをとおして、ただひたすら新しい世界と新しい人間とに与るようになることを望みつつ（終末信仰）、不屈に戦った。すなわち、この不屈の戦いの中で、キリスト教の信仰がまさに生きられた信仰（実存に強固に内面化・主体化された倫理・道徳）となることによって、憲法とこの生きられた信仰とが結合したのである。そして、これらが結合した、まさにその時、従来からの正造の「行動の原則」＝「今日は今日主義」は思想的に完成したのである。

この大きな思想的飛躍は、正造を新たな地平に立たしめるのである。それは「広き憲法」の構想である。正造は、国家、社会、人類の生命を永続させるためには、現行の憲法、法律、教育の渾てを全廃して、天神（創造の神）、天則（創造の秩序）に基づいた「広き憲法」が必要で、それにより「天地より、その形勢より改革新築する」ことを課題としたのである。

枕頭に遺された憲法とマタイ伝を綴じ合せた小冊子は、正造の思想の到達点を示していると同時に、天地を砕く行為（自然環境の破壊）によって自らの生存に危機を招いている人類に、創造の神への責任として、未来へ向かって新たな地平を切り拓く道をさし示しているのである。

枕頭に遺されていた数個の石ころは、正造がいかに「愛石道人」であったかを示している。だが、死のちょうど一年前、小石についてこう言っている。「予小石を愛する二十年にして要を得ず（形ちを愛せしを以てなり）。近頃一ヶ年に要を得たり。質を調んとしてなり。凡形は狭し、質は広し、質は直狭し、心に到りていよいよ大なり。キリスト曰く、形を造るなかれと」（大正一年八月、日記）。

国家の破憲・破道の行為は、それどころか天地を砕く行為（自然破壊）であり、創造の神への恐れを知らない挑戦以外の何ものでもないことを知った正造は、今や、父なる神と共に天地を創造したイエス・キリストを小石の内に見るのである。「小石の数々より大いに悟る事あり。天地、山河川の自然にして妄りならざるを悟り来り」（大正二年一月十五日、手紙）。

正造は小石の中にある光、その形ちや色といったうわべの事柄を透かして「光」＝キリストを、その創造の秩序を見るのである。大切なのは、いろいろな石の表面（形ちや色）を透き通して内部に入り込み、石の表面に反射している光だけではなく、石の中にある光（キリスト）を自分の心の内に捉えることなのであることを、信仰によって知ることである。まさに、枕頭に遺された数個の石ころは、創造の秘儀であるキリストを見たことを、我々に黙然と語りかけているのである。

枕頭にもう一つ遺された「苗代水欠乏農民寝食せずして苦心せるの時、安蘇郡及び西方近隣の川々細流巡視及び其途次に面会せし同情者の人名略記内報その一号書」と題された草稿は、明治政府が鉱毒問題を治水問題にすり替え、谷中村及びその周辺の広大な農地を遊水池として問題の解決を図ろうとしたのに対し、日本伝統の「水系一貫の思想」に基づいて、安蘇郡及び西方近隣の諸河川の生殺与奪は偏に郡民の精神にあることを訴えるべく起草したものである。

正造は、遊水池設置が無益有害であることを実証するため、鉱毒水害地をはじめ、関東の各河川水源及びその枝川細流等を調査した結果、何よりも河川を愛護し、水源を涵養し、また国民の利福を図ることが肝心であるとの確信を得たのであった。

枕頭に遺された草稿は、人間の生存にとって決定的に重要な人間自身と自然環境（土地・水・大気）との間の制度化された相互作用の過程＝経済が、偏に〈自然―人間循環系の文明〉を基礎とした生態学的な経済制度（生産様式）でなければならないこと、それによってこそ持続可能な社会がもたらされることを、怒りをもって、しかし諭すように我々に語りかけているのである。

枕頭に遺された四つの遺品から、一〇〇年余りの時を超えて、正造の現在及び将来の国民への、そして人類への〈責任〉が伝わってくる。――「老生一人及同志はこの道に勤めて斃るれば神に対しては済むべきも、現在及将来の国民を奈何。この肥沃の豊土を失うを奈何」（明治四十四年二月、覚書)。

明日は清よかるべしといふなかれ

(正造・揮毫)

おわりに

筆者が田中正造と運命的な出会いをしたのは、人生も半ばを過ぎて入学した農村伝道神学校においてであった。入学して半年、神学校に対する失望や前途に思い悩んでいた時、林竹二の『田中正造　その生と戦いの「根本義」』に出会い、著者の「従来、谷中村の田中正造のことはほとんど研究されていませんが、特にキリスト教界に彼がクリスチャンであることさえ知られていないのは、キリスト教界の怠慢ではないでしょうか」という言葉が胸に突き刺さり、田中正造を牧師生涯の研究課題とすることを決心したのであった。

それ以来、三十六年余りの星霜が流れ、やっと、その時自分に課した研究課題を成し遂げることができた。しかも、牧師引退後五年経ってからであったのは、ほんとうに僥倖であった。

顧みると、林竹二氏が言うように、谷中村の田中正造のことはほとんど研究されておらず、特にそのキリスト教的背景の掘り下げについてはいわば〈空白地帯〉と言っても過言でなかった。その〈空白地帯〉に田中正造研究の基本的な道筋をつけたのが、林氏の前書であった。その氏による先駆的業績がなかったならば、筆者のこの著作も存在しえなかったであろう。今、改めて氏に深甚なる敬意を表する。

また、牧師生涯の最後の三年間、茨城県の古河伝道所に任職できたことは望外の幸せであった。健康を害し、三年という短い期間ではあったが、教会から車で十分ほどの谷中遊水池に何度も何度も足を運び、思索を深めることができたのは、まさに、神の恵みであった。ただ、ただ、神の導きに感謝するのみである。

この著作は、筆者にとって、そのまずしい人生の集大成であり、またこの世に生きたささやかな標（墓標）でもある。存在へ呼び出してくださった神へ、この著作を心から捧げる。

最後に、この著作の世に出るのを心待ちしていた三十七年来の畏友宇田達夫牧師（日本キリスト教会稲田堤伝道所）、古河伝道所任職の際に当時東京中会議長として尽力してくださり、またこの著作の出版にも尽力してくださった住谷眞牧師（日本キリスト教会茅ヶ崎東教会）、原稿の印字などに助力してくださった北川和代姉（日本キリスト教会奈良伝道所会員）、かつて牧していた古河伝道所の皆さん、そして出版に尽力してくださった一麦出版社の西村勝佳氏に心から感謝の意を表したい。

〔追記〕その後の谷中村

大正二（一九一三）年九月四日、田中正造は栃木県足利郡吾妻村大字下羽田字小羽田の庭田清四郎宅で病歿した。そして九月六日、群馬県渡瀬村早川田の雲竜寺において仮葬がなされ、その後犬伏町富岡の火葬場で火葬に付された。

十月十二日、佐野町春日岡山惣宗寺において本葬が行われた。葬儀には数万の会葬者があった。正造の遺骨は、生前ゆかりのあった左記五か所に分骨埋葬された。

栃木県佐野町春日岡山惣宗寺境内

群馬県邑楽郡渡瀬村早川田（現館林市）　雲竜寺境内

栃木県安蘇郡旗川村小中（現佐野市）

阿弥陀堂境内

埼玉県北埼玉郡利島村麦倉小学校（現北川辺町立西小学校）敷地内

栃木県藤岡町谷中島田熊吉仮小屋敷地内に埋葬、後ち藤岡町高取

渡良瀬川北岸に遷祠（田中霊祠）

なお、内村鑑三は、正造の葬儀に際して、次のような手向けの言葉を送っている。

「田中正造翁は、実は、この農民の、保護者であった。あの人を、単に、一小区域の、渡良瀬川沿岸の民をのみ、思った人であると、見るのは、大なる間違いである。日本人の、十分の八は農民である。この農民の弁護者であった。田中正造翁の声は、実に、四千万人の声である。然るに、遂に、日本人は其人の声を聞かなかった。私の見た人で、田中正造翁位、愛すべき人は無い。全く、子供の様に、誠実な、情けに厚い人であった」。

田中正造の死後の谷中村は、残留民がその復活運動を断念し、係争中の控訴裁判は最後まで継続することとなった。大正四年十一月三十日、内務省起業の渡良瀬川改修のため谷中堤外の買収拒絶地に土地収用法が適用された。また、栃木県はしばしば堤内居住の残留民に対して、県吏を派遣して立退きを強要したが、残留民が応じなかったため、ついに知事平塚広義は、谷中堤内居住の残留民十名に対して、河川法違反により十二月二十日までを期限とする立退きを命令してきた。履行しなければ強制執行するという。

進退に窮した残留民は、ついに、大正六年一月十九日、立退きを承諾した。立退きに先立って、二月二十五日、残留民をはじめ関係者百数十名が田中霊祠前に集まって奉告祭を行い、翁の霊前に赦しを請うた。そして二月二十八日に立退いた。また係争中の谷中不当買収価格に関する控訴裁判も、ようやく大正八年八月十八日、判決（栃木県強制買収価格の約五割増）が確定し、結審した。

一方、正造が死の床に伏している最中に起工式が行われた藤岡町高台の新川堀削工事（新渡良瀬川）は、大正七年八月二十五日、上流被害民の万歳の声のうちに疎水式が行われた。そして同じ頃、谷中の堤防も数か所切り開かれ、その他足利以東各所の河川及び堤防も改修され、昭和二年三月までに十八年の歳月と一一四〇万円の国費を投じて、ひとまず遊水池は竣工した。

渡良瀬川遊水池は、渡良瀬川改修工事（明治四十三年四月着工）の一環として、はじめ自然遊水池として設置された。だが、谷中村を潰して造られた「潴水池」が洪水調節の機能をもたないことは、正造がつとに明言していたところだった。谷中村圧殺の作業を推進した潴水池設置の責任者栃木県知事白仁武（在任期間明治三十七年一月〜三十九年八月）も、離任に先立って洪水時の谷中村を見て、潴水池が洪水を調節するうえに、何の役にも立たないことを自覚したと、公の席で語っている。

事実、この三千数百町歩（約三百万平方メートル）にもわたる広大な遊水池は、昭和十年、十三年、十六年、十七年、二十二年、二十三年などの洪水に襲われた時、何の役にも立たないことを実証したのである。殊に二十二年九月に関東地方を襲ったカスリン台風による大洪水は、利根川の逆流が渡良瀬川の遊水池に集積して、周囲の堤防は越水大破して何らの功なく、あまつさえ利根川南岸の大堤をも破壊して、渡良瀬川の大出水を合流した利根川は、自然の理にしたがって江戸川流域を本流（元利根川は江戸川を本流として東京湾に流下していた）として東京都下に奔流し、莫大な人畜の死傷、家屋や農耕の損害をもたらした。正造の予言が的中したのである。

谷中村が遊水地としての目的をついに果さなかったこと、村民の手から結局は国の手に強奪されたこと、これは悉く正造の谷中村遊水池案に対する確信が正しかったことを裏づけている。

カスリン台風による甚大な被害を目の当りにした国は、昭和二十四年に「利根川改訂改修計画」を樹立して、利根川の分水を目論み、或は水源にダムを設け、或は河川の改修、堤防の補強を行ったりした。一方、足尾の鉱毒と煙害は、採鉱方法や浄化装置の化学的進歩によって次第に害毒が薄らいできて、住年の鉱毒被害地も遊水池以外は半ば復活して、農耕の収益を見られるようになった。

昭和三十八（一九六三）年度から総事業費一七〇億円の巨額を投じて、渡良瀬川遊水池の調節池化工事が始められた。この調節池化工事そのものが、はじめ自然遊水池として造られた遊水池が、洪水を調節する施設としては極めて杜撰な計画に基づく仕事で、したがって、当然の帰結として極めて不十分な洪水調節の機能しかもっていなかったことを、事実によって示すものにほかならない。明治四十三年の計画の実現であった遊水池はこの時、自己を根本から否定して新たに出直そうとしたのである。

このように見てくると、そもそも国や県は、当初から谷中村を遊水池とすることを真面目に考えていたかどうか極めて疑わしい。国や県の遊水池案は、鉱毒問題を治水問題にすり替える過程で浮上してきたものであろう。

筆者が古河市の教会に任職していた二〇一五年九月初め、史上未曾有の集中豪雨が北関東と東北の地を襲った。一週間ほど後に旧谷中村跡地へ行って見ると、水嵩が相当あったことを樹木や葦などに付着した泥跡が示していた。管理人に聞くと、あと数十センチで堤防を越水するところまで谷中堤内の水嵩が増した、と驚いていた。遊水池の調節池としての機能が風前の灯であったのだ。気候変動・異常気象の形で地球温暖化が進む今日、新たに出直したこの調節池としての谷中遊水池の限界が目前に迫っているのだ。

明治国家が、鉱毒問題を治水問題にすり替え、谷中村を遊水池の水底深く沈めて、社会の耳目から永久に抹殺しようとした、その罪責を改めて思った。

参考文献

〈田中正造著作〉
田中正造全集編纂会編『田中正造全集』全十九巻、別巻一、岩波書店、一九七七―八〇年
由井正臣・小松裕編『亡国への抗論　田中正造未発表書簡集』岩波書店、二〇〇〇年

〈新井奥邃著作・研究文献〉
新井奥邃著作集編纂会『新井奥邃著作集』全九巻、別巻一、春風社、二〇〇〇二―四年
新井奥邃記念会監『知られざるいのちの思想家新井奥邃』春風社、二〇〇〇年
長野精一『怒涛と深淵　田中正造・新井奥邃頌』法律文化社、一九八一年
ダニエル／金泰昌編『公共する人間５　新井奥邃』東京大学出版会、二〇〇一年

〈田中正造研究文献〉

木下尚江編『田中正造の生涯』文化資料調査会、一九六六年
木下尚江『田中正造翁』「木下尚江著作集　第十三巻」明治文献、一九七二年
木下尚江『神　人間　自由』「木下尚江著作集　第十四巻」明治文献、一九七二年
島田宗三『田中正造翁余録』上・下、三一書房、一九七二年
永島与八『鉱毒事件の真相と田中正造翁』明治文献、一九七一年
雨宮義人『田中正造の人と生涯』茗渓堂、一九七一年
林　竹二『田中正造　その生と戦いの「根本義」』田畑書房、一九八四年
『田中正造　その生涯と思想』筑摩書房、一九八七年
『生きること学ぶこと』筑摩書房、一九八七年
日向　康『果てなき旅』上・下福音館書店、一九七九年
『田中正造ノート』田畑書店、一九八一年
由井正臣『田中正造』岩波書店、一九八四年
小松　裕『田中正造の近代』現代企画室、二〇〇一年
『田中正造二一世紀への思想人』筑摩書房、一九九五年
布川清司『田中正造』清水書院、一九九七年
中込道夫『田中正造と近代思想』現代評論社、一九七二年
荒畑寒村『谷中村滅亡史』新泉社、一九七二年
田村紀雄編『私にとっての田中正造』総合労働研究所、一九八七年

花崎皋平『田中正造と民衆思想の継承』七つ森書館、二〇一〇年
「田中正造の思想」『田中正造選集』第六巻、解説、岩波書店、一九八九年
佐江　衆『洪水を歩む　田中正造の現在』朝日新聞社、一九八〇年
小松　裕・金泰昌編『公共する人間(4)田中正造』東京大学出版会、二〇一〇年
K・ストロング、川端康雄・佐野正信訳『田中正造伝　嵐に立ち向かう雄牛』晶文社、一九八七年
布川　了『田中正造と天皇直訴事件』随想舎、二〇〇一年
『田中正造と利根・渡良瀬の流れ』随想舎、二〇〇四年
『田中正造　たたかいの臨終』随想舎、一九九六年
東海林吉郎『田中正造の思想と行動』(1)・(2)、太平出版社、一九七四年、一九七七年
東海林吉郎・菅井益郎『通史　足尾鉱毒事件一八七七―一九八四』新曜社、一九八四年
大鹿　卓『谷中村事件』新泉社、一九七七年
鹿野政直「田中正造」『鹿野政直思想史論集』第六巻所収、岩波書店、二〇〇八年
牧原憲夫「田中正造　被治者と治者のはざまに」、『岩波講座(4)　近代日本の文化史』所収、岩波書店、一九九六年

〈キリスト教関係文献〉
日本聖書協会『新共同訳聖書』一九八七年
日本聖書協会『口語訳聖書』一九九五年

ボンヘッファー、森平太訳『キリストに従う』新教出版社、一九九六年
ボンヘッファー、森野善右衛門訳『現代キリスト教倫理』新教出版社、一九九六年
ボンヘッファー、村上信訳『獄中書簡集』新教出版社、一九九五年
ボンヘッファー、生原優訳『創造と堕落』新教出版社、一九九七年
エレミアス、川村輝典訳『新約聖書の中心的使信』新教出版社、一九九七年
隅谷三喜男『近代日本の形成とキリスト教』新教出版社、一九九三年
森岡清美『日本の近代社会とキリスト教』評論社、一九七〇年
ウェーバー、阿部行蔵訳『プロテスタンティズムの倫理と資本主義の「精神」』「世界の大思想」
所収、河出書房新社、一九六九年

〈その他〉

トク・ベルツ編、菅沼竜太郎訳『ベルツの日記』上・下、岩波書店、一九七九年
鹿野政直『資本主義形成期の秩序意識』筑摩書房、一九六九年
家永三郎『歴史のなかの憲法』上、東京大学出版会、一九八三年
家永三郎『日本近代憲法思想史研究』岩波書店、一九六七年
家永三郎『日本道徳思想史』『家永三郎集』第三巻、岩波書店、一九九八年
家永三郎「近代思想の誕生と挫折」『家永三郎集』第一巻所収、岩波書店、一九九七年
色川大吉『新編明治精神史』筑摩書房、一九九五年

色川大吉『明治の文化』岩波書店、一九七〇年
色川大吉『近代の思想』筑摩書房、一九九五年
ひろた・まさき『文明開化と民衆意識』青木書店、一九八〇年
牧原憲夫『客分と国民のあいだ　近代民衆の政治意識』吉川弘文館、一九九八年
『明治七年の大論争　建白書から見た近代国家と民衆』日本経済評論社、一九九〇年
遠山茂樹『明治維新』岩波書店、二〇〇九年
困民党研究会編『民衆運動の〈近代〉』現代企画室、一九九四年
芝原拓自『世界史の中の明治維新』岩波書店、一九七七年
佐々木潤之介『世直し』岩波書店、一九七九年
布川清司『農民騒擾の思想史的研究』未来社、一九七〇年
安丸良夫『日本の近代化と民衆思想』青木書店、一九七五年
『文明化の経験　近代転換期の日本』岩波書店、二〇〇七年
『神々の明治維新』岩波書店、二〇〇三年
『近代天皇像の形成』岩波書店、二〇〇一年
「民衆運動における『近代』」『日本近代思想大系　民衆運動』所収、岩波書店、一九八九年
「富士講」『日本思想大系　民衆宗教の思想』所収、岩波書店、一九七一年
鶴巻孝雄『近代化と伝統的民衆世界』東京大学出版会、一九九二年
稲田雅洋『日本近代社会成立期の民衆運動』筑摩書房、一九九〇年

柴田三千雄『近代世界の民衆運動』岩波書店、一九八三年
亀掛川浩『明治地方制度成立史』柏書房、一九六七年
市井三郎・布川清司『伝統的革新思想論』平凡社、一九七二年
水林　彪『封建制の再編と日本的社会の確立』山川出版社、一九九三年
明治史料研究連絡会編『土地改正と地方自治制』御茶の水書房、一九六六年
深谷克己「世直し一揆と新政反対一揆」『日本近代思想体系　民衆運動』所収、岩波書店、一九八九年
丸山眞男『近世儒教の政治思想』「丸山眞男講義録〔第七冊〕」東京大学出版会、一九九八年
丸山眞男『日本政治思想史』「丸山眞男講義録〔第二冊〕」東京大学出版会、一九九九年
藤谷俊雄『「おかげまいり」と「ええじゃないか」』岩波書店、一九七〇年
城山三郎『辛酸　田中正造と足尾鉱毒事件』角川書店、二〇一三年
スマイルズ、中村正直訳『西国立志編』講談社、二〇〇九年
福沢諭吉『学問のすゝめ』岩波書店、二〇一〇年
金谷治訳『論語』岩波書店、一九七五年
小林勝人訳『孟子』上・下、岩波書店、一九七六年
金谷治訳『大学・中庸』岩波書店、二〇一〇年

〈環境・経済関係文献〉
富山和子『水と緑と土　伝統を捨てた社会の行方』中央公論社、一九八七年

参考文献

伊東俊太郎『文明と自然』刀水書房、二〇〇二年
安田喜憲『東西文明の風土』朝倉書店、一九九九年
『日本文化の風土』朝倉書店、二〇〇一年
『森の日本文化』新思索社、一九九九年
『大地母神の時代』角川書店、一九九八年
『森を守る文明・支配する文明』ＰＨＰ研究所、二〇〇二年
和辻哲郎『風土』「和辻哲郎全集」第八巻、岩波書店、一九六二年
鈴木秀夫『風土の構造』大明堂、二〇〇二年
『超越者と風土』大明堂、一九八九年
『森林の思考・砂漠の思考』日本放送出版協会、二〇〇〇年
庄司光・宮本憲一『恐るべき公害』岩波書店、一九八五年
武谷三男『原子力発電』岩波書店、一九八六年
鬼頭昭雄『異常気象と地球温暖化』岩波書店、二〇一五年
朝日新聞社原発問題取材班『地球被爆　チェルノブイリ事故と日本』朝日新聞社、一九八七年
ツインク、宍戸達訳『美しい大地　破壊される自然と創造の秩序』新教出版社、一九八三年
カーター／デール、山路健訳『土と文明』家の光協会、一九七五年
グレイ、池央耿訳『わらの犬　地球に君臨する人間』みすず書房、二〇〇九年
ヴァイツゼカー、座小田豊訳『時は迫れり　現代世界の危機への提言』法政大学出版局、一九八八年

ホルクハイマー／アドルノ、徳永恂訳『啓蒙の弁証法』岩波書店、二〇〇八年
野呂栄太郎『日本資本主義発達史』上・下、岩波書店、二〇〇七年
ウオーラーステイン、川北稔訳『史的システムとしての資本主義』岩波書店、二〇〇三年
マルクス、向坂逸郎訳『資本論』第一巻、岩波書店、一九六七年
ポランニー、玉野井芳郎・栗本慎一郎訳『人間の経済』Ⅰ・Ⅱ、岩波書店、二〇〇八年
ポランニー、栗本慎一郎・端信行訳『経済と文明』筑摩書房、二〇〇四年
ポランニー、玉野井芳郎・平野健一郎訳『経済と文明史』筑摩書房、二〇〇八年
ポランニー、吉沢英成・長尾史郎・野口建彦・杉村芳美訳『大転換——市場社会の形成と崩壊』東洋経済新報社、一九七五年
スミス、水田洋訳『国富論』上・下、『世界の大思想』河出書房新社、一九六七年
河邑厚徳・グループ現代『エンデの遺言』講談社、二〇一一年

田中正造 その生と信仰

発行日……二〇二二年十月十三日 第一版第一刷発行
定価……[本体三、二〇〇＋消費税]円
著 者……石田 健
発行者……西村勝佳
発行所……株式会社一麦出版社
札幌市南区北ノ沢三丁目四—一〇 〒〇〇五—〇八三二
郵便振替〇二七五〇—三—二七八〇九
電話(〇一一)五七八—五八八八 FAX(〇一一)五七八—四八八八
URL https://www.ichibaku.co.jp/
携帯サイト http://mobile.ichibaku.co.jp/
印刷……モリモト印刷株式会社
製本……根本製本株式会社
装釘……鹿島直也
©2022. Printed in Japan
ISBN978-4-86325-142-7 C0036
落丁本・乱丁本はお取り替えいたします。

一麦出版社の本

カタリナ・シュッツ・ツェル
——16世紀の改革者の生涯と思想
エルシー・アン・マッキー　南純 監訳、小林宏和、石引正志 訳

宗教改革初期のストラスブールで、いわば「教会の母」として生きた女性の生涯と思想を掘り起こし、宗教改革史に新しい展望を与えた。原著はすでに19版を重ねており、その内容に対する関心の高さを物語っている。
菊判　定価8800［本体8000＋税］円

ヨハネス・ア・ラスコ 1499—1560
——イングランド宗教改革のポーランド人
バージル・ホール　堀江洋文 訳・解題

長老制による教会訓練、国家権力とかかわりのないかたちの教会として最初の「教会規程」を執筆。これが改革・長老教会の典型となった。改革派教会の基礎を築き教会政治を確立し、カルヴァンの理想を実現させた宗教改革者。
四六判変型　定価2420［本体2200＋税］円

ジャン・カルヴァン
——その働きと著作
ヴルフェルト・デ・グレーフ　菊地信光 訳

カルヴァンの「著作」を同時代の著作、論争、活動と連動させ歴史上に配置、関連する豊富な情報をみごとに収集・整理し、16世紀の文脈でカルヴァンの姿を浮かびあがらせた。広範囲に亘る働きと著作をコンパクトにまとめていて秀逸！
A5判　定価7480［本体6800＋税］円

カルヴァン小伝
アンリ・デンキンゲ 著　アンリ・ファン・マイデン 版画　遠藤正子 訳

カルヴァン54歳10か月の生涯（1509—1564）をダイジェストで紹介。著者はジュネーヴ教会牧師デンキンゲと、肖像画や風景画、挿絵画家として活躍したマイデン。カルヴァンとその時代が身近に感じられる小伝と版画集。
A4判　定価1320［本体1200＋税］円

バルトこぼればなし
マックス・ツェルヴェーガー　渡邊恵子 訳著

「生身の人間としての自分を知ってほしい」（バルト）。その思いにこたえ、長女の夫が身内の立場から、長男一家と親交深い訳者が親族等へのインタビューによって詳らかにしたバルトの素顔。
A5判変型　定価2200［本体2000＋税］円